U0111843

大展好書　好書大展

品嘗好書　冠群可期

大展好書　好書大展

品嘗好書　冠群可期

郭 慎 編著

郭慎宗師論國術(1)

國術初論

大展出版社有限公司

莊序

郭慎老師，筆耕不輟，最近又完成了一部巨著，這本書將郭老師近年來所思所想、魂牽夢縈的中國武術寫下了歷史的見證。郭老師囑咐我要我寫一篇序文，我誠惶誠恐地接下了這個任務，心中懷著欣喜與愧疚。欣喜的是郭老師的看重，愧疚的是老師都這麼認真的研究與出版，而自己卻沒有老師這麼地積極與認真，真是慚愧啊！

認識郭老師已經超過 20 多年了，老師的摔角功夫得自名家——常東昇大師。在本系教授摔角課程長達 20 幾年，最近幾年系上老師們考量到老師的年齡，擔心術科的負荷量對老師造成壓力，但老師一點都不以為意。幾經要求，老師勉強同意改上學科課程——國術講座。我們希望老師能夠將這一生的國術見聞提供給學生們學習，這樣對老師來說可能比較輕鬆些。殊不知老師反而更認真地整理這一生的國術見聞與學習經驗、心得等，完成了這一部巨著。

這些看似輕鬆的文字的背後，都是老師經歷血與汗所交織出來的美麗錦繡，是老師一生的見聞與親身體會，是學習者的明燈，是研究中國武術史料者的珍寶。最後引用易經的話來說明我們對郭老師的欽佩，「天行健，君子以自強不息」。

莊譽仁 敬序 2016 年 11 月 21 日

莊序

郭慎教授，是我在大學期間（民國 79—81）教授擒拿術與摔角術的老師。郭慎教授在文化大學國術組時期，教授擒拿術、中國摔角術，教學期間訪名師，論武藝，注重實踐，鑽研各種武術，除了擒拿術、摔角術、太極拳等，也參予研發國軍戰技，著作等身。

在文化大學期間，雖年逾八十，仍親自示範，擒拿與摔角的動作，令學生深感敬佩。從軍方退休後，至今仍持續在文化大學國術系及民間課徒，傳承郭氏太極跤武藝。課餘時間，無私地拍攝擒拿術、摔角術、太極跤等教學影片，本人協助拍攝期間感受到郭老師對武藝的用心。

近年來，郭老師積極投稿相關國術雜誌，將經驗分享給與國術界後進，也將在文化期間的講義重新再整理，彙集成書，造福國術界。

中國文化大學技擊運動暨國術學系副教授 莊嘉仁

2017 年 1 月 24 日

林序

國術界 國術家 聽其言 觀其行

民國 76 年蒙簡理事長厚愛，付予總幹事一職。先生奉公守紀，對國術功勳至偉。晚生隨侍學習，104 年聘會顧問，於國術會已滿 30 年。受命以來，簡先生公事煩忙，年事已高，每次「臺灣省國術會」開會總委由代之。有緣認識前輩甚眾，人師有之，言過其實者眾，不乏虛假造作。

國術萎靡除了國家政策、經濟掛帥、社會環境變化外，也緣於國術門戶之見，保守心態及外來武術新奇，國術予人觀念負面大於正向。

因緣 認識 了解 敬佩

92 年文大畢業會公演，遇見郭師（國術之光 98 期）。93 年 4 月 9 日郭師參與本會於文大所舉辦的接骨技術講習（國術之光 99 期）。95 年傅文丕先生因研究客家拳種及武師之資料，求助國術會，更進一步了解郭師生平，如軍旅生涯、體育行政、摔跤角力、武術書籍著作，樣樣了得。

郭師認為國術人，應具備武術、醫術、養生應皆了知。見解至為精闢，不斷的求知精神，誨人不倦的學子關懷、令人敬佩。

行為世範 其言可聽

老師篤信基督，親愛精誠，破除虛假。郭師傳承武學，身體力行，言行可檢視、可效法，是足堪表率之明師。受到軍旅、體育、教育、社會各界之表揚，實至名歸。

道在心 可見 可說

感謝傅兄，得以更多時間，追隨郭師。武術晚輩更應努力學習進修，以扭轉國術負面形象。我們更應感謝您對於國術界的付出。您所說、所行，我心見道。

晚生　林志昌　於台灣省國術會

105 年 12 月 8 日

郭慎教授從摔跤墊上崛起

推薦代序

民國七十九年，獲得中華奧運會推薦出任，亞洲運動會角力的兩位國際裁判，一為角力協會理事長洪朝雄，另一為角力協會總幹事郭慎教授，這兩位在角力界資深人物，對國際角力賽經驗豐富，必然的勝任愉快，尤其郭慎教授守正不阿的執法態度，和機智冷靜的頭腦，在角力圈內，是備受崇敬一言九鼎的人物。

師承保定摔角真傳

大半生精力投注於，有關摔角同類項運動的郭慎教授，出身自政治作戰學校體育系，以其體型健碩，生得虎背熊腰，腰腿靈活，畢業後，即獻身於解惑傳道的教學戰鬥技能為主科，為摔角大師常東昇在教導中的得意助手，多年的追隨，大師的摔角技巧，在他心領神會中，體驗到摔角的精要，他能刻苦勤練，師承了保定摔角的真髓。

熟能生巧勤可補拙

在青年時期，亦追隨柔道大師黃滄浪習柔道，中日兩國的摔跤技術，更能融會貫通，體會出一股與眾不同的對摔風格。

練武功，教武功，他最注重基本功，求熟能生巧，他強調不要求花式，但要求學員或學生練功時，身、手、心一齊練，要苦行僧一般埋頭鍛鍊，所謂一招生，二招熟，那怕你懂得法式諸多，亦難抵擋熟練的技巧，只一、二招，便得心應手，把對方摔得人仰馬翻。

健美鍛鍊塑出帥哥型

從四十二年起，廿年來均任舉重、摔角、柔道，國術運動員，進而任教練、裁判，屬於帥哥型的郭慎教授，身型壯碩健美，羡煞多少荏弱少年男女，他投身於健美運動，培養不少健美人才，健、力、美是年輕人嚮往的運動。

七十五年，擔任亞洲男女健美錦標賽，中華代表隊教練；七十六年再擔任亞洲青少年健美錦標賽中華隊教練。

熱愛西洋角力運動

酷愛摔角運動的郭慎教授，他師承於傳統的中國摔角，但也熱衷於西洋的角力運動，雖然兩者性質相似，方法和規則卻大不相同，他虛懷若谷的接受，韓國、日本、法國、德國的角力專家的指導，啟蒙了很多摔角的共通技巧，卅多年在摔角墊上打滾，在墊上教導，在墊上裁判，他以獻身的精神去深入研究。

令他最難忘的一次，那是在法國巴黎參加國際角力教練講習營，在複習西洋角力的競技，郭慎無意中，使了一招中國摔跤功，在規則上、技巧上是合法的、乾脆、俐落。保加利亞教練，十分驚訝這神乎其技的招法，大為讚賞，這位教練認為，保加利亞也有用這招，但沒有這麼漂亮、圓滑。（圖 1）、（圖 2）、（圖 3）

▲ 圖 1 1985 年在法國巴黎與法國教練合影

▲ 圖 2 1985 年在法國巴黎與保加利亞教練合影

▲圖 3 1985 年在法國巴黎與韓國教練合影

郭慎教授領悟到中國功夫的深奧，他更聯想到元朝時代，蒙古大帝率兵西征，中國摔角功夫在那個朝代，便遺留在歐洲了，尤其在匈牙利，據說仍有一小撮黃種人、蒙古人的後裔。

傑出的軍事戰技專家

一直任教於政戰學校、台北體專、東吳大學、文化大學，都是在摔跤墊，結下不角解之緣，在課餘潛心著作，撰寫大學體育教本、大專體育科系教材，以及高中體育教科書，對國防體育，戰鬥技能等，專門性的軍中格鬥術專著數十冊，其餘論述之稿，常散見於各報章雜誌。

郭教授能文能武，是具實力的武術家，對應用拳術、擒拿、摔角、刺槍，有著精深研究，係一位聲譽卓著的軍事體育專家。

李清漢

自序

忝任中國文化大學國術學系兼任教師，二十七個寒暑，此期間，專一心志擔任專業課程（摔角、擒拿），與各期同學研習、切磋，期望同學均能體會到摔角技術在實戰格鬥中的價值。

如武術諺語「三年套路，不敵一年角」、「太極拳加角、神鬼都會怕」，在擒拿技術方面，要深確瞭解到擒拿技術，是在反人體生理作用，其施術之訣竅在，反制關節、扭迫韌帶、刺激神經、窒息氣管與點擊人體穴道，才能克制歹徒。而在實戰格鬥中，必須要發揮——踢、打、摔、拿四擊合一的整體功能，才是上乘的武術。

民國 101 年起，奉魏主任香明暨老主任莊榮仁指示，以專題講述方式，傳承傳統國術、摔角、擒拿及軍事武術方面的知識與經驗，更期望，國術與軍事武術接軌，使同學們在服兵役之前，對軍事訓練概況有所瞭解。

自加入中國文化大學國術學系家族以來，對於平日所見所聞及所感所思，無不以國術為念，是故在教學期間，發表一些國術方面童稚的散文。一方面在督促自我深入國術園地，同時期望，以一得之愚與同學們分享，儘管拙文均托武壇前賢的文獻述而不作，拉雜湊成，但敝帚自珍。

在教學期間，先後在：政戰學復興崗學報、台北市覺園出版社、逸文武術文化有限公司《台灣武林》、台北市國民體育季刊、台北市台灣體育、台北市亞洲體育特刊、台北市國立教育資料集刊、台灣省國術會《國術之光》、健行文化出版事業有限公司、大展出版社有限公司、國防部總政治作戰部、國軍體育總會、行政院體育委員會、商務印書館等刊物，發表過超百篇散文、本論文集，提供三十餘篇，敬請賜正。

文化大學美輪美奐、雄偉壯觀的綜合體育館內，高懸著「振衣千仞岡、濯足萬里流」，莊嚴肅穆的匾額，意義蘊涵深長。國術學系同學們，四載練功苦修、豐富了知識、變化了氣質、已為成器奠定了先足的條件。正如母校勗勉畢業同學們，能像「滑翔翼」一樣，靠自己在未來闖出一片天。

文化大學校訓為「樸實堅毅」，國術學系的同學們，在傳承中華民族博大精深的傳統國術、要能深切體認、勠力同心，則吾族國粹更上層樓。中華國術在古代三教九流的生活中，尊貴者如：帝王（秦始皇、成吉思汗），清高者如：隱士、智慧者如文人（李白、呂洞賓），低賤者如：（丐幫），粗暴者如：江洋大盜（水滸傳 108 將），庶民者保鄉自衛、沒有一個社會群體、個人能離開武術，事實證明，武術早已經化入人們日常生活中，影響所及，現今士、農、工、商各行各業，均與武術關係密切。

我國術學系同學，是傳承與衛護者，更是創新與發揚者。決不受一時環境與異議人士的影響而唐突、消極，國術是我們專項，必須要更深層的研習。國術學系畢業同學已超越千位，而每位同學的國術造詣都超俗拔群，如能群策群力，則吾中華國術必能登峰造極，宏揚於世。

在國術學系兼教職期間，有兩件令我終身難忘的事。

一件是莊榮仁主任為我辦了一場新書發表會（圖 1）。拙作：《中國式摔角》、《擒拿術》、《太極拳防身術》（大展出版社有限公司發行）、《武術諺語與武術要訣手冊》（逸文武術文化社印行），《中華武術與孫子兵法研究》（國術之光雜誌社印行）。

另一件是 104 年，在全國大專院校國術錦標大賽會中，魏主任香明頒給唐克杰大師與我「國術終身成就獎牌」（圖 2）。一位兼任的教師，能得如此鼓勵，真是銘篆於心。

對於歷屆相處過的同學，我始終認為師生，能相處在一塊都是緣份，要珍惜。老師不僅是傳授智識、技術，而更要關心每個學子，在教學方面，屬於技術

▲ 圖 1 《太極跤》系列書籍發表會
2005 年 9 月 29 日

國術終身成就獎

郭 慎 老師 致力於中華傳統國術的傳承與中國摔跤、軍事武術的研究，提攜本系師生的專業水準，為大專國術的競賽、教學、裁判貢獻卓越。嘉惠本系師生良多，特以此狀，以申謝忱。

中國文化大學技擊運動暨國術學系 系主任：魏香明

中華民國 104 年 12 月 18 日

▲ 圖 2 國術終身成就獎牌

性的，我會一再的親身示範，在學術方面，我則盡力的舉例說明。在課堂上保持愉快的心情，所以，多年來與同學相處如同家人般親切，因而同學們，都稱呼我為「郭爺爺」而不稱老師。

國術學系所有教師在教學之餘，孜孜不倦，窮年累月，披星戴月，歷經艱辛，甚至飄洋過海，窮究堂奧。筆者多年耳濡目染，深受感動！

最後，藉此國術論集，謝謝：洪得明、陳嘉遠、蘇俊賢、莊榮仁、魏香明五位主任，給我的指導、關懷。感謝國術學系每位教師給予我的協助。更祝福吳慧君主任引導國術學系，更上層樓，使博大精深的武術文化更發揚廣大。

郭慎

目錄 CONTENTS

1. 為中國文化大學國術學系傳承、發揚傳統國術進言

前　言

在未談主題之前，首先說明，中國文化大學與中央國術館的關係，有關倆者的關係，擔任國術概論和武術史的教師，理應有所論述，國術學系歷屆同學應該有所瞭解，但經與多位同學談論，大多是一知半解，而有同學更無所知。

事實上，倆者淵源極深，即以國術學系的教學特色而言，其中標榜的是：本系傳承民國初年，中央國術館的精神，推展國術教學，發揚中國傳統文化，培養文武合一的時代青年為主要任務。

再以教學資源而言：本系擁有全國在國術學理與技術領域最專業的師資，更強調，所有老師都是中央國術館，以及其他知名傳統武術各門派的再傳弟子。

在教學理念方面：宗旨為傳承中國傳統武術文化、實施國術專業教育、培養國術教育人才。

以上，皆節錄中國文化大學國術學系創系的教育理念。基於以上說明，筆者蒐集以下資料，提供國術學系同學參考。

壹・中央國術館的緣起

1927 年，下半年，剛脫離軍職，在南京就任國民政府委員的張之江先生，邀集鈕永建、李烈鈞、戴傳賢、于右任、蔡元培、何應欽、馮玉祥、孔祥熙等 26 名國民黨政黨要員，發起成立「國術研究館」，1928 年，3 月 26 日獲准，3 月 24 日，國術研究館在南京內橋金陵大舞台，召開成立大會，租借蔣家巷，基督協進會的房屋為臨時館址。

國術研究館除行政事務外，主要工作是設立國術訓練班，培養武術師資，並沒有進行多少研究工作。經李烈鈞、邵力子、鈕永建等人遊說，將該館歸屬政府直接指導。由財政部撥給經費，並於 1928 年 6 月，將國術研究館正式易名為「中央國術館」，館長為張之江，副館長李景林。

貳・中央國術館的組織系統

中央國術館建館初期，設理事會和監事會為權力機構，負責議定重大館務事項，下設少林門與武當門，負責組織和管理教學活動，將太極拳、八卦拳、形意拳列於武當門下，其他拳種皆入少林門，之後採用「一會三處的組織建制，設置機構。」一會：即理事會，三處包括教務處、編審處、總務處。

1929 年 2 月，國民政府通令各級行政機構遍設國術館（社）。國術館組織大綱規定「省、市國術館正館長，應由各省、市政府主席、市長兼任，或由省、市政府及董事會推薦資望相當者充任之」。各級國術館、社的負責人，由當地政府首腦人物擔任，保證了各地政府對各級國術館的撥款，也促進了各地國術館的組建。

至 1933 年的統計，當時已有二十五個省、市建起了國術館，縣及縣以下的國術館（社）的數量尤多，僅青島一市，就設有國術訓練所 83 處。

參・中央國術館的宗旨及其主要活動

1929 年 2 月頒布的《中央國術館組織大綱》。

第一條規定：「中央國術館以提倡中國武術，增進全民健康為宗旨。」第二條：「為實現前條宗旨起見，本館特延聘國術專家、體育專家及其他專門學者，辦理下列事項：一、研究中國武術與體育。二、教授中國武術與體育。三、編著關於國術及其他武術之圖書。四、管理全國國術事宜。」

肆・中央國術館的武術教學概況

中央國術館設教授班、師範班、練習班、青年班、少年班，以開展武術教學，培養武術人才。

中央國術館甫成立，即設教授班，初期學習年限較靈活，依據技術水準和社會需要，提前畢業，教授班第一期和第二期的學員多是當年入學，當年就畢業任教。1929 年將學制定為兩年，1930 年又增為三年，學員包括各省、市保送和自行招收兩部份，每期六十人。

1933 年開設師範班，師範班分甲、乙班招生。甲班學制一年，每期招 66 人，乙班學制二年，每期招 54 名，還附設自費生組，凡年十五至二十歲以下的健康國民，曾經練習過武術，具備高級小學畢業及有同等學歷，皆可自費入學。

練習班，在該館所在地招收學員，不收學費，食宿自理，成績優良者可升入教授班。少年班，招收 10 至 14 歲，且小學畢業、學制二年。青年班招收 17 至 20 歲，初中畢業，學制三年。

伍・中央國術館所開課程

中央國術館開設各種班別，其課程分為學科、術科兩類。

一、學科：黨義、國文、地理、歷史、算術、國術源流、國術學、生理學、軍事學、音樂。

二、術科：腿法、拳術、器械科、競技科、選修科、特別科、軍事科。在以上七門技術課程中，包含有：形意拳、太極拳、八卦拳、查拳、新武術（拳腳科）、連步拳、雜拳、引拳、戳腳（掇腳）、劈掛拳等。器械方面包括有劍、刀、棍、槍、鞭等，另有氣功、鐵砂拳、紅砂拳等功法，以及散打、摔角、長、短兵格鬥項目，還開設了拳擊、日本劈刀與刺槍術。

陸・中央國術館的國術國考

國術國考，無疑是中央國術館成立二十年間，最受人們關注的事情。國術國考全稱為「全國國術考試」，中央國術館，仿古早時代武術考試和近代體育運動競賽制度，制定國術國考，用以考評習武者技能與學識，區別等次。國術考試仿武術的：童試、鄉試、會試，設縣考、省、市考、國考，仿武科的外場（試武）、內場（試文），設術科和學科兩門考試，中央國術館謂，此為選拔真才實學的所謂——掄才大典，中央國術館國考共舉辦過兩屆。

全國國術考試，於 1928 年八月發佈《國術考試條例》之後，於 10 月 15 日至 20 日在南京公共體育場舉行，山東、河北、北平、南京……等十七省市，和中央國術館共 333 名應試者，參加了這次國術國考。

第一次全國國術考試分為：預試和正式，預試是單人表演，項目包括拳術、刀、劍、棍、槍，正試是兩人特邀比賽；項目包括徒手的拳腳鬥（散打）、摔角鬥、持械的棍、槍鬥（長兵）、刀、劍鬥（短兵）。預試及格，方可參加正試，預試中個人單演拳術和器械的水準頗高，有 240 多人獲及格資格，其中 150 人參加了正試。

第二次全國國術考試，於 1933 年 10 月 20 日至 30 日，在南京公共體育場舉行，此次考試，大致沿襲第一次國術國考的成法，所作改進是預試有了評分細則，對抗比試有了統一的護具，另外還增設了搏擊（拳擊）比試，以及女子對抗比試，這次正式採用對淘汰制，決出應試者等次，等次分甲、乙、丙三級，甲等名額佔應試人類的35%，每等之內，按舉科成績排定先後順序。

這次國術國考共取甲等 43 名，其中拳術對試（散打）十三名，長兵 3 名、短兵 6 名、摔角 3 名、搏擊（拳擊）重、中、輕三級共 9 名，參加女子組正試 9 名選手，皆取為甲等，以鼓勵女性習武。

據記載，參加這次考試的部分女選手，隨中國體育代表隊（國術選手九人），參加了 1936 年柏林奧林匹克運動會，並且在武術表演項目中有出色的表現，獲得盛譽，德國體育專家讚揚國術具有藝術、舞蹈、奮鬥等三大特點。引起了國際人士的矚目。

國術國考雖有種種欠缺之處，但卻制定和實踐了中國武術、拳、械單練與對搏的競賽制度與規劃，更選拔出眾多優秀人才，更促進了競技武術的發展。

柒・中央國術館的武術論著與教材的編撰

中央國術館成立至 1934 年間，共編輯出版了：查拳圖說、青萍劍圖說、少林武當考等 22 種，已完成編輯的有：練步拳、八極拳、形意拳摘要等 12 種，以及當時正在編輯的有：太極拳、八卦掌圖說、內功正軌等 11 種。

1929 年秋，又創辦《國術旬刊》，每十日出版一期，翌年改名為《國術週刊》，每週出版一期。基本內容包括論文、著述、轉載、記錄、文藝、雜俎以及館內消息，國際新聞等欄。主編相繼由吳繼青、唐豪、姜容樵等與國術館編審處處長擔任。

1933 年底，教育處發函中央國術館編輯初中、高中、大學三級武術教材。國術館成立了由姜容樵負責的教材編審委員會，並在 1934 年 1 月 3 日舉行的第一次會議中，議定先編初中、高中兩級教材；初中教材包括：五行拳、彈腿、劈掛刀、三才劍四種。高中教材包括：八極拳、八卦拳、梅花刀、昆吾劍四種。

1941 年，國術館派員，參與國民政府教育部和軍訓部聯合設置的國術教材編審委員會，進行國術教材之研究編輯工作，至 1944 年，編輯完成教材共 49 種，時為抗戰末期，由於種種條件所限，以上教材未能印刷問世，誠屬遺憾！

捌・中央國術館走入歷史

抗日戰爭爆發後，除四川省等大後方國術館（社）繼續有活動外，大多數國術館（社）相繼停辦。

1937 年 8 月 14 日，日機轟炸首都南京，中央國術館西遷，在遷轉過程中，國民政府停發經費，教職員工和學生生活十分艱困，多數教師和學生沿途離去，自謀出路，1941 年，遷至重慶北碚時，館內人員僅剩二十多人，此後雖在四川省境內組織培訓、巡迴表演、舉辦比賽，但都僅偏於一隅，失去了往日的規模，1946 年遷回南京，無館址、缺經費，已無法維持活動，1948 年宣告解散。

玖・結　論

中華武術博大精深，歷史悠久，代代相傳，流傳至今。三代秦漢寓兵於農，文人儒士常佩劍，平民百姓為健身，防身時習射講武，故歷代能在文治武備中，國運昌隆。惟唐、宋以降，中華武術受主、客環境影響，逐漸沒落，更成為少數專家之學，先賢遺留之武術文化，幾於中絕，茲節錄，吳文忠博士在其所著體育史中，有關中華武術的起源與發展，及筆者拙見，簡介於左，供我愛好武術之士參考。

一、發生時期

中華武術為我國族固有之國技，證諸史冊，上古時已有之，圖騰時期，人與禽獸為爭生存，乃發生肢體搏鬥，因欲制勝，而生機智，以力為主，以智為輔，進而仿禽獸之形體追求技擊之術，時代變遷，社會進化，徒手搏擊（角牴諸武術之首）進而運用器械相搏，鬥力鬥智，中華武術於是肇興。

二、興起時期

軒轅黃帝自崑崙東下，其征伐的族眾，非武力不能平，帝伐蚩尤，即民族自衛之證，帝伐蚩尤時相傳蚩尤以角牴之技與黃帝搏鬥，人不能向，黃帝採首陽山之銅鑄劍，黃帝臣暉作弓，夷牟作矢，終敗蚩尤（角牴實為後世摔角與拳術的濫觴），自此武器乃興，三代列國更有傳人，周禮載「發揚蹈厲，有勇知方」，詩小雅云「無拳無勇，職為亂階」，孔子曰「有文事必有武備」，戰國之時，齊人獨以技擊著名，是三代以後，國術興起之證。

三、摧殘時期

秦始皇併吞六國，統一天下，欲保其萬世之業，以文人可厭，思有以明一人而愚萬夫，於是焚書坑儒，以致文化遭受摧殘。復以武士可厭，思有以剛一人而柔萬夫，於是殺豪傑，收天下之兵，聚諸咸陽（河南省），銷鋒鑄鐻，以弱天下之民，是為武術之摧殘。至漢武帝時代的重文輕武，流風所播，益以萎靡。

四、復興時期

梁武帝時，印度達摩東來，渡江往魏，止嵩山少林寺，與僧眾講經時，每當入座說法，徒眾即有昏鈍不振者，乃創易筋經、易骨經、洗髓經、羅漢十八手等，教眾僧於晨光熹微時，起而練習，羅漢十八手即後世少林拳的濫觴，後人融和變化，次第增加，北魏以後，未嘗或間，隋唐兵戈時，多賴武術以建功。

五、發達時期

其後少林拳術傳播至廣，後世稱為外家拳，其術以硬攻直進為上乘，宋徽宗時有張全（三峰）者，精少林，且得武術之奧秘，後隱居武當山，研究以柔克剛之術，以守克攻之學，創太極拳，後人眩奇示異，稱為內家拳，又稱武當派。自是以後，內外兩家，術式繁多，門戶之見亦愈益深，私相傳授，視為家珍，然流傳至廣，其後元太祖挾其武略入主華夏，遠征至歐洲，武術愈見發達，明代戚繼光以拳術練兵，少林一派，達於頂盛。

六、衰落時期

武術傳至清代，又遭鄙棄，清朝以少林多明末遺臣，兩度焚少林寺，徒眾星散，各本所得以教人，然清朝朝廷以科舉取士，官民競習詩文，重文輕武，蔚為風氣，至拳匪（白蓮教）亂後，世人以此等愚夫誤國，將此怨恨遷怒於武術，加之江湖藝人以此為營生，因而凡習武者悉遭輕視，以武術為下流。

然在廣大的民間，仍為武術專家保留，秘不公開，間遇奇才異能之士，每至傳聞不實，遇事舖張，或曰飛劍殺人，或騰雲萬里，種種不實玄妙之談，致使人恍惚迷離，其品行不端者，橫行市井，好勇鬥狠，武術遂為人所鄙薄，武德沉淪。人多羸弱，致招病夫之譏，睡獅之誚，武術地位，遂至一蹶不振矣！

七、再興時期

清代因外患頻仍，國勢衰微，屢戰失敗之後，門戶開放，歐美教士，來華僑傳教辦學，西洋體育亦隨之輸入，是時運動風氣雖尚未普及，但時人，以民族體格衰敗為憂，於是，競倡強身之道，而具有數千年歷史的中華武術，乘機而更生。

1910 年，天津武術家霍元甲創立精武體育會於上海市，培養武術人才，發揚中華武術，同時出版武術書刊，普及海內外，是武術再興時期。

中華武術雖然門類眾多，但由於社會上需要，多數民眾能接受，故易於重振。民國初年學校、軍隊普遍採用，而民國 17 年中央國術館順利成立，自茲以後，省市仿行，正如前文所述，中央國術館對中華武術的貢獻在：發揚固有文化，化除派系，整理武術教材，出版刊物，訓練師資，統一教學，研究改進，務

求普及，以達明恥教戰，自衛衛國的使命。而以上諸多事項，都是在國家動亂（抗日與國共內亂）中推展，實在難能可貴，總體而言，中央國術館的成立及其作為，在中華古國歷史的長河中，立下了汗馬功勞，可說真正是中華武術的復興契機，實可比美歐洲文藝復興與體育。

十五、十六世紀中，人文主義者及新教育家，回顧歷史瞻望未來，確認體育為現實生活中最需要的教育，更由於經驗所得，力主實學實用，以適應時代社會生活。至於十七、十八世紀，唯實體育教育思想，亦屬由文藝復興與體育而來。我國自古文人對武術人的印象，可說都是負面居多，但從中央國術館的成立之初，由館長張之江所邀請的諸多人物中均是國府政要與重量級文人，此時，可比美歐洲文藝復興時代，主張推行唯實的體育教育思想的諸多先賢。

中央國術館對後世中華武術的影響至深且鉅，具體而言：

（一）主導了中國文化大學國術學系成立的理念

1. 本系傳承民國初年，中央國術館的精神推展國術教學，發揚傳統文化，培養文武合一的時代青年為主要任務。
2. 本系教學資源而言，本系擁有全國在國術學理與技術領域最專業的師資，更強調所有教師都是中央國術館及其他知名傳統武術各門派的再傳弟子。
3. 在教學宗旨方面：為傳承中國傳統武術文化，實施國術專業教育，培養國術教育人才。

從以上說明中，可意會出中國文化大學國術學系與中央國術館是血脈相連、代代相傳、生生不息。中國文化大學國術學系才是中華武術正統的傳承者，當然也應負起發揚的使命。

（二）主導了海峽兩岸對中華武術的傳承與發展

中國大陸由於毛澤東的一意孤行，掀起了十年文化大革命，該期間，連太極拳都禁止，對我中華武術慘痛的影響，可說超過了秦始皇對中華武術的摧殘，如今中華武術能在大陸發展，能不說是取經於中央國術館二十年的建樹。當然也多虧幾位碩果僅存，曾在中央國術館教學的武術大師，及其各門派的再傳弟子，而大陸推行新武術能成為亞洲運動會的武術比賽錦標項目，應是功勞一件，難能可貴！

台灣方面，悉以中央國術館的宗旨，傳承中華武術。而陳泮嶺（曾任中央國術館副館長）1949 年，隨政府來台後，先後於 1950 年，會同黨國元老鈕永建、于右任、白崇禧、何應欽（中央國術館成立時的發起人）共同發起籌組『中華國術進修會』，及 1955 年成立「中華技擊委員會」，而光復隨政府來的中央國術館的師長們，李元智、常東昇、潘文斗及劉雲樵、韓慶堂、王松亭等大師共同參與下，中華武術在台灣有輝煌的成就。當然亦直接影響了中國大陸武術界的發展。但好景不常，近年來台灣中華武術推展可說大多都靠民間社團積極推展，而台灣省國術會在蔡崇源、謝木榮及林志昌秘書長的竭盡心力，使會務順暢進行，使中華武術能繁衍綿延，厥功甚偉。即以協會的「國術之光」刊物，能發行數十年，即可知領導者功力。

台灣近年來，推展中華武術不力，除了政府經費支援短缺，對於「體育法」的執行不力，亦是最大原因。國民政府在民國 18 年，頒佈的「國民體育法」及其歷次修改的體育法中，均白紙黑字明明白白的標明「提倡優良的國術」但都沒有實施細則，可說行同虛設，如何推展！

（三）中國文化大學國術學系，今後在傳承、發揚中華傳統武術的重責大任方面，首先應將所謂的傳統武術蒐集，整理成一系列的武術文獻以正視聽，以利正統武術真傳再現。

筆者多年來，應邀參加過多次的傳統武術大賽，也拜讀過眾多傳統武術競賽規程與相關資料，更請教過許多熱愛傳統武術的資深武術翹楚。

例如：1. 由新唐人電視台舉辦的「全世界華人武術大賽」，其所揭示的是：以繼承中華傳統武術精華，促進交流，弘揚中華神傳文化，提高武術技藝和武德為目的，透過中華傳統武術比賽，展現中華文化武術道德的傳統理念。

2. 第六屆浙江國際傳統武術錦標賽規程，其目的：中國浙江省為廣大武術愛好者切磋技藝，展示風采搭建了平台，也為弘揚中國傳統武術作出了積極貢獻，此次比賽設置武術套路、對抗性項目、武術功法、健身氣功等項目，設長拳類、太極拳類、南拳類和傳統拳術類的個人全能大獎和總團體大獎。

3. 2007 年馬來西亞國際傳統武術群英會，大會主旨，誠如大會主席拿督丁福南在大會中致詞時所說：「本次舉辦國際傳統武術群英會，邀請了上百位國內外武林高手齊聚，切磋武藝，施展精湛武功，肯定讓檳城州內武術愛好者大開眼界，武術蘊含著豐富的中國傳統文化精髓。」此次大會讓武術團體、武術高手有一個交流、觀摩的機會。馬來西亞國際傳統武術大會參與國有泰國、台灣、挪威、法國、馬來西亞等國，參與表演的項目有四十五項，參與人數超過百人，可說陣勢豪大、壯觀。

4. 筆者，當然也參與了多次，台灣國術會舉辦的傳統武術競賽大會及表演大會，但總覺得所謂中華傳統武術，在以上各場合的演出，雜亂而名不符實，究竟何者稱得上是真正的傳統武術，此一問題應早日釐清以正視聽，好為後輩留下正確的資訊。而此一工作應由中國傳統武術正統的——中國文化大學國術學系的師長與同學共同承擔，此為傳承，發揚傳統國術最重要關鍵所在。傳承中華傳統武術，在蒐集、整理與求真，此一工作比創編一種拳術或套路更難，必須以捨我其誰的武術家的精神，以嶺南洪家拳大師——林禮棶，所謂的：以骨為筆、髓為墨、皮為紙、肉為硯、心為燈、以血為油，來點傳中華武術文化的心燈，用生命做傳承的工作。

（四）中國文化大學國術學系應創辦國術刊物

刊物之宗旨，主要宣傳文化大學推展中華傳統武術政策，報導文化大學國術動態，介紹國際間武術活動，以及教育有關國術的法令、規章，有關國術論著及同學們的學習心得，傳統國術界人士的秘辛、軼事、掌故、傳奇，以及國術的諺語、要訣，傳統醫療、養生學的介紹，每年多次的國術表演，以及歷屆校友在國、內外的各種活動；特別是師生參與進修、競賽表現等，都是刊物的重要素材。

當然創辦一個刊物，談何容易，困難重重，但刊物會促進師生之間的感情與團結，提升師生之間，對國術學理與技術的深一層研究，更促使同學產生見賢思齊的作用，期盼在國術方面更有成就。古人說事在人為，全體師生運用智慧定會成功，文化大學國術學系已成立三十年，畢業同學超過千人，文化大學國術學系師生，已創造了很多的榮耀事蹟，今後，我們更不斷的突破、創新，文化大學國術學系，永遠是中華武術正統的傳承與守護者，發揚的使命，應常在全體師生心中。

參考文獻、資料

一、中國文化大學體育學系的歷史沿革。

二、中國文化大學國術學系的創系特色、教學理念、教學資源、課程內容。

三、中國文化大學教學卓越計劃。

四、中華武術第十、十一、十二期。

五、國術之光一三三期。

六、網路資訊。

七、體育史（吳文忠著）。

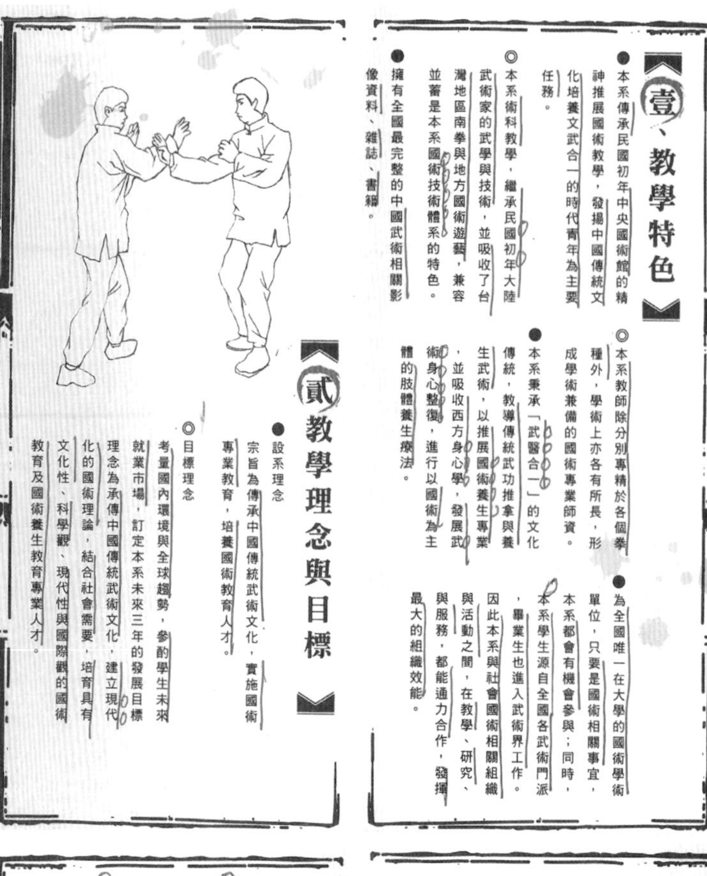

壹、教學特色

● 本系傳承民國初年中央國術館的精神推展國術教學，發揚中國傳統文化培養文武合一的時代青年為主要任務。

◎ 本系術科教學，繼承民國初年大陸武術家的武學與技術，並吸收了台灣地區南拳與地方國術遊藝，兼容並蓄是本系國術技術體系的特色。

● 擁有全國最完整的中國武術相關影像資料、雜誌、書籍。

◎ 本系教師除分別專精於各個拳種外，學術上亦各有所長，形成學術兼備的國術專業師資。

● 本系秉承「武醫合一」的文化傳統，教導傳統武功推拿與養生武術，以推展國術養生專業，並吸收西方身心學，發展武術身心整復，進行以國術為主體的肢體養生療法。

● 為全國唯一在大學的國術學術單位，只要是國術相關事宜，本系都會有機會參與；同時，本系學生源自全國各武術門派，畢業生也進入武術界工作。因此本系與社會國術相關組織與活動之間，在教學、研究、與服務，都能通力合作，發揮最大的組織效能。

貳、教學理念與目標

● 設系理念

宗旨為傳承中國傳統武術文化，實施國術專業教育，培養國術教育人才。

◎ 目標理念

考量國內環境與全球趨勢，參酌學生未來就業市場，訂定本系未來三年的發展目標理念為承傳中國傳統武術文化，建立現代化的國術理論，結合社會需要，培育具有文化性、科學觀、現代性與國際觀的國術教育及國術養生教育專業人才。

參、教學資源

本系擁有全國在國術學理與技術領域最專業的師資；所有老師都是中央國術館及其它知名傳統武術各門派的再傳弟子，並且都是助理教授以上等級，在教學與研究都培育多年經驗。

多年系統化的購置設備，建立武術多媒體實驗室，提供教師及學生建立數位化教學與研究；運動能力恢復室提供運動整復與氣功養生實習與研究設施。

體育館落成後，現代化的場館與俱樂部設施提供本系學生更優質的教學與實習場所。

肆、課程內容

【必修課程】

● 專業學科

國術概論、武術史、裁判法、教材教法、訓練實務、解剖學、傳統醫學、養生學、研究法論文寫作

◎ 專業術科

拳術基本訓練、南拳、北拳、內家拳、器械、技擊項目、對練

【選修課程】

● 國術教育

測量評價、統計學、訓練法、生理學、力學、技術分析、國際武術概論、國術英語、運動傳播、休閒管理

◎ 國術養生

經絡學、傷科藥物、推拿學、全適能、自然療法、身心學、氣功學、傷害檢測、傷害急救

【專長訓練】

採師徒制、學術並重

● 國術教學與訓練、北拳

◎ 國術表演、女子武術

● 國術文化與數位、內家、八極

◎ 國術教材與攝影、螳螂拳

● 國術養生與整復、氣功、南拳

2. 有感於中國文化大學國術學系整合為「技擊運動暨國術學系」提供一己之拙見

新的技擊術科，將柔道、跆拳道、角力、拳擊、散手，列為必修學分的五選二課程。將重量訓練、自衛術、空手道、合氣道、柔術、摔角等項目，列為選修課程。

此一整合，使原國術學系兼溶了更多技擊項目，可說是充實了學系，受惠了同學，更使「技擊運動暨國術學系」與世界體育總會，所提倡的武術和格鬥類體育項目接軌。今後，學系的教學走向多元化，發展溶入國際化，此一趨勢不僅加重了教師的責任，也擴展了同學的視野，同學們更要虛心、積極向學。

以上，所列的必修與選修課程，實質上，與我中華民族武術關係密切，且大部份項目，均為中華武術衍生發展出來的，茲論述如下：

壹・柔道

柔道，是日本的技擊項目，其源起眾說紛云，茲恭錄以下兩篇文章即可知其梗概：

一、黃滄浪（柔道十段達士）所著《柔道學》（黃滄浪、李佐治・文立出版社，民國 61 年。）論述柔道源起，此項風行全球的運動，係發源於中國，在我國明末清初時傳入日本，經日人之發揚光大始成為今日之柔道。

明崇楨元年（西曆 1628 年），陝西大荒，政治腐敗，社會秩序不寧，流寇李自成到處作亂，崇禎十七年，李自成攻入北京，崇禎皇帝吊死煤山，明朝亡國。當時鎮守邊疆山海關的吳三桂，又為了愛妾陳圓圓被李自成所奪，想借清兵力量驅除李自成，奪回愛妾，便向滿清投降，引清兵入關，清兵擊敗李自成後，統治了中國。當時明朝遺臣為不願做滿清的奴隸，力圖恢復，紛紛撤至南方，據守各處，後亦為清兵所敗。在福州方面，鄭芝龍降清，福王逃往福建長汀被清兵所擄。鄭成功深明大義，便率領有志之士到廈門集合，圖恢復明朝，他深恐力量單薄，在清順治十六年（1659 年）遣派特使，到日本去借兵求援。

鄭成功當時派遣的特使共有三人，就是：陳元贇、朱舜水、李梅溪。陳氏為浙江人，是一位很有成就的武術家，擅長少林拳，尤精通摔角術與擒拿術等武術，朱氏學問淵博，將我國陽明學術傳授日本。他們到日本後，寄住在東京城南的麻布正市內，擬向日本借兵，但當時的日本德川幕府，所持是閉關自守政策，不願出兵援助，陳氏等，因任務未達成，很失意的留在東京，由於他們是外國人，常受到很多浪人的欺侮，一天幾個浪人來找他們的麻煩，結果被陳氏等打得落花流水，四散奔逃。當時住在國正寺內的三位日本武士——福野、三浦、磯貝，見陳氏武藝高強，便拜為師學習中國武術，從此，中國數千年的武術，便由此傳入日本，之後該三武士成為日本柔術的始祖。

嘉納治五郎——日本柔道功臣，嘉氏日本東京帝國大學文學院哲學系畢業，精武術。陳元贇傳武術於日本後，其門人分成很多派，後經嘉氏綜合精華，加以科學訓練，嚴訂比賽規則，廢除一切危險動作，並更名柔術為柔道，當嘉氏改柔術為柔道時，其他派別都極力反對，最後，由日本警察廳出面召開全日本柔術與柔道比賽大會，經過了激烈的比賽後，嘉氏學生一一得勝，才使柔道奠定了不拔根基而弘揚於世界。

國術學系第二任主任翁啟修，於中華民國 64 年 5 月碩士論文「中國摔角基本技術與柔道摔倒法之比較研究」，提及鐵文衡氏所提：「柔道中多種姿勢，大致與中國『摔角』原理相同」。並謂，「摔角之道與柔道實相同也」。

胡繩武氏（曾任台中體專校長），更在其所著《中國摔角與日本柔道的比較研究》書中，具體提出中國摔角與日本柔道技術名稱對照表。摘錄兩者部份供參考：1. 下把搵與浮腰。2. 上步踢與出足掃。3. 上把得合與大內割。4. 半搵半蹩與彈腰。5. 下把前進後踢與大腰。6. 抱臂揣與過肩摔。7. 上步蹩與丟體。8. 挑鉤子與內腿。9. 穿襠與肩車。10. 原地抱與後腰。11. 手霍與摔空。12. 纏腿與河津掛。

二、懷陳元贇先生（謝似顏）撰稿，此文章發表於北平體育季刊，民國十六年。謝氏曾留學日本，曾任教於國立台灣師範大學，政治作戰學校體育學系全文如下：

懷陳元贇先生（謝似顏著）

陳元贇是誰？他是明末時代懷著一身驚人的技能，卻招國人的嫉妒和壓迫，逃到日本傳授柔道的人，可稱為日本柔道界的恩人，在我國說起來，是國術第一個輸出者了。他一生詳細的歷史，在中國文獻裏當然是找不到了。只好在日本人著作中，如《名人忌辰錄》、《陶器攷》、《先哲叢談工藝鏡》、《和事始》，這些書內略述一二。

陳元贇字義都號既白，明朝時代浙江杭州人。崇禎年間，試進士不第，避寬永 15 年之亂，逃到日本客事尾張侯。往來京都江都間，與諸名士為文字交。萬治二年始識名古屋僧元政尤為契合。元政慕袁中郎詩文，亦以元贇故，日本人始識袁中郎以元政的仰慕故，彙兩人互相唱和詩集，號為元元唱和集。元贇能詩善書，書宗趙子昂，筆致道勁。又能自製陶器，雅致秀靜，大有安南陶器的風味，世稱元贇燒。元贇一生多才藝，利於日本人固無待言，然總不若拳法影響之大也。初元贇逃至日本時，授三浪人三浦與次右衛門、義辰磯貝次郎左衛門、福野七郎衛門等捕人術於正保中江戶城南，惡保國正寺，卒於寬文 11 年 6 月 9 日，享年八十有五。

元贇既授三浪人捕人之術，後來三人各自成為柔術，遞降傳授，逐分派流，各立門戶。如我國現在的拳術分為北拳南拳內功外功一樣。在明治維新以前，就我們所知道的，如天神真揚流、揚心流、起倒流，其他極心流、竹內流，澀川流、關口流、四天流、直信流、竹內三統流、三浦流磯且流氣樂流、自剛天真流，不遷流，真神道流、神道北窗流、良移心頭流，拍子流，雙水執流、日本本傳三浦流、成山一傳流、農木流、霞新流、永月流、制剛心照流、水海流、野福流、轉心流、原棍流、夢想流、柳生流、為勢自得天真流、柳生心眼流、鐘卷流等流，說也說不清楚。自從火器輸入以後，一般日本人以為赤手空拳的柔術，沒有什麼大用處，有逐漸衰頹的趨勢，在這時候出了一位叫做嘉納治五郎者，初就學於天神真揚流的福田八之助，後來對於各派也用過一番苦功，集柔術之大成。又以柔術二字，覺得偏重技術一方面，改為柔道。日本尊他為柔術之師範。至明治 15 年，創立講道館柔道場，到了現在，日本全國中學校，均有柔道場的設備。每校總有一位柔道教師。

這樣柔道的盛況，對於日本人心身，是有莫大的貢獻。追念往昔，那得不懷柔道始祖陳元贇先生呢！但我們說日本人的柔道始祖是陳元贇，而日本人所記述關於柔道的書籍：如《本朝世事談綺》、《武術流祖錄》、《良移心頭流秘書》、《本朝武藝小傳棒尾張國名所圖繪》、《洞房語園》、《瓦礫雜考倭訓栞》、《嘉良喜隨筆》、《柔道手引》、《柔術教科書》大及《日本百科大辭典》，均是大同小異的，說：《柔術本來是日本人的國術，並非陳元贇所獨創，不過柔術因陳元贇一番指導，越發盛旺罷了。》你想！抱狹義國家主義的日本人，處處以發揚國威的成見，那裏還講得進學理話呢？其實柔術是日本人所固有，或陳元贇所首創，我們今日亦無從考證。倘使柔術的確是陳元贇所首創，但日本今日這樣好盛況，我們唯有佩服他們好熱力，何國威之可損！倒是我們增加羞恥無地自容了。

以上所說的，無非陳年古董賬，無論日本人固有也罷，陳元贇所首創也罷，我們只有好笑，他們連學理上的事情，也橫著國界的成見。怪不得有人說日本是個島國，氣量偏成的話。最足痛心的，是在日本名古屋簡井町建中寺，德川侯爵發起所建的紀念碑，我且錄他的原文如下：

既白陳先生碑

朱明之末造，執義全節之士，指不遑屈。其不欲食胡清栗乘桴而投我者，有若陳既白焉。有若朱舜水焉。舜水濱於水戶，而既白客於尾張。皆有功於我國文教矣。既白諱元贇字義都，既白、芝川、叔菴、菊秀軒皆其號也。明國虎林人，寛永中，避亂投化，應敬公辟，來客尾藩。為人清峻有風骨，書學趙松雪而無媚態，詩文有袁中郎之風，屢遊諸洲，交高人韻士，與僧元政契合尤厚，有「元元唱和集」。寛文十一年六月九日沒。享年八十有五。葬城東建中寺。既白多材藝，通拳法，正保中教授於江戶國正寺，其徒傳承鍛鍊，加精，與劍法並稱為本邦武技之泉。則既白之有功於我不獨文教也。今茲大正癸丑，既白沒 242 年矣。舊藩茂浪越有志諸人。懷既白之功而傷其墓之荒蕪，胥謀改葬於十步南，立碑以志墓，索文於余，余謂既白舜水之來，尚霸府勃興之時，三百諸侯，碁佈星羅，而識大義講明分者，有敬義二公而已。則二公之辟二人，二人之就二公，有非偶然者焉。今也大政維新，天下文明，五道盪，庶績咸熙，二公之志於是乎遂矣。使二人而在，其歡汴忻慶為何如耶？而彼邦則道義日頹，廉恥掃地，南北爭鬥，封疆分裂（我國民其聽著）死有知眷戀故土，而安處於斯地也必矣。況於諸子之追遠，以慰其靈乎，乃紀其顛末，繫以同感如此。

大正二年五月　尾張服部拱撰

看了這篇碑文，凡是有血氣我國民，沒有一個不氣破肚子，其文字之惡劣，固然可笑，其侮辱我國的口吻，更屬可惡。但我們細細一想，的確有可以被人侮辱的地方。當民國 13 年 11 月 28 日的早晨，我到陳元贇立碑處正是陰雨朦朧，日光無色的一天，那一片衰草寒煙的背影已覺得令人懷古，看了這種碑文，更覺得令人發顫，所以特地抄了下來，也是國恥紀念之一。

回想陳元贇生於明朝末年，是八股盛行的時代。又值武學之末流，一般所謂士大夫束書不觀，游談無根，滿街都是聖人的社會裡。而他的故鄉，又是一個歌舞不休，暖風薰得遊人醉死的杭州。他是個博學多材的，剛毅果敢的鐵漢，哪裡能夠生存在這樣淫靡柔弱萎葳不振的時代和環境呢？只好遠逃了。但是他沒後，距今是二百五十九年，時代和環境的腐化，恐怕今日也無什麼變化，因此，我們懷陳元贇，直是懷自己的身世了。

貳・跆拳道

任何運動、武術項目均有其源起，跆拳道當然亦不能師出無源，或僅以所謂「跆拳道的起源，可溯自於人類，以一生命體而立足於地球上的瞬間，數語概而不論。」

實際上，跆拳道的產生，應以下列一段文字論述可證實：「跆拳道的原貌，就是從位於滿州高句麗國都附近的古墳、角觝塚、三室塚等玄室壁畫中得到證實。」、「角觝塚的壁畫，繪有二人互抓雙肩而做相撲。又，玄室天花板，則繪有二人正在互做跆拳道的對陣體勢。」（兩段文章引自韓國跆拳道協會國家代表師範七段——李奎珩著、江明宏編譯之跆拳道入門）。

依據上文，「角觝塚的壁畫」暨「玄室天花板」，繪有二人正在互做跆拳道的對陣體勢，證明韓國跆拳道起源於「角觝」，亦如同我中華拳術起源於「角觝」。角觝亦稱角力（摔角），是我中華傳統的徒手技術，角力講究堂堂正正的力量比賽，奧運會古典式角力錦標項目，其所強調的重點就是力量，而自由式角力則技術繁多。韓國跆拳道雖強調「力與加速度」，但跆拳道的技術的奇巧（可稱之謂巧鬥力），應是從「角觝」術中衍生出來的。

跆拳道，雖為韓國產物，但與我中華傳統武術淵源極深，在中華民國跆拳道協會核定，《圖解跆拳道新教材》（韓籍國際七段、洪商來著）中，曾有如下的論述：韓國之武術，就是以我國明朝戚繼光少保之《紀效新書》為根據，加以研究與學習，取其精華，簡化而自創一格，其跆拳道之各種招勢，均由少林三十二勢長道拳演變而來，並大力提倡，不但盛行其國內，抑且風靡世界各國。更於1980年7月，依據奧運憲章而被公認為國際競技項目。

我國跆拳道之興起，應回溯到民國55年，當時總統經國先生任職國防部時，曾赴韓國訪問，看到「跆拳道」在韓國軍中推行成效卓著，且在越南戰場上發揮了近戰之最大威力。當即指示海軍陸戰隊，聘請韓籍教練來我國軍中施教，並改稱為「莒拳道」，先由陸戰隊訓練師資，並普及三軍各部隊，經過數年來之積極推展，成為國軍中之一項重要戰鬥技術。

事實上，跆拳道早在民國46年，曾到我國台北市公賣局體育館表演，當時名稱為「劈掌」，之後改為「跆拳道」。跆拳當初在台灣推行時是由所謂「型」開始，先是基本動作，四周攻防，然後是：天地型、島山型等。所謂型，即我中華國術各種派別的套路，然後是對練與擊破（即功力）。實施一段時日後，跆拳道又更名為「場」，即太極一場，二場至太極八場。自2009年起，跆拳道又更上層樓進入「品勢」教學階段。由初學者的太極品勢（有級者），進而至有段者品勢，由：高麗、金剛、太白、平原、十進、地跆、天拳、漢水、一如。

參・柔　術

眾所周知，柔術是日本柔道、合氣道、空手道等日本武術運動之母體。有關柔術的起源，依據台灣省柔術運動協會，編撰的柔術基本教材，第一節柔術之緣起，由柔術國際總會的資料中，認為柔術是在十六世紀，日本遠至中國學醫的一名青年男子，名叫秋山四郎（Shirobei Akiyarma），他從風雪中，看到柳樹枝受風雪積壓，柳樹枝以其柔韌之特性能順勢化除，非似其他剛硬之樹枝被摧殘折斷，由此悟出柔能克剛，是為柔術運動之發軔。

柔術起源的另一說法：如前文黃滄浪（柔道十段達士）與謝似顏教授，在兩人文章中所論述：日本柔道係起源於中國的武術家——陳元贇。陳氏在日本期間，曾收徒：福野、三埔、磯貝三人，三人學得陳元贇傳授武術後，成為日本柔術的始祖。

謝似顏文中曾有如下之論述：元贇既授三浪人捕人之術，後來三人各自成為柔術始祖，遞降傳授逐分派流，各立門戶。自從火器輸入以後，一般日本人以為赤手空拳的柔術，沒有什麼大用處，有逐漸衰頹的趨勢。在這時候出了一位叫做嘉納治五郎者，初就學於天神真揚流的福田八之助，後來，對於各派也用過一番苦功，集柔術之大成。又以柔術二字，覺得偏重技術一方面，改為柔道，日人遵他為柔術之師範。

在謝似顏教授有關柔術論述中有兩段話語，摘錄本文中提供有識者參考：

其一，柔術本是日本人的國術，並非陳元贇所獨創，不過柔術因陳元贇的一番指導，越發盛旺罷了。

其二，其實柔術是日本人所固有，或陳元贇所首創，我們今日亦無從考證，倘使柔術的確是陳元贇所首創，但日本今日這樣好盛況，我們唯有佩服他們好熱力，何國威之可損！倒是我們增加羞恥無地自容了。

柔術訓練，比賽分為格式（如我國術之套路）演武與實戰格鬥兩大類。格式技法包括：擒抓技（含扼絞）、擒抱（包括鎖頸）、打擊技（拳打足踢）以及持械攻防（包括棍棒、刀械）。實戰格鬥內容分三個階段：一、遠身戰，即彼此沒有近身擒握的階段，允許拳打、足踢的各種技法。二、近身戰，此階段尚有一方擒、抓住對方時，即不可續行拳打足踢的動作，而須以摔倒技術來格鬥。三、一旦有一方跌落蓆面，則進入地面攻防技法，以固技、絞技、關節技格鬥。

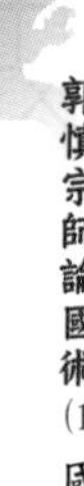

柔術在中華民國台灣的興起與發展：民國 91 年，文化大學國術學系主任莊榮仁，聘請在文化大學擔任教育學科，宋隆業博士開設柔術課程。民國 93 年，莊主任接獲體委會要求籌組柔術運動組織，以推展柔術，並負責接待由體委會邀請國際柔術協會主任 DV rinaldo onlandi 及技術總監 Mario Den Edel，協商有關籌組，中華民國台灣柔術協會，並加入國際柔術協會相關事務，參與人士有奧會主席黃大洲博士、宋隆業博士、體總及高雄市體育會相關人員。國際柔術協會 orlandi 主席，當場慨允盡全力協助我國加入該組織，並允諾協助爭取 2009 年世界運動大會在高雄市舉行。

2003 年、2005 年，我國先後派代表前往：西班牙、德國杜易斯堡，世界盃、世運會，有關柔術的競賽情況及蒐集相關資料，2005 年 9 月我國由莊主任及宋正邦博士前往希臘克里特島，參加世界柔術規則相關講習，並印行出版資料。中華民國柔術協會在莊主任大力推動下，並於 2005 年 8 月 17 日於文化大學正式成立，首任理事長為立法委員黃劍輝，並期許盼能於 2009 年世運會能取得好成績，2005 年 10 月 27、28、29 日三天，中華民國柔術協會，在文化大學體育館正式開課，訓練第一梯次柔術教練，參與人士有柔道、摔角、跆拳、國術界及其他武術界人士，筆者時已古稀之齡，亦全程參加。

柔道、跆拳道、柔術、空手道以及相撲等武術運動，依據武術史的資料顯示，無不是我五千年的中華文化所孕育出來的。如今，看到以上運動能蓬勃發展，我們不能講「禮失求諸野」的話語。我們祇能欽佩他們苦心孤詣、熱情研究、全力推動的精神。

如今，以上這些在國際上發光的武術，已回歸我中國文化大學「技擊運動及國術學系」，我們必須殫智竭力，致力推展，強調中西合璧的教育訓練為目標。在培養技擊運動及國術學術研究能力，培養技擊運動與國術術科專業能力上，做出供獻。筆者，在中國文化大學國術學系，及體育學系兼任二十六個寒暑，深覺國術學系傳承中國武術文化，實施國術專業教育，培養國術教育人才之艱辛。今又將技擊運動納入學系，此一中西合璧、文武合一的教育，將是學系重責大任，我全體師生要有新的認知，全力以赴，只許成功，完成嶄新、偉大的任務。茲上述淺見，就教於主任、老師，與同學參考。

參考文獻

一、謝似顏著，懷陳元贇先生，北平體育季刊，民國十六年。

二、黃滄浪著，柔道學，民國六十一年，憲兵學校即行。

三、翁啟修著，中國摔角基本技術與柔道摔倒法之比較研究，民國六十四年五月碩士論文。

四、胡繩武著，中國摔角與日本柔道的比較研究，自印出，民國六十三年。

五、李奎珩著，江明宏編譯，跆拳道入門 2012 年，信宏出版社印行。

六、洪商來著，圖解跆拳道新教材，中華民國七十一年，中華民國跆拳道協會核定，印行。

七、吳正明著，柔道、柔術指南，2012 年，7 月，台灣柔術總會印行。

3. 推動台灣國術的舵手——台灣省國術會秘書長林志昌

台灣省國術會，於中華民國 102 年 7 月 27、28 日，8 月 3、4 日，辦理「國術教練、裁判講習會」（圖 1）。緊接著在 8 月 24 日舉辦「2013 第六屆台灣武術文化節—國際武術表演」（圖 2）。

▲圖 1
郭慎於 102 年國術教練、裁判講習會場

▲圖 2
2013 第六屆台灣武術文化節—國際武術表演

國術講習會動員了會務人員六員：班主任李日、副主任謝木榮、執行長林志昌、執行秘書林伃初、總務黃麗玲、會計黃瑞吟。聘任講師十二員：蔡文俊、林伃初、曾桂國、賴武雄、郭慎、傅文丕、沈振達、王臣安、林禮楙、林文德、林志昌、蔡崇源。

所授課目不但涵括了國術基本訓練法、國術規則、國術指導技術、南拳基本技術、北拳基本技術、北拳訓練法、南北武術異同、中國武術史、台灣國術史、裁判職責、國術記錄方法。更引進了運動科學理論、體能訓練法、戰略戰術。以上內容對參與講習的學員，在教練與裁判實際職務方面，可說獲益良多，相信所有參與講習會學員在爾後的教練與裁判工作上，一定會有良好稱職的表現。

2013 第六屆台灣武術文化節，經教育部體育署核備後，歷經多次籌備會議，並受到國術界同仁及各界的支持贊助，得以莊嚴的舉辦，可說發揮了保護中華武術文化資產，更匯聚了國術耆老、中、青、少四代，而日本、香港、挪威、馬來西亞、新加坡、越南、英國……等地國術組織，仰慕中華武術文化，組隊共襄盛舉。不但發揚博大精深的國術，更達到以武會友的目的。國際武術表演於

102 年 8 月 24、25 日，假桃園縣八德市東勇街 5 號「九九台菜海鮮餐廳」隆重表演。

8 月 23 日預備會議，由台灣省國術會會長李日先生致歡迎詞（圖 3），大會秘書長林志昌按大會章程宣布相關事項，亦請與會各單位領隊、國術界資深長者發表精闢的講話勉勵（圖 4）。

▲ 圖 3 李日理事長致歡迎詞

▲ 圖 4 林志昌秘書長宣布相關事項

8 月 24 日上午，國術健身義診活動，下午武術交流表演。參與武術表演的單位可說是盛況空前，合計有來自國內外共二十六支隊伍。在表演前，筆者演講，略介「中國傳統武術——摔角」（圖 5）。

▲ 圖 5 郭慎演講
「中國傳統武術—摔角」

二十六支隊伍：中華台灣國術會嶺南拳術委員會、中華台灣國術會北派螳螂拳委員會、中華台灣國術會北派長拳委員會、中華台灣國術會駐越南辦事處、日本國術會、馬來西亞檳城嶺南洪拳健身社、馬六甲潮州會館洪拳醒獅團、新加坡太極促進會、英國國術會、中國傳統國技總會、馬來西亞中山學校朱家中家拳、高積堂、懷先國術研習中心、群英堂國術舘、武風武藝研習中心、傳承堂、育源堂武研社、嶺南弘武舘、嶺南虎鶴堂功夫研究社、嶺南蓉芳武學工作室、和原堂、桃園武德舘、忠義堂武舘、中國文化大學國術系、新加坡周家青年研習所、Norway Ling Nan Kung Fu Association。

本屆武術交流表演可說是井然有序，先是與會各單位團隊及個人演出，共二十八場。第二是國術名師示範，共三十三場。

在與會團體及個人的演出方面：一、在服裝、儀容、禮節方面可說中規中矩表現得體。二、各種演出的套路，均能將其特色、風格、節奏、精神表現出來。三、勁力協調方面、路線、力點、整體用力均能配合得體，南拳發聲與呼吸、發勁配合得宜。四、在動作招式方面：手、眼、身、法、步、肩、肘、腕、胯、膝及動作銜接很順暢，沒有出現停頓、遺忘。在器械演出方面：各種兵器運用順暢、勁力、協調方面、平衡、穩定良好，且能將器械的特色發揮出來如：刀如猛虎、劍如飛鳳、槍似游龍、棍若雨、槍扎一線一點。棍打一片、鞭舞一堵牆等。

國術名師的套路與器械方面演出（圖 6），無論動作招式、勁力協調、精神內涵，以至武德的表現，套句老話，薑是老的辣，後生晚輩心服口服，甜在心頭，肅然起敬、心悅誠服。

▲圖 6 香港知名武術影星周強，演示迷蹤拳。

2013 第六屆台灣武術文化節，新增了中華傳統武術——摔跤項目。這是以往五屆武術文化節，從來沒有列入的，一個被忽略的武術項目。

本屆能成為大會表演的項目，可說是一大創舉；事實上，連 2009 年中國第六屆浙江國際傳統武術比賽、2007 年馬來西亞檳州政府武術委員會舉辦的國際傳統武術群英會，以及連續在台灣舉辦過三屆所謂的「新唐人全世界華人武術大賽」都沒有中華摔跤項目，但在其所標榜的武術大賽宗旨中確有「黃帝戰蚩尤」有角抵式摔法之說。

筆者曾多次應邀觀賽，經詢問為何沒有中國式摔跤項目，主辦者新唐人亞太電視台總經理張瑞蘭女士、評審主席李有甫均得不到答案，經筆者參觀三屆的經驗是他們從來沒有接觸過中國式摔跤，根本不了解，更沒有穿摔角服下場實摔的經驗，當然無法成為比賽項目。

中國式摔角從現有的文獻證明，是全世界上起源最早的武術。學者王寒生所著《中國武道道統概要》一文中，稱中國的角觝發展為拳術，視為「中國武術萬拳之母」，而樊正治教授在其所著《論角觝為國術之源》一文中，自名詞演變、動作分析、學術特徵、遊戲學理及現象中，討論中國角觝與學術之間的關係與淵源中，證明中國古代角觝為國術之源。而吳文忠教授在其所著《體育史》論及中國摔跤時有如下之論述：摔角始於黃帝時的蚩尤氏，當軒轅初立時，蚩尤兄弟起抗黃帝，終為帝所敗，誅至涿鹿之野。蚩尤與軒轅鬥時，以角抵人，人不能向。周禮月令篇「孟冬之月、天子命將帥講武、習射御角力」。

摔角在各朝代均有推展，至民國八年濟南鎮守使馬良（子貞）組織技術隊，設有摔角課。民國十七年中央國術館成立，摔角課由武狀元常東昇教授，今海峽兩岸均在提倡中國式摔角，本屆大會能將摔跤列為正式項目，對中國式摔角良有益也，

▲ 圖 7 保定快角 23 式基本功，右 1，黃靖雅小友（幼稚園大班）。

本大會摔角項目，僅將「保定快角 23 式基本功」（圖 7）與「輔助運動—抖帶」呈現，盼望爾後能將實戰列入，則摔角技術必能提升。

本屆摔角項目表演，由門下生傅文丕師傅教導，能有不錯的成績，在此致上感謝！更謝謝其所有參與演出的弟子（圖 8）。另有傅門傅祺恩（圖 9）、傅琳真（圖 10）二位小友，表演中國文化大學國術組所傳承器械：雙手刀、三合劍，薪火相傳，工整紮實。

▲ 圖 8 「保定快角 23 式基本功」團練後合影，中立郭慎師公。前排，左 1 黃靖雅，中間王耀聆，右 1 黃馗峻；後排，左 1 施宗榮，左 2 陳巍仁，左 3 傅文丕，右 2 李文蒲，右 1 傅怡鈞。

▲圖 9　傅祺恩表演其父傅國泰老師「雙手刀」。此刀，由文化大學第一屆國術組畢業之傅國泰老師，改編自青島市國術館尹玉章「砍刀術」。

▲圖 10　傅琳真表演「三合劍」。此劍是對劍套路也可以做單練表演，由中央國術館傅淑雲老師授於傅國泰老師，再傳其女。

任何一項工作要想辦的妥適，事先的籌劃是非常重要的，一個月內連辦兩項重大的集會，想必台灣省國術會同仁一定付出了百倍的努力，尤其會內行政人員僅四人真是難得，而兩項工作又做的有條理、有系統、更有效果。總之是成功的，受到中外人士的激賞，實在不容易。

本文先對參與全部工作的行政人員致上虔誠的敬意之外，仍要套句老話：林秘書長志昌先生，您真配得上「薑是老的辣」。任何事業的推動必須靠「行政」，而博大精深門派眾多的中華國術更需要深解所謂「行政」的意義，才能使國術動起來而至發揚廣大。

有關「行政」的意義，美國體育學者威廉姆氏，認為行政的定義是「以優秀卓越的領導能力，去完成一項既定的方案，並根據方案的精神訂出合理的政策和程序，使方案的執行經濟有效」。具體而言，行政必須先有方案，再擬政策，然後以嚴密的組織，決定其程序，進而獲致最高的效果。

基於以上說明可知所謂「行政」的意義，簡要而言，就是政策的執行與理論的實踐，就國術行政而言，就是把國術的政策或政令，付諸實踐，更重要的是將國術的理論做具體的表現。

台灣省國術會秘書長林志昌先生，執掌國術行政工作數十年，深解其中訣竅，故能駕輕就熟。完成每一次的大、小活動，是中華民國國術界不可多得的人才，所以本文標題為「推動台灣國術的舵手」，舵手者，張帆司舵（操作掌握方向與升降自如），可說實至名歸，林秘書長志昌您辛苦了，我們向您致上十二萬分的敬意，期盼爾後在你的領導下舉辦更多的國術活動，更期待教育部體育署能正視台灣省國術會多年來推展國術活動績效、給予精神鼓勵、經費的資助。

4. 中華國術式微原因之探討

在台灣，中華國術的發展，台灣省國術會是發展大本營，台灣省國術會成立於中華民國四十年九月二十三日，迄今已逾一甲子，此期間，從在國內舉辦多次的國術表演，並遠赴外島金、馬、澎湖地區慰問捍衛國防的三軍將士，同時為發揚中華民族的國粹傳統國術，積極籌辦全國性的國術錦標賽，之後又擴大會務，將「國術」、「武術」、「太極拳」、「獅藝」……等納入成為「台灣武術文化節」，使參加的單位，從國內發展至國外。即以本 2013 年「第六屆台灣武術文化節」，參加單位就有八十六個，各家名師演出者三十三人，各家名師交流與會者三十位。

同時又將中華民族起源最早的武術「中國式摔角」加入。參加的單位，除了中華民國台灣省內的各國術推廣單位外，來自亞洲國家有：「日本國術會五隊」、「馬來西亞六隊」、「新加坡四隊」、「馬六甲」、「越南」、「挪威」都派隊參加，雖不能形容為盛況空前，但較之前五屆台灣武術文化節內容更豐富，值得給主辦者，台灣省國術會同仁按個讚！

台灣武術文化節於 2009 年假彰化二林「廣懿宮」舉辦後，迄今已四個年頭，以往台灣武術文化節，自 2005 年假「宜蘭縣立體育舘」、宜蘭「蘭陽女中」舉辦，至 2009 年都是相隔一年即舉辦一次，2005 年還連續一年度舉辦兩次，此屆卻相隔四年，但仍能辦得有聲有色、內容充實、深受參加各單位的稱讚，也受到當地社區人士的青睞。

但以筆者的感觸，主辦單位「台灣省國術會」在財務方面負擔，與會務人員負荷均力有未逮，而真正緣由，乃受到以下的諸多現況與歷史影響：

一、絀於經費與人事

「工欲善其事、必先利其器」，任何事業的成敗，取決於經費與人事這兩把利劍，台灣省國術會成立多年來，舉辦過無數次的大、小型活動，更多次組國術團隊，遠赴國外「宣導」中華傳統國粹，「啟典」愛好國粹的友國；此處筆者用宣導兩字的用意，是其來有自。

因為，中華民族的傳統國術，涵括各門派的傳統拳術。十八般兵器，九長：槍、戟、棍、鉞、叉、鏜、勾、槊、環；九短：刀、劍、拐、斧、鞭、鐧、錘、棒、杵。甚至，奇兵等與中國式摔角、擒拿……等重要項目，都在民國四十六、七年，隨著中央政府佔百分九十以上的國術名師帶來寶島台灣，而台灣省國術會除了傳揚屬於南拳系統的：「白鶴」、「太祖」、「金鷹」、「羅漢」、「永春」、「達春」等傳統拳術及部分器械外，同時接納了，從中國大陸各門派名師帶來的國粹，既豐富了台灣的國術，更以台灣保留與發揚了數千年的傳統國寶，不因毛澤東十年文化大革命，消滅了傳統國術，此值得肯定「台灣省國術會」。

武諺：「貧文富武，窮不習武」，學武練功體力消耗很大，必須要補充營養，否則如火燒空鍋，身體會受到極大的傷害。「拳要好起五更，人要補吃豬腳」，台灣省國術會連豬骨頭都沒有，如何能把國術會強壯起來！

國術會人事編組僅有四人，可說少的難以想像，雖然數十年來，在林秘書長的苦心策劃下，做得井然有序，成績大家同仁有目共睹，但運籌帷幄，在缺乏資源（經費、幹部），捉襟見肘，舉動支絀。

筆者真無法想像林秘書長，你是如何照顧「台灣省國術會」這個大家庭！白髮漸生，但老而矍鑠，秘書長！大家祝福您了！

二、國術界固步自封的消極態度（以太極拳為例說明）

（一）名稱難解

太極拳十三式：掤、攌、擠、按、採、挒、肘、靠、進、退、顧、盼、中定，其中有關步法、顧、盼與中定，還容易解釋。惟所用之「八法」，有的是動詞，有的為名詞，有的又為形容詞，有的屬於杜撰。

如掤、攌、挒，字典上查不出此三字。「掤」字康熙字典有此字，讀如冰，做箭筒解，掤字太極拳家讀如掤，此掤字究竟是甚麼意思，不得而知。觀察太極拳動作各式，「攬雀尾」，所謂掤式是雙臂上抬；所謂攌式是雙臂拉回；所謂擠就是推；所謂按就是壓；掤、攌二字，是否俗字土語作抬拉之用，不得而知。

中國文字繁多，可以通俗字用，而不要杜撰令人不解之字，真是莫測高深，當然尊重發明人之意見，固然是道德表現，但妄以出於發明人之杜撰此字，而此等字之原意如何？出之何處？應詳實註明。否則可編寫通俗之教材，便一看就懂。

而「攬雀尾」此三字，究竟有什麼意思？是小麻雀、金絲雀、烏雀（烏鴉）、還是孔雀？太極拳畢竟是武術動作，此攬雀尾動作一定與攻防有關，博大精深威力超強的太極拳怎麼會去攻防一隻雀鳥尾呢？

太極拳中都是一些動物名稱如：白鶴亮翅、抱虎歸山、高探馬、打虎式、野馬分鬃、白蛇吐信、金雞獨立、退步跨虎、彎弓射虎、倒輦猴等，現在工商社會平日生活中既無虎，又無野馬，也少與蛇、猴之類動物接觸，何必以此類動物做為太極拳的攻防假想敵呢？我太極拳界是否可針對現在社會的現況，做一番整理改革，使太極拳更貼近時代的脈絡。

（二）缺乏生理知識

太極拳各門派均有玄妙之論說，其中以王宗岳之太極拳論，最為可觀。傳說王宗岳對老莊之學頗有研究，文章也寫得很好（國術之光 127 期，曾轉載太極網，述及：王宗岳公元 1791 年在河南洛陽，1795 年在河南開封以教書為業。）但缺少人體生理智識，是其致命傷。

王宗岳之太極拳論，最有影響力之兩語為「虛靈頂勁、氣沉丹田」，病灶就此兩句，因此二語，在漫長歲月中，以誤傳誤，竟演變成為內家拳之根據，且成為氣功之淵源。查「丹田」二字，本為缺乏人體解剖學知識之道家語。不知沉氣動作，完全是人體橫膈膜之功能，為人體腹式呼吸之主力。如道家之言：臍下三寸之處，何來有專修練之丹田耶？

王宗岳之外功論，亦因承前二語成為怪論。一開始即說以心行氣，務令沉著，乃能收斂入骨。越說越玄，最後又曰，先在心、後在身、腹鬆靜、氣斂入骨，牽動往來、氣貼背、斂入脊骨，真是愈講愈為離譜，此無他，皆因其缺乏人體生理知識，致有此幼稚萬分之論述，最可憐者，現今社會上，仍有許多人奉此怪論，為金科玉律，仍以為太極拳有無上玄奧之學理存在焉！

（三）動作名稱太抽象

沒有以人體生理部位名稱界定，難將動作連接，有關太極拳各派所出之版本其名稱有：攬雀尾、白鶴亮翅、抱虎歸山、倒攆猴、高探馬、打虎勢、野馬分鬃、金雞獨立、白蛇吐信、退步跨虎、彎弓射虎、青龍出水、白猿獻果、雀地龍、倒麒麟、伏虎、黃龍三攪水、退步打虎、抱虎推山、披身伏虎、老虎大張嘴、貓捕蝶、燕子三抄水、青龍探爪、獅子盤球、怪蟒翻身、丹鳳朝陽、金雞抖翅、獨立打虎、魚月勢、大鵬展翅、金雞上架、金雞掌、左金雞腿、引虎、鶴行掌、鶴行退步推門勢、前鷹、退步貓洗臉、獅子滾球、獅子揉球。

中華太極協會六十七年九月出版的太極拳圖解中又出現「龍回頭」一詞，其次又有：海底針、上步七星、玉女穿梭、懶扎衣、推窗望月、風掃梅花、海底翻花、手揮琵琶、陰陽混一、風擺荷葉、織女縫針、二郎擔山、巧女縫針、攬扎衣、翻花舞袖、活步攬扎衣、双風貫耳（與雙峰貫耳是否同一名詞）、無極勢、有極勢、仙人過橋、撩衣式、風捲殘雲、童子拜觀音、混原歸一等。

此等名稱更讓人墜入五里雲霧之中。以上所有名稱都顯得非常好聽，但沒有一個動作，看了名稱，就可以把動作做出來，至於，把動作很順利的連接起來更是不易！

在此，我們把體操提出來，可做為參酌，體操運動分徒手、器械兩種，以動作之形成而言，僅以徒手體操而言，可以說已是所有運動項目中，動作最多的一種運動，如：舉、振、擺、屈、伸、彎、轉、挺、提、繞、立、蹲、臥、跑、跳、滾翻等。如將器械體操：單槓、雙槓、墊上運動、吊環、跳箱、平衡木，女子的高、低槓加入，體操動作更加繁多，且體操運動所設及的範圍廣而深。體操運動不但是獨立的競技項目，且涵括所有運動的準備體操及整理操，功用之大而多，各種運動均受惠於體操運動。

研究體操運動者，除了深知前述各種動作外，更將各種動作之方向，分成前後左右、左右前斜與左右後斜，以及空間上下，十個方向，以及前後左右正斜箭步，或出步與中央立定九個步位，一點不用離、坎、兑、震、乾、坤、艮、巽八卦，亦能將十個方向、九個部位分得清楚。

四肢動作與身體之彎曲、扭轉、滾翻、旋繞、迴環、倒立等等均有定式。如四肢之舉、伸、振、擺、交叉振擺，上肢之側屈、平屈、上屈、過頂屈以及托頸抱頭，下肢之半蹲全蹲、點地開立等亦均有定式，身體之前後彎曲，左右扭轉、前後滾翻、左右側翻、空翻以及旋繞、迴環、切割倒立，亦有一定的部位與名稱。一看其名稱與部位，即可完成其動作，即繁複如丹麥體操，多達二十四節之連續動作，均可照著其所開之次序順利操作，表演時便可有韻律的一氣呵成。

又如奧運會體操比賽，不論如何高難度之連續動作，亦可用精簡之文字寫出，賽前寄予各參賽單位，依照大會所開立之指定動作，便可做充分之準備。動作繁複的體操運動之所以能至此境界，主要在體操運動界有科學思維且肯下工夫研究，運動智識比較純正，不具任何玄奧神祕之心理也。

試以曾在國軍各部隊通令實施過的「持槍體操」為例說明之。持槍體操共十二節；其動作名稱如下：第一節前舉扭轉，第二節側跨前屈，第三節上舉前蹲，第四節上舉後仰，第五節側跨體轉，第六節側舉側屈，第七節手足前舉，第八節全蹲前屈，第九節轉體前屈，第十節開合跳，第十一節原地跑，第十二節半前屈（以上各節開始姿勢均為直立，腹前持槍）。

以上十二節動作，只要看其名稱即可做出動作。因為完全是以人體肢體部位名稱，並賦予動作，形成很自然的套路操練。即使初接觸者，亦能按其名稱與動作，很自然的循序操作。

但反觀太極拳，一開始是「攬雀尾」這個名詞，不管其假想敵是什麼，「攬雀尾」三個字本身究竟是什麼意思，是否應該予以界定？至於太極拳中間的各種動作的套路連接的式勢如：白鶴亮翅、青龍出水、白蛇吐信、打虎式、退步跨虎、彎弓射虎、白猴獻果、倒麒麟、金雞抖翎、引虎、龍回頭、大鵬展翅、丹鳳朝陽……等動物類名稱，又有海底針、推窗望月、風掃梅花、海底翻花、風擺荷葉、二郎擔山、陰陽混一、巧女縫針、先人過橋、童子拜觀音、攬扎衣、無極勢、有極勢、翻花舞袖、混元歸一、風捲殘雲等等。

以上所有名稱也都非常好聽，但太抽象，更令人無法看了名稱即可做出動作，聽了令人覺得摸不著頭腦，更重要的是無法像體操一樣自然連接成套路，不但初學者難以快速適應，連練習太極拳很久，一旦停止一段時日，就很容易忘記，而體操不論停止多久只要看了或聽到名稱，即可做出動作，此乃最大的不同。

以上，有關太極拳的論述，早在民國六十年代就有知名體育生理學教授王復旦，以《由太極拳說起談國術應有之改革》在維新書局印行，迄今逾近半世紀，但仍未能引起國術界的迴響！

筆者身為國術界人，又是王復旦師的學生，有責任再次就記憶所及提出，復旦師對國術提供的苦心及卓見，供我國術界卓參。

以上所論述眾多事件，都是中國國術式微原因，今後應著手者：

第一，消除抱玄奧、守抽象的觀念為首重要務。因為抱玄奧、守抽像較抱殘守缺，更能腐敗人心。且學太極拳有很多異象奇能之士，更載在書冊之中，例曾任中華太極拳協會理事長的張肇平先生，就在其所著《太極拳語錄註解》書中傳載其師劉培中武功高強：「世所謂真人不露相者，先生實有之，及相處漸久，接觸日深始覺其異能，尤以數丈之外，伸指遙擊壯士，可以使你笑到不可遏止，可以使你張口而不能語言，可以使你手中刀槍立刻落地而不知所措，可以將之招之即來，揮之即去……。」此種玄奧之奇能，怎能不影響世人？而使太極拳者如何自處！

第二，應著手國術各門派的武術理論要務實，不可有玄奧、抽象之論述，各門派武術動作名稱要合乎生理學，而且要使學者依據文字說明就可操作。果能如上論述，則我中華國術可消除其千百年來的神奇色彩，還我國術本來面目，一定會使中華武術文化光耀於全人類，絕不可囿於傳統國粹大帽子下而踟躕不前，則永無光照華夏之日！（前文中所列太極拳各種名詞，均參照於一九九八年中國人民出版社印行之太極拳大師陳占奎所著《中國太極拳與防身用法》第五篇，各式太極拳拳譜中引錄）。

三、秦始皇對中華民族武術的摧殘

秦始皇自嬴政即位後，墮名城、殺豪傑，更沒入天下之兵，聚諸咸陽（今陝西省長安市），更進而銷毀鑄鐻，將天下兵器及百姓家用的菜刀、剪刀等器具，均銷毀且鑄成十二個巨大的金屬人，陳列在城市中，以弱天下之民，可說秦始皇此一暴行，乃是一人為剛、萬人為柔，對中華民族武術的摧殘莫此為甚！

四、毛澤東嚴禁武術

自 1949 年中共統治中國大陸以來，對中華傳統文化，進行了前所未有的破壞。先是 1966 年，中共開啟了為期十年的文化大革命，1968 年，四人幫對國家體委進行了軍事管制，批評國家體委是脫離黨的領導，脫離無產階級，對武術運動者進行迫害，習武者被扣上大帽子進行批鬥，導致眾多拳術師父相繼去世，中華武術消聲匿跡，許多珍貴的武術書籍、拳譜，也在所謂破四舊運動中遭到銷毀、破壞。

更甚者將武術套上帽子，如批評少林拳、羅漢拳是宣揚迷信，批評醉拳是宣揚醉漢主義，批評太極拳為資產階級活命的哲學工具，對準學武術的，認定為準備打架的份子，此一動亂造成了中華民族武術運動的大災難大浩劫！

五、義和團事件引起國人對中華武術的誤解

1900 年，美、英、德、俄、法、日、意、奧八國聯軍侵略我中華。其主因是，十九世紀在山東、河北、河南一帶，一直活躍著以傳授拳棒練習武術為掩護，進行反清的民間祕密結社組織的義和拳，在甲午戰爭之後，日、英、德帝國主義勢力深入山東，外國教會仗其國強勢力，令其教會恣意橫行，山東人民不堪帝國主義逼迫，而義和拳由反清轉為反外國教會。

1998 年山東冠縣的義和拳，攻打當時教堂，揭開了義和拳運動的序幕，第二年在山東平原縣，義和拳與民間展開反教會鬥爭，取得平原大捷。此後義和拳改稱為義和團。

他們聲勢大振，再扶清滅洋的旗幟下，把鬥爭矛頭指向列強帝國主義，但由於以拳棒對抗列強的洋槍而失敗，而引起所謂八國聯軍攻打中國，直接使清政府受害，因而所謂拳匪義和團此事亦引起國人對中華武術的反感，清廷因利趁便，順勢禁止武術運動，受害的右是中華武術。

六、異議人士對國術的誤解

民國 31 年知名學者羅家倫，在其所著《新人生觀》一書中，談運動家的風度文中，一再反對國術，其主要論述是，中國拳術根本與近代運動的精神相違背，主因是中國拳術缺少群性，僅是單打獨鬥，此又與近代建軍運動不相合。

近代化的軍隊，要相信科學武器的能力，要注重各方面配合、協調的運動。那有教人獨自盤旋作勢舞刀弄槍之理。且舉二十九軍大刀隊，在喜峰口黑夜摸日軍營的動作，雖然有些斬獲後，更激勵武術者，拼命提倡大刀，而使大家又回到「義和拳」的觀念上去。又說：有次我們在重慶籌設「夏令營」，當時陳誠將軍把國術課目勾去，當時他說「國家建軍」這個科目的性質是與他不相容的，我認為這是合於近代精神的。

以上所言，可能在羅家倫先生是對的。但也證明乃是秀才之見，文人相輕固然是文人通病，但以一知名學者，欺武人，不能筆而發不當之言論，甚為不妥！事實上，中國武術在戰術運用上，排兵佈陣群體戰爭中均有顯赫事事證。

例如，明朝軍事家、抗倭名將戚繼光，在對抗日本倭寇侵犯江浙一帶時，曾

創造了「鴛鴦陣法」，即是貨真價實的群體戰法。

鴛鴦陣法：以十二個人組成一個作戰單位，每隊有一名隊長、兩名籐牌手、兩名狼筅手、兩名短兵器手、四名長槍手、一名火兵（炊事兵），戚將軍以此群體戰法與倭寇進行八十多次大小戰役，殲滅倭寇一萬多人，載在史冊如何否定？而台灣省每逢廟會時，由武術家領導演出的「宋江陣」亦是古時軍事作戰排兵佈陣攻擊敵人所謂群體戰，而距今逾三千年的「孫子兵法」十三篇，哪一篇不是所謂的群體戰法？

與抗戰時二十九軍大刀隊性質相同的，各國所編制的特種部隊、突擊隊，在二十一世紀的現代戰爭更顯得其重要性。美國獵殺賓拉登（恐怖組織領導人），就是美軍海豹突擊隊的傑作。

而美軍在韓戰時清掃戰場，殲滅躲在掩體中的北韓軍，皆以近戰格鬥取得勝利，而美軍在越戰時期由於越共擅長坑道戰，且越南森林密布美軍與越共遭遇時，無法順利使用步槍而創設了斧頭班、排、連（每一美軍步兵均攜一把利斧）而重創越共。

此一事實證明抗日戰時國軍以大刀隊襲擊日本鬼子不僅是犀利的戰法，更與二十一世紀各國興起反恐特種部隊完全契合。

七、中央國術館未能復館影響國術發展

民國 38 年國民政府播遷來台，曾於 39 年由陳泮嶺（曾任中央國術館副館長）會同黨國元老軍政要員紐永建、于右任、白崇禧、何應欽（中央國術館成立時的發起人）共同發起籌組「中華國術進修會」。其最終目的當然是恢復中央國術館，後經教育部研討結果遭到當時名教育家王亞權、名體育家郝更生等委員的反對，且發表一些不得體的說法：「國難當頭、學識為先，學生們拿刀拿槍成何體統，免了吧」。

於是把上述諸國術愛好的建議取消，幸好曾任中國國民黨中央黨部秘書長、中國文化大學創辦人張其昀一肩承擔，在中國文化大學體育系增設國術組，後成立國術學系，使我中華民族武術能在台灣正統的傳承！

八、海峽兩岸目前的體育政策太消極

兩岸的體育政策，均著重在參與奧林匹克運動會，而讓中華國術進入世界運動會的做法都沒有，2008 年在中國北京舉辦的奧運會，連將中國武術列入大會表演的機會都不爭取，但源自中華民族武術的日本柔道、韓國的跆拳道卻先後進入奧運會。

兩岸不積極，爭取將中華民族博大精深的武術，推進國際武術殿堂，以期發揚光大，卻苦練柔道與跆拳道，真是匪夷所思！

九、結 論

在中華民族五千年的歷史長河之中，各朝代的興替，中華武術佔有無可取代的關鍵地位。亦可說沒有武術造反不成，改朝換代也罔然。但以武術取得政權後，想坐穩江山，又深感武術的可怕，因而又想盡一切詭計，將幫助取得江山的武術摧毀湮滅，此一對中華武術的殘忍事實，中國歷史上斑斑可考。

曾被毛澤東稱讚為「好皇帝」的秦始皇，利用武術併吞六國後，除了焚書坑儒外，復以武士可厭，思以剛一人而柔萬夫，於是殺豪傑收天下之兵，聚諸咸陽銷鋒鑄鐻（將所有的金屬兵械溶銷後，鑄造了十二個巨大的金人），以弱天下之民，是對武術文化的摧殘巨矣！至漢武帝時代的重文輕武，直接受秦始皇的影響至大，當今國人應記取歷史教訓，好好珍惜我中華民族的珍寶——中華傳統武術，更要發揚廣大。

今 102 年 8 月，台灣非物質文化遺產委員會，發起找回失落的國寶——傳統醫學民間療法（推拿、拔罐、刮痧、針灸、氣功），事實上傳統民間療法，絕大多數都是訓練有素的國術界師傅傳承，而台灣省國術會多年來訓練過很多推拿師（復健師），協助所有運動的健兒們在運動訓練前後，放鬆肌肉筋絡降低運動傷害，而治療運動傷害更是效果卓著，可以說中華武術與中華傳統醫學千百年來都是整體的，亦可以說是本是同根生。如今中華傳統民俗療法能得到文化部、衛生福利部的重視（102 年 7 月成立的衛生福利部也正式納入傳統民俗療法，但沒有主動認證）。果能取得認證則對台灣省國術會，多少年來推展民俗療法打了一劑強心針。

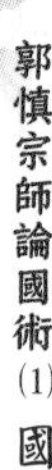

中華國術的發展，必須得到政府的全力輔導，特別是主管體育的教育部，更是責無旁貸。有關國術施政方針都應該訂立在「體育法」中，記得早在民國十八年的國民體育法中曾訂有「提倡優良國術」，但卻沒有實施細則，形成空話。如今已至民國 102 年，體育法更遞多次，對中華國術的推展政策是否仍停留在「提倡優良國術」階段？國術乃屬教育範疇，教育經費在憲法中佔有一定的比例，可否給予國術些滋潤！

中華民國已將「文化」的行政位階提升，成立文化部所謂「文化」辭海釋義：「人類社會由野蠻到文明，其努力所得的成就表現於各方面的，包括科學、藝術、宗教、道德、法律及風俗習慣等，其綜合體叫做文化。」國術應屬藝術範疇當然是文化。

武術文化，透過人類從古至今的肢體動作，逐漸形成中華傳統國術的多樣化（徒手與器械套路），進化經歷炎黃子孫，不斷的思維、創新出更高的肢體藝術，早在 1936 年我中華國術健兒們代表九人（男六女三）出席第十一屆世界奧林匹克運動大會表演，或得盛譽，當時德國體育學者曾評論我國國術具有藝術、奮鬥、舞蹈三大特點，足證國術文化的價值。中華民國文化部應重視中華民族博大精深的國術文化，理應在施政方針規畫中，將國術納入，使中華國術文化永垂不朽、發揚廣大、造福全人類，則功德無量！

參考文獻

吳文忠著：體育史，國立編譯館出版，正中書局印行，民國四十六年七月初版

陳占奎著：中國太極拳與防身術用法，中國人民出版社，1997.12

羅家倫著：新人生觀，民國卅一年元旦，陪都重慶

趙福林著：八卦太極，2001 年 2 月，五洲出版社

張肇平著：太極拳語註解，金品軒實業有限公司，民國九十五年九月初版

柳　玲著：中國古代兵書，台灣商務印書館，1994 年 7 月初版

5. 自衛術

▲ 教士防身術，警局之中比劃比劃，教士也要防身。英國彼得巴洛天主教轄區內的教士，四日在一所警察局裡參加半日訓練課程，磨練技術。（社新法）

壹・前言

自衛術亦稱防身術或護身術，名稱雖異，內容相同，自衛術為現代人生活、生存必須具備的知識與技術，多少年來社會賢達、學校師長、衛護治安的人民褓姆警界人士均不時提出警告。

學校、警界亦提供自衛防身手冊、守則，台北市政府警察局甚至提供反綁架手冊，媒體工作者一再詳實報導多少受害者的悲慘案例，武術界的先進更著書立說、宣傳、教導全國同胞如何自衛防身保護自己，但社會大眾多數均是言者諄諄。叮嚀告誡，聽者藐藐漠不關心，以致讓作奸犯科的歹徒，視無忌殫，不斷的欺壓善良，一再製造層出不窮的兇殘案件，尤以女子受害者為眾，擾亂社會，動搖國本，莫此為甚。

近年來大律師李永然先生在其所出版的一系列國民法律叢書中，特別推出了一本《法律防身術》全集，且經諸多學者、專家、媒體工作者慎重推薦，此一巨著適時出版，不但啟導了一般同胞充實日常法律實務知識，進而使大眾懂得如何應用法律防身術，確乃國人不可或缺的寶典。

同樣的筆者所著《自衛術》一書，主要目的亦是在提供社會大眾懂得如何自衛防身保護自己，所研究領域雖僅限於「技擊技術」，但處在今世暴行、殺人、傷害、凌虐、竊盜、綁架、性騷擾、姦淫等事件頻頻發生，是吾人不得不思考，進而積極的設計出預防措施而能有效的衛護自身的安全，本手冊編著著重以下重點：

一、原則方面：首重機警與安全。

二、技術方面要能拳打、腳踢、摔角、擒拿等全面發展。適時反擊歹徒。

三、技術簡單實用為主。

四、實例舉證易懂易學。

本手冊封面所採用的照片就是一張活生生而最實際的例證，人性難測，世風日下，自衛防身術連天主教的教士們，不分男、女都在學習，我們能例外嗎？學習自衛防身術不僅僅是衛護自己的安全，更能增強體力，提高工作效率，發揮生命的光輝。

貳・自衛術的意義

自衛術的意義，廣義而言，就是保護個人日常生活與生存不受到騷擾、傷害。狹義而言，乃指對直接危害我之歹徒，所要使用的防衛技術，即指：拳術、摔跤、擒拿或稱之謂：踢、打、摔、拿、點的搏擊技術，以及其他相關的搏擊技術。

參・自衛術的原則

原則乃共同適用的法則，所謂遵守原則、運用原則，運用之妙，存乎一心。

一、機　警

機警乃自衛防身第一個原則，訓練警覺性乃自衛防身先足條件，處在一個不安定的社會中，我們必須隨時隨地，注意己身所處的周邊環境之一切事、物。決不可心存僥倖，隨時隨地要眼觀四方、耳聽八方，要有蛇的機警、兔的敏捷。

以下略舉有關機警與不機警的例證提供參考：要記住危險是從來不跟我們約定時間的，處在今日這個社會對於危險的事情，我們應有像看棒球賽的心理準備棒球會打到我。

1. 國中女生被綁架、機智脫逃：

民國 80 年 1 月 30 日民生報曾刊出此一事實；北市敦化國中廖姓女生昨天早晨上學途中被歹徒綁架，她保持鎮靜伺機跳車脫逃，兩嫌犯則被及時趕到的警員逮捕。

警方說，廖姓女生昨天早晨走路上學，於距離學校五十餘公尺的敦化北路、八德路交叉口。被一名歹徒持假手槍綁架，強拉進計程車，車內另一歹徒手持水果刀，歹徒開車繞進巷子中，並將該女生按在後座。但廖生力持鎮靜佯裝願意合作，歹徒鬆手讓她坐起身來整理頭髮，廖生趁機打開車門脫逃並呼救，此時正好有車輛經過，歹徒不敢下車抓人。

混亂中在附近執行小區域巡邏的大安分局警員及時趕到，逮捕兩嫌犯，嫌犯供稱因年關將近欠人錢未還，所以隨便找個學生綁票，想勒索拾幾萬還債。

2. 看相的陷阱，老翁騙財、騙色：

民國 81 年 12 月 20 日日報載：警方指出，歹徒男 63 歲，有逃兵、竊盜、妨害風化、強姦等多項前科，前天趁選舉投票日，至衡陽路，見有幾名某商專的學生，在速食店內聊天，於是上前搭訕，佯稱可為她們看相，且對每個人道出不同的相語，致五名少女頗為相信，隨後他說告訴她們這些相語已「洩露天機」，必須收錢補短，且表明了收她們為乾女兒後，更能為她們解除噩運等，適巧受過他詐騙的某明星高中四位學生經過發現，歹徒即是日前在中正紀念堂以同樣手法詐財的人，其中兩名女生曾被歹徒私下約至美術館受害的，於是至博愛路派出所報案，終被警方逮捕。

3. 女保險員遭挾持大哥大救命：

民國 89 年 9 月份報載：警方調查，從事保險業的魏姓女子，前天深夜獨自開富豪轎車返回台北市內湖區金龍路住處，嫌犯歹徒突然竄出，持尖刀脅迫魏女打開車門，逼迫開車至成功路 2 段 456 巷內，被挾持的魏女情急之下，按下行動電話簡易撥號鍵，打電話回家給丈夫，魏女的丈夫從電話中聽到妻子與嫌犯歹徒的對話，得知妻子被押赴地點後，立即向警方報案，台北市內湖分局據報後趕往救出魏女，並逮捕嫌犯歹徒，並依強盜罪嫌移送檢方偵辦。

4. 花蓮縣老人殺警致重傷：

民國 78 年 7 月份報載，花蓮街頭一位 66 歲老人，因精神錯亂在街頭揮武士刀要殺人，警方接到民眾報案後立即派出刑警兩人前往取締，結果一刑警奮不顧身勇奮下老人武士刀並受傷，另一刑警押解老人返警所，但在押解老人返警所的路上，突然被老人取出腰間暗藏的另一把小武士刀殺成重傷，之後老人被增援的刑警逮捕。

5. 流氓被逮捕在押解的途中持刀刺殺刑警：

民國 78 年 10 月份報載，雲林流氓被刑警逮捕押解時，一刑警自持身強力壯，武術高超，自願與被逮流氓以手銬銬在一塊返回警局，結果在行進途中被該流氓自衣中掏出小刀殺成重傷。

6. 西門汀流氓追殺刑警的機警與處理方式：

民國 48 年 7 月份一天的上午 10 時左右，一刑警突然在貴陽街與昆明街附近街道上看見一人奮力前跑，又看到其後方有一人手持武士刀追殺，正在此緊要關頭，突然向前奔跑之人倒地，後面人追趕上去正要舉刀砍殺之際，該刑警大聲喊不要動（中氣十分一聽就是受過嚴訓練的），此剎那間舉刀者稍一遲疑停動刀未砍下去，此時原先摔倒地上者，翻身起來奪取武士刀反砍，此時路人正驚慌萬分之際，此刑警立即以震撼口令喊出「開槍」，此時持刀反砍者立刻停止，該刑警快速接近，當場將武士刀奪下，並將二人押赴警局，由於該刑警的機警與處理方式，消弭了一場血腥的殺戮。

7. 押毒犯兩幹員被刺傷：

中壢警分局刑事組幹員張明憲、張炎坤，某天中午 12 時許，押解毒品通緝犯袁秉華（31 歲）至桃園地檢署歸案，途中行經內壢中華路途中，袁嫌突然向兩幹員表示身體不舒服，兩幹員還未來得及反應，袁嫌就持預藏美工刀行刺，先刺向身旁押解他的張炎坤，致張員右臉被割一刀，張員大叫一聲，駕車的張明憲停下車查看，後頸部也被刺一刀，兩幹員雖負傷，仍奮勇與袁嫌搏鬥扭打，將袁嫌制服。

8. 攔女騎士借手機劫財色：

警方調查，家住北縣樹林市的 20 歲男子田某某，某日下午 3 時許，在板橋市防汎道路九號水門旁攔下一名單身女騎士，稱機車拋錨，想借行動電話找人幫忙，被害人不疑有他，立刻拿出行動電話，因嫌藉口不會使用，請對方撥號，然後就拿著電話一直往堤防上走，見四下無人，突然轉身將跟在後面的被害人推下堤防草叢中，除了搶走對方手機與八千元現金，還在光天化日之下性侵得逞，隨後騎著被害人機車逃逸。此乃缺乏機警之害。

二、安　全

自衛防身術最終的目的就是如何確保我們生活與生存的安全，所謂自衛防身，是運用各種手段，對付歹徒對己之人身攻擊。確保自身安全，自衛防身時，總是歹徒侵犯在前，我自衛防身在後，侵犯女子者，又多是身強力壯者，且多有惡意，且有準備，因此女子自衛防身時應注意，不要硬碰硬。

中央警察大學犯罪防治系主任黃富源曾指出，婦女防暴的基本原則是「趨吉避兇」，也就是指安全而言，在安全原則之下，我可使用：「躲避危險」、「逃離災難」的方法，務求確保安全，同時要學節肢動物、腔腸動作的「棄車保帥」的方法，有關可保安全的例證說明如下：

1. 上班女郎兇殺案：

民國 86 年 6 月份日報曾載，美國曾經發生過一件非常有名的「上班女郎」被兇殺的慘案，一名叫珍妮的婦女和一位室友同居，有一天一個小偷闖進珍妮和室友的屋裡，這名小偷是一個剛出獄的慣竊，因為求職不易，於是打定主意，要再幹最後一票來到珍妮家中行竊，歹徒進入珍妮家中後把珍妮綁好，收拾妥竊盜財物，準備離去時，珍妮突然開口對歹徒說：「我記得你的臉，我一定會報案，把你抓到，絕不會輕易放過你。」

就這麼一句話，改變了珍妮的命運，歹徒如瘋狂的野獸，不但把珍妮殺死，連剛返家的珍妮室友也慘死在慣竊歹徒的利刃下。

相對而言，最近一位獨居的婦女運動者，閉門在家中坐，禍從天上來，被宵小破窗而入，小偷因為臉孔被看到，小偷變強盜後，刺傷婦人手臂外，還想把她殺死，之後婦女苦苦哀求，保證絕不報警、張揚，才免去一死。

對照以上兩件事例，我們不難洞悉其中道理：一般竊賊之所以會失控殺人，絕非僅僅是所謂「情緒失控」二字所能形容，而是一種自保、自衛的本能，因此必須「趨吉避凶」，以最安全的方式處理之。

2. 搶匪上門，勸他改賒帳，日報大千世界曾載：

瑞典南部的赫爾辛堡，一名搶匪闖進花店要錢，花店老闆應變得當，他讓歹徒由搶變借，歹徒最後雖無搶劫之實，但警方仍送法辦。

這名歹徒闖入店中，手揚獵槍，喝令交錢，店主力持鎮靜，從容應變，她拉開收銀機，將其中所有現鈔交出，共是 375 元瑞典幣，但要歹徒想想，這筆錢是不是用借的好一點，行的話，大家就別提什麼搶不搶了，你看如何？歹徒乍聞此一說法，一時也摸不著頭腦，但終於同意，雙方並言明月底還錢。

事後歹徒被捕，赫爾辛堡警方說，經過這一轉折，純就技術層面而言，歹徒不算搶劫，但他持械威脅店主還是難逃法律追究。

三、欺敵、拖延

兵者，詭道也，兵不厭詐，當我們被歹徒所控制時，必須有堅決的求生意志，盡可能的欺騙歹徒，拖延時間，分、秒必爭以求脫困，有關欺敵與拖延原則的事例列舉如下：

1. 苗栗警方利用欺騙拖延戰術偵破歹徒擄人勒贖案：

民國 89 年 9 月 28 日報載，歹徒綁架被害人後，電受害家屬於一定時限內，將贖款匯入四家不同銀行，而被害人家屬在警方指導下，以籌款來不及為藉口，要求歹徒同意延遲一小時以便處理匯款，歹徒同意給家屬一小時籌款，警方得以充分佈線埋伏跟監救出肉票，雖然過程驚險，但成功救出被害人，並逮捕涉案全部七男一女。

2. 兩則欺騙歹徒的真實案件：

① 民國 77 年 5 月報載，一 18 歲女生，晚間放學返家時，突遇一歹徒跟蹤並強拉女生欲性侵害，女生力持鎮靜，並向歹徒說明，我家住三樓今晚家人均外出，誘騙歹徒至三樓，然後大喊救命，結果全家人衝出制服歹徒送警法辦。

② 民國 88 年 6 月報載，週六例假日，某校一女生下午返回宿舍時，遇一歹徒，以強迫手段侵犯該女生，女生急中生智，和歹徒說今週日同學均休假回家，妳隨我到宿舍。

進入房間後，女生向歹徒說，你先脫了衣服等，我去浴室洗個澡，歹徒真脫光衣服在房間等候，該女生進入浴室後將門鎖住，立刻大聲叫救命啊，結果歹徒慌張之下連衣褲還沒穿好，就被逮捕了。

四、棄車保帥

中央警官學校犯罪防治系主任黃富源在其婦女防暴的基本原則下，曾提及：萬一不幸遇襲，則要學節肢動物、腔腸動物，如壁虎、蚯蚓等的棄車保帥的痛苦抉擇，為了求生應該將身外財物，甚至名節、聲譽皆可拋，才能減至最少的損失。此棄車保帥的原則，也使我們想到了民國 89 年數樁歹徒持西瓜刀砍傷、砍斷被害人手掌、臂膀的事件。

歹徒在行進的路上、街上手持刀械搶你的皮包或背袋，你千萬不可抵死不從，與頑強的抵抗，如此一來，你一定會身受重傷甚至喪失生命。

在此種情況之下，你就必須要運用所謂「棄車保帥」的原則，先保身體不受傷害，再確記當時發生的全般情況，立即向警方報案，方為上策。

五、兇狠的反擊

當被侵犯者一旦發現歹徒疏於防犯，且其人體要害暴露在可立即攻擊的範圍時，或歹徒注意力分散時，可立即向歹徒展開兇狠的攻擊，列舉數例如下：

1. 聯合晚報登載一樁被侵犯反擊的事件：

民國 87 年 10 月 5 日，退色狼，女講師葉下掐桃，台大後門常見狼蹤，黑巷雨夜，她急中生智，直攻要害退敵。

一名某大學女講師，凌晨徒步回家，經過台北市舟山路台大附近，突遭色狼自背後抱住胸部毛手毛腳，當歹徒摀住被害人嘴巴，意圖進一步非禮時，朱女毫不手軟兇狠還擊，一把抓住歹徒下體，當下使歹徒疼得哇哇大叫，趕緊脫身逃之夭夭。雖然歹徒脫逃，但卻重創歹徒，此一攻擊要害的動作，即是兇狠反擊最佳範例。

肆・自衛術技術

自衛術主要目的就是保護個人在日常生活中不受到騷擾、侵犯，身體不受到傷害與死亡。自衛技術動作含括眾多，在徒手方面有：踢、打、摔、拿、點。以上五種技術動作可說不甚枚舉，此處僅提供最適用，有最大功效的技術動作，供一般社會人士採用，如能將所提供技術動作熟練，定能嚇阻、制服歹徒，解除自己與協助他人的危險。

在未提供技術動作之前，首先要使自衛者知道打擊那些穴道與人體脆弱部位，才能懲罰歹徒。人體穴道眾多，且各種書籍版本中同樣穴位，名稱不一，僅想了解人體穴道位置，就會令人知難而退。

本教材提供十六種穴位，「穴」即人體通往之命源，即命脈，亦就是致命之穴位，人體中有兩種穴道，一係死穴，不能輕舉妄動，一係昏迷穴。

韓慶堂先生在其所著警察應用技能一書中曾提示：在自衛自防之絕技中，有八打與八不打之原則。所謂八不打者，即死穴也，不但應乎而倒，且一擊斃命。因之，凡研練此法者，必須熟知穴道部位，穴道如下：

八打部位：即昏迷穴也。應乎而倒，使之昏迷不醒人事，而不致於死。穴道如下：1. 打眉頭雙睛。2. 打唇上人中。3. 打穿腮耳門。4. 打背後骨縫。5. 打脇內肺腋。6. 打撩陰高骨。7. 打鶴膝虎脛。8. 打搓骨分筋。

八不打部位：即死穴也。不但應乎而倒，且一擊斃命，穴道如下：1. 不打太陽為首。2. 不打對面鎖口。3. 不打雙風貫耳。4. 不打兩脇太極。5. 不打中心兩壁。6. 不打兩腎對心。7. 不打尾閭封腋。8. 不打海底撩陰。以上各穴道，必須熟記其位置，宜慎護己之穴位，可自衛保身矣！

以人體生理解剖脆弱部位亦是自衛防身、攻擊之所在。其被攻擊部位：

一、陰部及下腰部，以足或膝頂，踢撞可使歹徒生命危險。

二、脛骨部，以足踢可斷。

三、臀部，以拳打、足踢、可破裂。
四、脅肋部、為人體之要害，以拳打、指揮可重傷。
五、喉部，以拳打掌砍、肋切或肘鎖，可使窒息。
六、耳門，猛力打擊可使神經失去知覺。
七、鼻部，拳擊可使之流血暈眩。
八、頭部，被打擊有生命危險。
九、各處關節，反扭、折、錯，可使之失去抗力。
十、頸部，手掌砍、劈，暈眩，失去抗力。

伍・自衛守則

一、警覺性。　二、財不露白。　三、良好的體能。
四、自衛技術。　五、冷靜沉著隨機應變。　六、安全趨吉避凶。
七、避免不良場所逗留。　八、利用一切器物對付持械歹徒。

6. 中華民族武術文化如何傳承發揚

聯合報，曾刊載國家文藝獎得主作曲家賴德和，呼籲政府應該把傳統音樂系學生，當作「年輕的民族藝師」來栽培，從中挑選出有為者，延續薪火相傳的命脈。前文建會主委邱坤良也說：「政府應以國家的力量籌組南北管樂團」。

賴德和說：「北管戲曲的淵源，可上朔元、明時期的北曲，南管音樂，從它的演奏形制可依稀看到漢朝『相和歌』的影子。南、北管是真正年代久遠的聲音文化。」其認為，傳音系不能以教育部或高等教育評鑑中心的「招生率」、「就業率」或成功率」標準來評比，強調現在是文化搶救的關鍵時刻，希望教育部、文化部明察。

事實上，文化部自 2009 年以來，已指定了 24 項重要傳統藝術：南管音樂、北管音樂，名列其中。指定後，由文化資產局，逐年舉辦師徒制的傳習計畫，以口傳心授方式傳習，且以四年為一期，目前，已培育出 15 位國家文藝保存者的藝生，並由保存者，進行第二期滾動式的培育計畫。文資局也根據文資法，正在推動傳統藝術文化資產，納入 12 年國民基本教育課程綱要，希望藉由各教育階段，實施相關傳統藝術課程，以潛移默化，從小紮根方式，培養傳統音樂鑑賞者。

根據傳藝中心研究，目前共有 11 所學校開設傳統音樂相關系所，含碩、博士生在內近 1800 名在校生，尤以台北藝術大學的 350 名居冠。文化部指出，北藝大傳音系是唯一將南、北管音樂，列為主修傳承的系所。但因學生畢業後，無法靠所學生存，報名人數銳減，同時不少學生，因對自己主修的南、北管樂認識不深、民間藝師以傳統的口傳心授方式教學、以及對南、北管樂背譜適應不良，也形成教學上的隱憂。

對於以上諸多問題，文化部將在 104 年 11 月，於文化部及教育部所屬機關首長會議中，討論「建構文化人才職涯發展跨領域合作機制」，跨部會整合資源，以延續傳統藝術的薪火命脈。

看了以上的資訊後，筆者，深感中華傳統音樂系，在賴德和先生的呼籲下，受到文化部及教育部的重視，在兩部會所屬機關首長會議中，一定會有嶄新企劃，為中華傳統音樂系的開創美好前程。

筆者，畢生從事中華武術的研究、教學。在中國文化大學國術系兼任教師歷時已 27 個寒暑，深切體會到一個私立大學，傳承推廣中華民族武術文化的艱辛。

30 多年來，文化大學國術學系培養出，國術教師、教練、裁判、養生、氣功、傳統醫學、龍獅鼓樂、技擊散打、國術行政、維安保全等人才超越千人。分別在全國各縣市各個社區服務，還有在世界各國傳授武術，對國家、社會的貢獻得到認同，更將所學武術技擊，帶入國軍各軍種部隊，增加了國軍的戰力與士氣。

30 多年來，中國文化大學國術系的師生，為中華武術的傳承、發揚貢獻良多。教育部與文化部及相關的政府單位，有沒有為文化大學國術學系，像為前述傳統音樂系一樣做出規劃如：討論中華武術文化人才培育，更沒有像南管音樂、北管音樂，由文資產局，逐年舉辦師徒制的傳習計畫，施以口傳心授的方式傳習。當然更談不到，培育武術文化保存者的武術文化藝生，更無法奢望保存者，進行所謂滾動式的培育計畫。

儒家倡導，有文事必有武備。孔夫子提倡六藝教育：禮、樂、射、御、書、數，由此可證武術文化對國家社會的重要性。事實上，中華民族武術文化，在中國五千年的歷史長河中，三教九流以及庶民生活中，無論是尊貴者，如歷代帝王中的滅殷紂王的周文王、周武王，元朝成吉思汗西征擊破歐聯軍、占領俄羅斯百餘年，武藝卓越的宋太祖趙匡胤等，清高者，如隱士、智慧者如哲人、文人（李白劍術、呂洞賓）低賤者如丐幫、粗暴者如江湖大盜水滸傳 108 將，可以說，沒有一個社會群體能離開武術文化。事實證明中華民族武術文化，已經早已化入人們日常生活中，軍中當然更重視武術文化，影響所及，現今社會中士農工商各行各業中，均與武術文化關係密切。

武術文化乃國家之重事，但是，中華民國培育中華武術文化人才，卻落實在私立的中國文化大學國術學系，而近 30 多年的政權交替中，國民兩黨能視而不見嗎？中華武術文化的推展是教育部問題，更是文化存續、傳承的重大事件。教育部、文化部能忍心坐視而無動於衷嗎？

中華武術文化歷史悠久、技藝高超、博大精深，也是先哲智慧的結晶，民族文化的瑰寶，有強身的效用，有自衛防身的功能，可在心理與生理方面獲得快樂、健康，更能磨練實戰膽識，又能獲得修行養性的功效。如此美好重要的武術文化，能僅有私立中國文化大學國術學系推動嗎？而已推動 30 多年了！

2015 年諾貝爾醫學獎，由三位分別來自愛爾蘭、日本和中國的科學家共同獲得。而中國女科學家屠呦呦女士，是最受矚目！

她是第一位在醫學領域獲得諾貝爾獎的中國人又是女性，而且在中國被戲稱為沒博士學位、沒留學經歷、沒院士榮銜的「三無」科學家。屠呦呦突破性的研究，是在三、四十年前，中國文化大革命狂飆除舊的年代進行的，而她所研究的，是困擾人類數千年的寄生蟲疾病—瘧疾（俗稱打擺子），其病是由瘧蚊侵襲人體而發作。

筆者，於民國 38 年，隨軍駐防在浙江省寧波縣時患得瘧疾（寒熱病），其病症發作時先是發冷全身發抖（顫動），猛喝熱水也無濟於事，之後全身發熱流汗不止，一天發作一次症狀較輕，隔一天和隔兩天發作一次，症狀更烈，更痛苦的是，發作過去全身關節疼痛難熬，痛不欲生（當時軍中雖有治瘧疾藥「奎寧」，但也無法阻止）。至今難以忘懷，當然影響身體健康至鉅，台灣已成瘧疾免疫區真為我同胞慶幸。

屠呦呦女士數十年，埋首在中醫古籍，窮究經方、驗方，能夠在千年古書《肘後備急方》古方啟示下，運用現代科學技術，找出以治療，對人類古老瘧疾病症的「青蒿素」，功在全人類及後代千千萬萬的子孫，功德無量。

屠呦呦女士能從中華民族古書中，研發出治瘧疾新藥，足證中華古書中蘊藏著無數的寶藏，而五千年的中華武術文化一定有更豐碩的寶藏。即以前文所述：養生、氣功、整復寶藏多多，只是沒有賢明人士像屠呦呦女士那樣鍥而不捨的窮究古書經方數十年的毅力，而無法成就事功。

即以國術整復中的推拿、按摩、刮痧、拔罐、正骨、針灸等（黃帝內經稱外治），均可打通經脈治好病。《氣的樂章》一書作者王唯工（美國約翰霍普金斯大學—生物、物理學博士），將國術整復稱之為物理治療，更將其稱為「巡弋飛彈」。王唯工博士在《氣的樂章》書中曾有幾段文章筆者摘要說明：推拿按摩為什麼如此重要？

因為單靠心臟能量自己治療的話效果比較慢，心臟本身只有 1.7 瓦的能量，僅靠心臟去衝也許需要幾千次才會通（指心臟的血循環功能），但是假如我們用手，以推拿按摩手法來治療扁桃腺發炎，手指隨便揑揑就能於患處產生 2～3 瓦的能量，心臟每次收縮只能產生 1.7 瓦，能量到咽喉處恐怕 0.01 瓦都不到，如果用手去推拿、輕易就達 2～3 瓦立刻打通患處附近之血路，當然比較有效，一定要外力去幫助（外力指推拿）。

王唯工博士同時說，大陸的推拿手法聽說有六百種，就是用手來代替心臟送能量過來，原本靠心臟打不通的推拿就可以了。王維工博士又強調：從另一方面來說……但是塞很嚴重的時候，還是要外力幫助疏通，總之一下子要想突破過去還是要靠外力，針灸也好、推拿也好、按摩也好、整脊也好，反正，一定要用物理方式，然後才靠藥物治療，所以就治病上來說，一定要內外兼治，裡面就靠藥物或運動外面就直接作推拿。

王唯工博士巨著《氣的樂章》，所論述的重點正如其封面標題所示：氣與經絡的科學解釋，中醫與人體的和諧之舞，巨著所涉及範圍：物理、流體力學、生理、生物、中醫、氣功等多重領域。

筆者有感於巨著中所談的物理治療的精闢見解，使筆者對於中華武術文化所論述的整復醫療中的：推拿、按摩、刮痧、拔罐、正骨、針灸、薰蒸等古老的醫

治方法，有了更明確的認識。又在新聞上，看到榮獲諾貝爾醫學獎的屠呦呦女士，從醫學古書中，研發出治療瘧疾的青蒿素，使我聯想到，五千年中華武術文化中，一定有很多寶藏值得開拓，而整復氣功，已有很多資訊值得吾人全力研究，同時，由於王唯工博士依據研究心得，證明整復推拿的功能與巡弋飛彈相提並論，此對我武術界研究推拿、按摩、整骨、針灸、刮痧、拔罐、薰蒸……等等從業師傅，及後繼從事者有很大正向鼓勵。

因為，有王唯工博士研究中醫學理論的正確指引，又有諾貝爾醫學得獎的屠呦呦女士的皓首窮經的努力，有為者，定能將古老的整復發揚廣大，我們更深切期盼中華民族武術文化的炎黃子孫們，能群策群力全面的傳承研發中華武術文化，效法屠呦呦女士的研究毅力定會有豐碩的成果。

註：瓦是電能測量的計算單位。

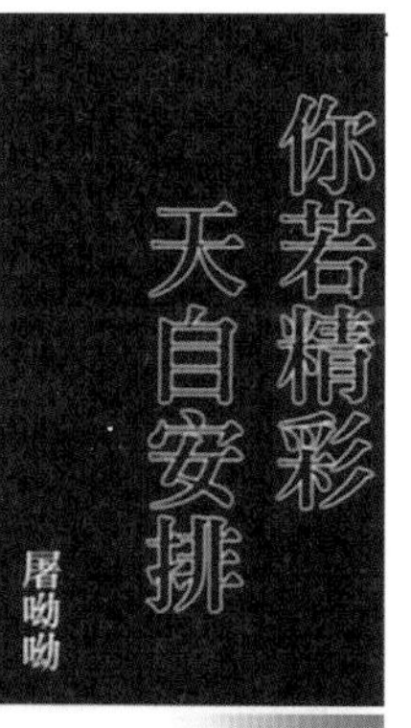

本屆諾貝爾生理醫學獎共同得獎人屠呦呦在受獎時的感言，很有啟發性：

不要去刻意追一匹馬，用追馬的時間去種草，待到春暖花開時，就會有一批駿馬任你挑選。

不要去刻意巴巴結一個人，用暫時沒有有朋友的時間，去提升自己的能力，待到時機成熟時，就會有一批朋友與你同行。

用人情做出來的朋友只是暫時的，用人格吸引來的朋友才是長久的。

所以，豐富自己比取取悅他人更有力量。

種下梧桐樹，引得鳳凰來。

你若盛開，蝴蝶自來。你若精彩，天自安排！

▲ 附錄 1

屠呦呦的抗瘧長征

■白德華

今年諾貝爾醫學獎公布，中國中醫科學院終身研究員屠呦呦，與愛爾蘭、日本科學家因開發抗瘧疾與寄生蟲藥，發現青蒿素、阿維菌素共同獲獎。屠呦呦獲獎相當激勵中國科學家，畢竟屠研究中醫藥，未出國留學，未在SCI發表論文，能獲最高榮譽桂冠，代表中國自身研究已獲全球肯定。

「呦呦鹿鳴，食野之蒿」，屠呦呦名字源於《詩經》，據考證，詩中「蒿」就是青蒿。為她命名的父親，未曾想到女兒一生竟與這株小草結緣，且獲最高榮譽。獲獎前外界對屠呦呦沒太多印象，為人低調的她並未常出現大眾面前。不過，做為「諾貝爾獎風向標」的美國拉斯克臨床醫學獎，2011年已將獎項授予屠呦呦，理由即發明青蒿素。

兩次獎項授予，外界才得知，現年85歲的屠呦呦研究得來不易。屠1930年生於寧波，1951年考入北京醫學院（現在的北大醫學部），畢業後分配到中醫研究院工作（現中國中醫科學院）。1966年文革中醫科學院關閉，所有「學霸」都被打倒，下鄉「向工農兵學習」。

越戰開始，北越因受瘧疾之苦，向中國求援。於是，「523重點工程」項目誕生，任務便交到年僅38歲的屠呦呦身上，成為「523辦公室」負責人。屠呦呦將3歲女兒送到幼兒園，開始抗瘧的長征。

屠帶領團隊耗時3個月，深入海南瘧疾區，從各種動植物及礦物在內約2000多種方藥中整理出640個，再從中進行100多個樣本分析篩選，還透過自身人體試驗。青蒿第一次曾被選入，但因抑制瘧疾原蟲效果僅68%，效果不理想而放棄，最後選出胡椒，但抑殺能力也僅達到84%，效果並不理想。

就在此時，屠呦呦複習東晉葛洪《肘後備急方》一書時，赫然發現青蒿抗瘧應透過「絞汁」，而不是傳統中醫的「水煎」，領悟到以低沸點溶劑煉取，果然藥效出奇，最終再前往海南疫區試驗；1972年3月臨床報告發表了，「191號青蒿樣品，顯示對鼠瘧原蟲抑制率達100%令人驚喜結果。」自此，掀起全國廣植青蒿及青蒿抗瘧研究。

屠呦呦被稱為「三無」科學家，無留學背景、無博士學位、無院士頭銜，加上當年畢竟是團隊研究，頒獎一人是否恰當，都引熱議。不過獲拉斯克獎時，主辦單位稱，表彰屠呦呦是因她為初始研究第一人，這點已無爭議。

獲獎消息傳出，大陸駐非洲人員開口就說：「感謝屠大科學家的貢獻！」的確，按世衛組織報告，2000年後撒哈拉沙漠以南非洲已有約2.4億人受益青蒿素聯合療法，150萬人因該療法而免於瘧疾導致的死亡，貢獻有目共睹。《人民日報》曾評說「三流條件創造一流成果」。土生土長的中國科學家能獲諾獎，意義的確重大。

執行副總主筆／陳琴富　編輯／陳仁華

▲ 附錄 2

7. 姜太公十二種文伐與孫子武伐十二詭道

姜太公即姜子牙，乃一偉大的政治家（封神榜、列國誌）都有記載，他以八十高齡在渭水之濱垂釣，遇到聖人周文王訪賢，而重用他輔助文王及武王，推翻殷紂王而有天下。

姜太公論述作戰，開始伐武之前，必有文伐，太公曰：「凡文伐有十二節，十二節備，乃成武事。所謂上察天，下察地，徵已見，乃伐之。」姜太公對周文王說：當文伐工作都完備了，就可以用武力攻伐了。

姜太公十二種文伐，簡述如下：

1. 瞭解敵國君王性癖而投其所好。
2. 設法多接觸敵國君王所器重的大臣，使其聲威能因我方的幫助，而日益高張，甚至和君王平分秋色、分庭抗禮。
3. 對親近敵國君王的人，暗施賄賂，使其因獲我利而傾向我方。
4. 贈送珍珠、寶玉、美女，以助長敵國君王的淫佚惡習。
5. 收買敵國宮中之臣，造成敵國的內部分裂。
6. 贈送敵國財物時，故意施予其忠臣厚禮，而亂其國君臣猜忌。
7. 給予敵國君王財寶，與其共謀利益。
8. 以卑躬屈膝的態度，使其放鬆警惕。

例證如下述：

一、孫子兵法，始計篇十二詭道中，第七卑而驕之，使關公大意失荊州：東吳大將呂蒙、陸遜看準了關公「恃英雄自料無敵」的弱點，故意以名望較低的陸遜，代替呂蒙守陸口，以懈關公之備（此乃驕心之計）。陸遜更差使送信及厚禮予關公，關公曰：「仲謀（東吳大帝孫權字）見識短淺，用此孺子為將（孺子乃陸遜）。」並折信視之，書詞極其謙卑，關公仰面大笑，收了禮物，打發使者回去，呂蒙用「白衣渡江」（扮成商人）殺了關公，奪回荊州。

二、毛澤東（中華人民共和國的創肇人），每次國共會議，首先舉手高呼蔣主席萬歲（卑而驕之），中國國民黨黨史館均有報紙報導及影片，俗云：秀才造反，三年不成。毛澤東乃一北京圖書館職員，能夠成為中共領導人，是蔣主席永難解之謎。故而因受卑而驕之禍，而改變了中華民國的歷史（將欲取之，必固予之）。要打倒你，先把你抬起來。

9. 虛捧敵國君王，假裝攝於威勢待其妄自尊大。

10. 以各種假象迷惑敵國。

11. 設法助長敵國增加亂臣。

12. 收買敵國宮中之臣，並對強有力者，從外部給支援。

以上姜太公文伐十二節（心理戰亦稱政治作戰）方法。都是針對敵國領導人及其重要幹部的愛好、需求，以引誘廢弛其職責，放鬆國事，造成內耗達到削弱敵國力量的目的。

孫子兵法十二詭道：兵不厭詐

此十二詭道，主旨在造成敵人錯覺，判斷錯誤，而為我所逞。

1. 故能而示之不能（我軍戰士本個個驍勇善戰，卻讓敵人誤認為不堪一擊）。
2. 用而示之不用（我全軍皆為精銳部隊，反偽裝成一群老弱殘兵）。
3. 近而示之遠（所率領的是一支機動部隊，卻偽裝成笨拙無知，若以武術實戰而言，本是貼身短打的專長，卻改用不專長的戰法）。
4. 亂而取之（趁對手步伐、手法混亂，姿體不穩之際攻擊之）。
5. 實而備之（敵人準備很充實，我們要謹慎地用多種戰法防備他，活用後發制人）。
6. 強而避之（對手很強悍，要用靈巧之法閃、躲、騰、挪，以柔克剛，不可與之硬拚）。
7. 怒而撓之（撓亂對手，挑逗他，善用激將法讓敵方發怒，撓亂其行動，趁其發怒紊亂時，發動攻擊）。
8. 卑而驕之（驕兵必敗，以謙卑的態度，讓對方妄自尊大）。
9. 佚而勞之（佚是安逸，對手很逸散，設法使他勞累，敵方養兵備戰，我方就用各種行動欺騙他、擾亂他，使敵方忙得團團轉，而無法養精蓄銳，我則趁機攻擊之）。
10. 親而離之（親是親睦，離是離間，對手內部很親睦，設法用謀略挑撥離間他，使其內部不和，盟友背離，形成孤立無援）。
11. 攻其無備（攻擊對手沒有防備之時、地）。
12. 出其不意（出於對手意料之外，此兵家之必勝也。不可先傳也，不可先傳出去，而遭致失敗）。

上述十二種詭道，必須心領神會，因勢制宜，而運用之巧妙存乎一心。以上所述，就是孫子兵法詭道詐術，要巧妙運用多種假象迷惑對手，使之墜入我設計的計謀中被我擊敗。

8. 武者的形體美與健美運動

閱讀羅家倫文學大師著《新人生觀》，論文中曾提及「恢復唐以前形體美的標準」，深有所感。

所謂「形體」以辭海釋義，即「物類的形狀和實體」，以人體而言即是：雄健、魁悟（男子），健美、優雅（女子）。羅文論述形體美，主旨在說明我中華民族，先民的體格是非常的強健、雄壯。所以在圖騰社會能戰勝自然環境、開疆闢土，都是靠堅強的體格。

就據有史以來的記載而言：湯（商朝的開國君主）身高八尺、文王（周朝君主）十尺、孔子九尺六寸，哪個不是堂堂正正魁悟威嚴的儀表。至於提到中國文學，最早的要算詩經，詩經形容男、女形體美的地方很多，對男子形體的描述是「碩人俁俁、公庭萬舞、有力如虎、執轡如組」（意即威武、雄壯、力大如虎、乘馬飛舞）。此為當時公認為最美的典型男子。

而「執轡如組」乃指騎馬人與馬匹合而為一。如現時的賽車同樣需要人車合一，亦就是隨時保持動態平衡。

筆者幼年時隨伯父常駐軍旅，伯父身為軍需主官，所轄運輸單位畜養眾多馬、騾以駝運軍需物品。在管理馬匹的長官帶領指導下常乘馬馳騁，故略悉乘馬要領，駕車與乘馬最大相異處，乃馬有情緒，如馭者對馬的情緒不了解，馬常遭側撞樹身、牆壁，穿過低的棚架，使乘者受到傷害。

詩經中標準女子形體美是「碩人其頎、衣錦褧衣」，「碩人敖敖、說于農郊」，「華彼穠矣、顏如桃李」，即身長、體健常遨遊於農野。此為論述女子不是瘦弱柔靡，而是健身豐滿、端莊流麗的。

唐朝是中國的頂盛時代，那英明神武首創天下的唐高祖唐太宗，其體格之雄健，不問可知。而唐朝的標準美人，是文學史上形容最多的楊大真（楊玉環），「環肥」是身體豐滿健美。而形容趙飛燕（漢成帝后）「燕瘦」，非形銷骨立的瘦弱（如現時常講的所謂紙片人），而是體態輕盈健美。唐朝是國家強盛興旺的時期，武功發達，國民的體格，也是健康雄壯，唐朝「虢國夫人承主恩，平明騎馬入金門」，他的姊妹進宮亦是騎馬而非坐轎子，此種男、女尚武的精神。其實已成為風氣。

以上所論述，有關體格的健壯，對各朝代的發達盛衰有其重要的關鍵，但僅對穿著衣服外表形體的諸多例證說明，無法窺其肢體發達的真相，實不足以代表一個人真實的體格。

特別對武術運動員而言，卻缺少人體最重要肌肉表徵，肌肉系統主要為骨骼肌（附於骨骼上），由橫紋肌纖維組成，受意志支配，又稱為隨意肌。一位雄壯健美的武術運動員，他經年累月所訓練的隨意肌，一定會突起成稜狀，會經得起棍棒的打擊而骨骼不會受傷。

記得我旅韓國華僑吳三株（山東人），在台灣一次武術表演中，演出其「鐵臂功」及「腹部氣功」。當木棍擊打其臂部（肱二頭肌）及前臂肌時，棍被震開，而被擊打之部位無浮腫（微血管破裂而呈現出青腫的現象）。而腹部被衝拳打擊時，則立即將打者拳反彈開。

人體肌肉又稱內馬達，肌力在瞬間會發出超過自身體重三倍的重量（土耳其羽量級拳重奧運冠軍小巨人——蘇里曼諾夫體重六十公斤，其挺拳舉起一百八十二點五公斤）。在中國發源的舉重運動，《史記・秦本紀》曾載「烏獲」雙手舉鼎千斤、雙目出血。此乃人體各肌群發達的佐證，武術諺語中有如下的記載「身大力不虧、一力壓十會」，「力為萬技之本」，而人體力的產生完全在於各肌群的發達。而促使人體肌力的增強，其訓練的方法眾多，但以「健美運動」為最具功效。

健美是一種強調肌肉健壯與美的運動，起源於古希臘，最初只由男性參加，以男子粗壯的脖子，發達的胸肌，粗壯的雙腿為美。現代健美運動乃由德國人尤金山道—Eugen Sandow 開始。負重訓練為健美運動的重要訓練元素，其目的是增加肌肉量及豎造人體的形體美的線條。同時控制體內脂肪比率，促進新陳代謝亦為健美運動的重點。

健美運動是以特定重量器材，加諸於所欲訓練的肌群，使各部肌群，以漸進式拮抗運動方式，以達到增強體能，使其肌肉纖維增大的一種運動，肌肉的增強、增大與刺激強度成正比，而非與運動量（次數）有關，要使肌肉增大，其刺激強度至少得超過最大肌力的百分之七十以上，訓練時要持續刺激收縮肌群，促使各肌群血管充血，而達到輸送養份到達每塊肌肉為目的。

茲將健美運動的相關重點列述：

一、健美運動訓練方法

（一）分級訓練

初學者：每週訓練三天為宜（1.3.5 或 2.4.6）練習一天休息一天，訓練期為 8～12 週（約三個月）。每次訓練必須要有上半身與下半身的訓練課程。每個訓練的項目約 2～3 組。每組要操作 12 次～15 次。初學者，應以每次能操作 12～15 次的重量來訓練，為安全而有效的。重量太重和次數太多會造成肌腱、韌帶傷害。

中級者：經過 8～12 週基礎訓練後，全身肌群得到改善。如：肌力增強、肌肉增大，體重增加等。在進入中級階段，訓練可採用分割訓練法，即以一天練上半身、一天練下半身。第三天休息。每週訓練四天。訓練強度以每組 8～12 次做 3～15 組。其目的，為增強訓練強度、促進各肌群（尺、寸）增大。

高級者：經過一階段與二階段訓練後。全身各肌群已夠壯大，為了再充實訓練強度，可以每組 6～8 次的重量來訓練，使各肌群能快速達到顛峰，其訓練方法按排如第一階段的三天（1.3.5 或 2.4.6），訓練期為 8～12 週。以上訓練方法，僅提供重量強度的選擇運用。而訓練項目的編排，應由操作者自己安排為宜（因為經過三階段的實際操作經驗，操作者應會適宜的為自己編排）。

二、健美運動器材與相應的訓練肌群：動作與主要作用肌

（一）仰臥推舉：胸大肌、肱三頭肌、前三角肌、前鋸肌。（圖 1）
（二）啞鈴擴胸：胸大肌、肱三頭肌、前三角肌、前鋸肌。（圖 2）
（三）胸前、背後拉槓：斜方肌、闊背肌、三角肌後部。（圖 3 之 1、2）
（四）蹲舉：股四頭肌、臀大肌、長背肌。（圖 4）
（五）坐姿推舉：三角肌、肱三頭肌、上胸肌、斜方肌、背肌。（圖 5）
（六）舉踵運動：脛骨前肌、腓骨長肌、比目魚肌、腓腸肌。（圖 6）
（七）槓鈴彎舉：肱二頭肌、前臂肌。（圖 7）
（八）腿背彎舉：股後肌群、小腿肌（比腹、腓腸）。（圖 8）
（九）擴胸運動：胸大肌、三角肌前部。（圖 9）
（十）方腿伸踢：縫匠肌、股內側肌、股直肌、股外側肌。（圖 10）
（十一）壓腿：臀大肌、股內、外側肌、股後肌群、縫匠肌。（圖 11）
（十二）屈體划船：背闊肌、斜方肌、大圓肌、肱二頭肌、前臂肌。（圖 12）
（十三）屈體啞鈴側舉：後三角肌、斜方肌。（圖 13）
（十四）滑輪運動：背闊肌、三角肌、肱二頭肌、前臂肌、斜方肌。（圖 14）

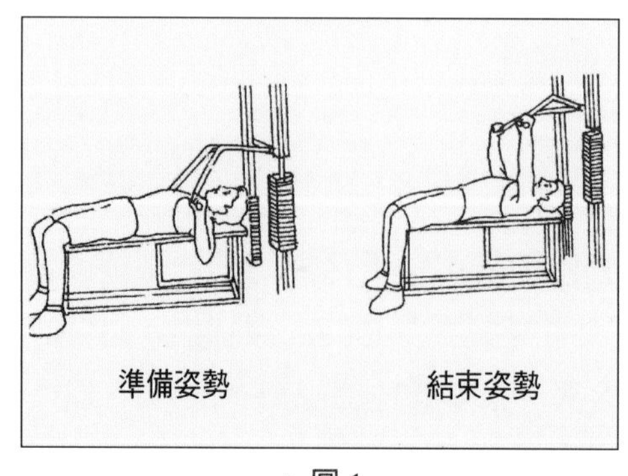

▲圖 1

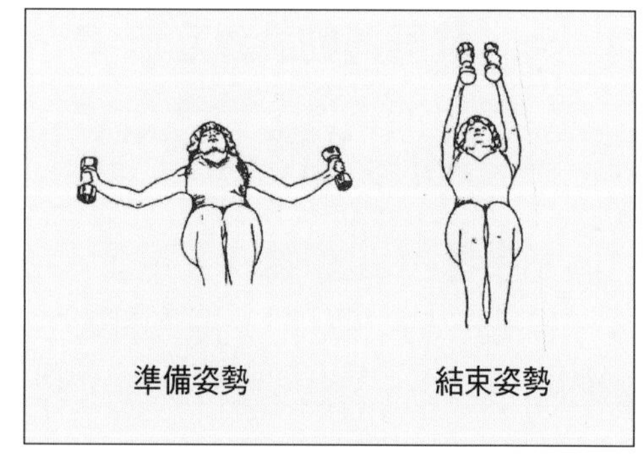

▲圖 2

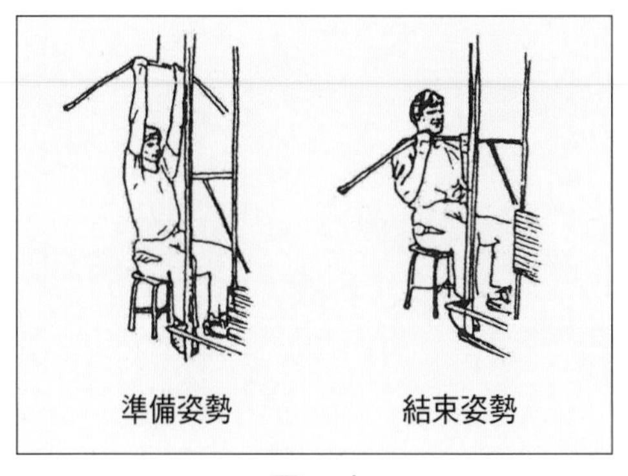

▲圖3 之1

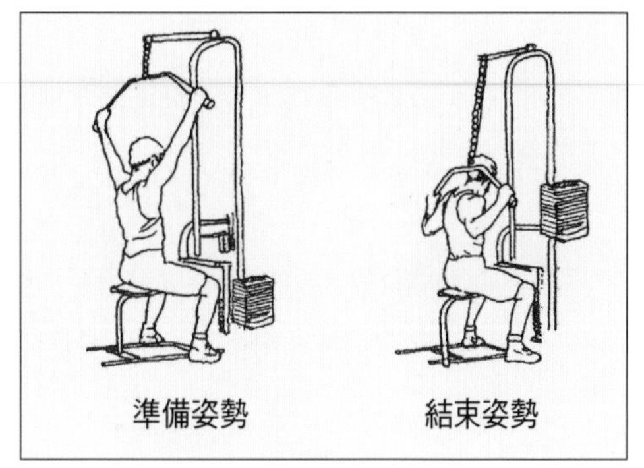

▲圖3 之2

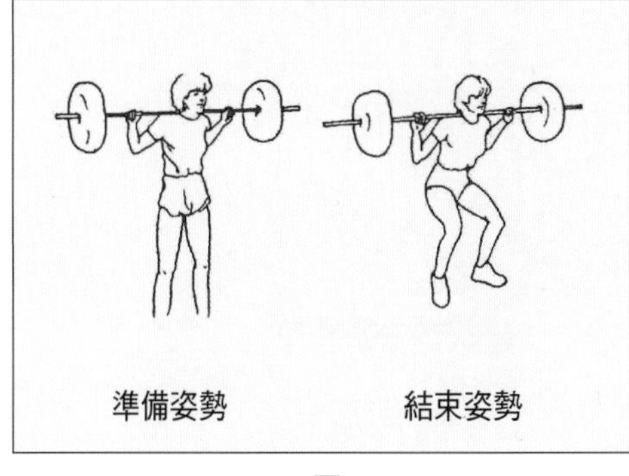

▲圖4

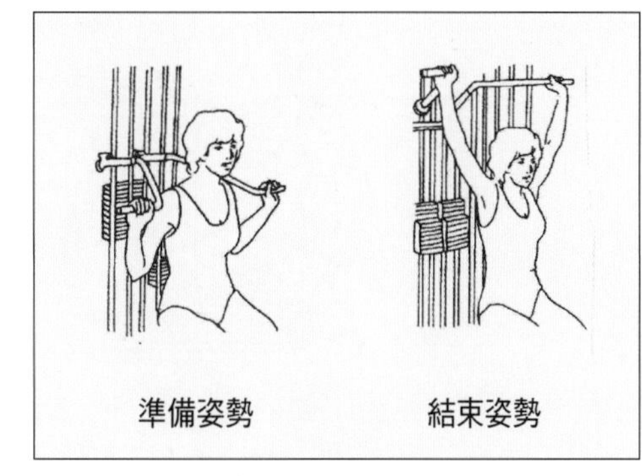

▲圖5

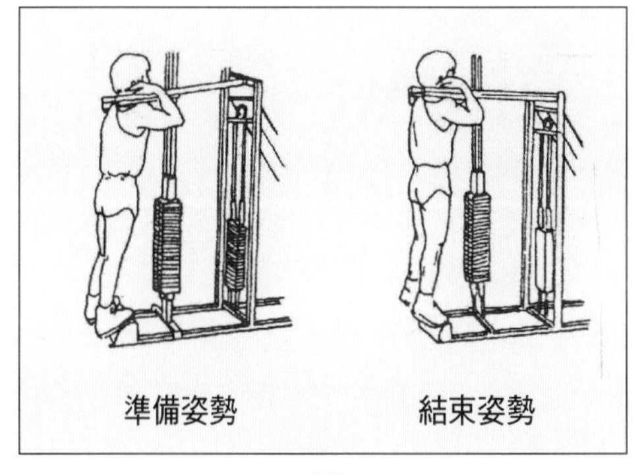

▲圖6

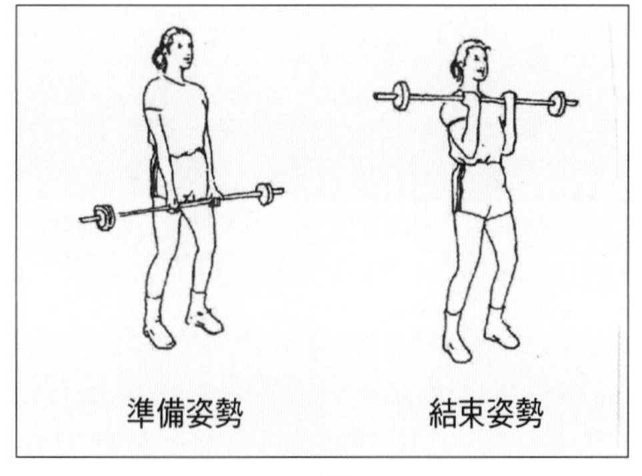

▲圖7

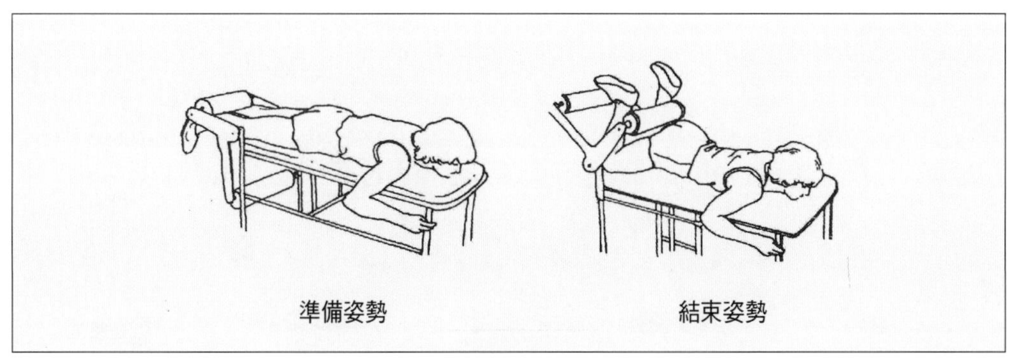

▲圖8

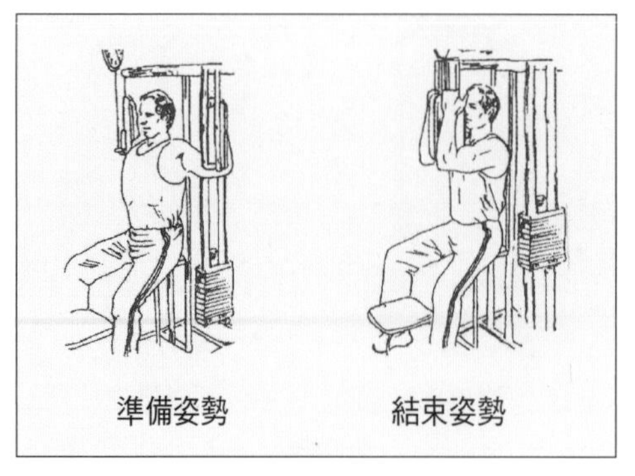

▲ 圖 9

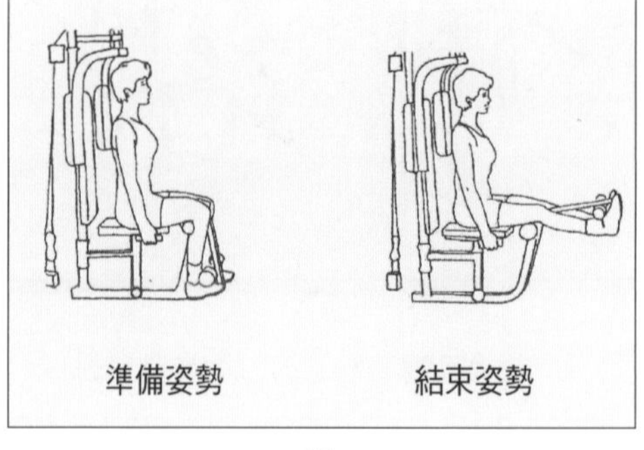

▲ 圖 10

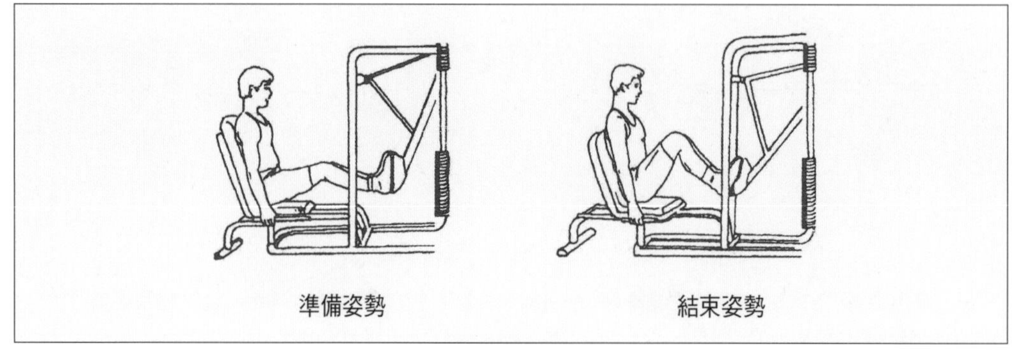

▲ 圖 11

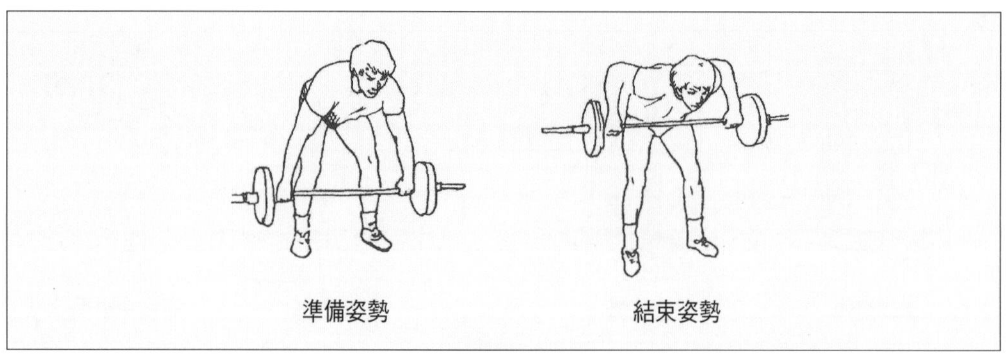

▲ 圖 12

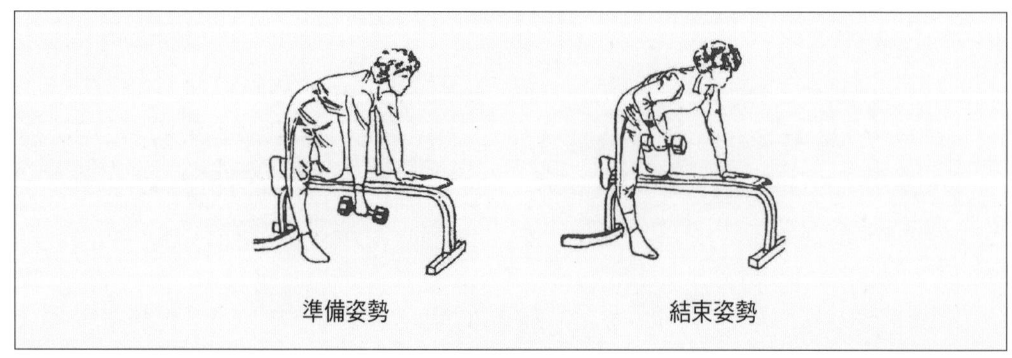

▲ 圖 13

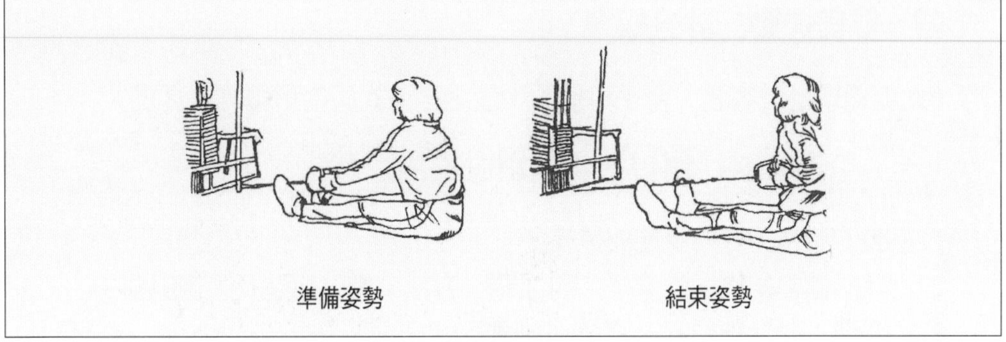

▲ 圖 14

三、健美運動應注意的事項

（一）過與不及是健美運動訓練時必須特別注意的。過度訓練，肌群會受傷害而萎縮，反之不及時亦同樣退化。只有作適當的操練才能促進肌群的發達。

（二）休息：適度的休息是心、身雙方的，每天休息時間通常在 7～8 小時左右，且應有充分的睡眠，不要浪費心力而胡思亂想。

（三）營養：武術諺語云：「拳要好起五更」、「人要補吃豬腳」，學武者體力耗損很多，健美運動較之練武時，體力消耗更大（因為是重負荷的運動），更要重視營養補充。（每天應攝取蛋白質、碳水化合物、脂肪、礦物質和水）

（四）調整重量的方法：肌力的增加必須以漸進的方式，酌量調整重量、次數、組數。通常大肌群（胸、背、大腿），每次可增加 5～10 磅左右。小肌群（手臂、肱二頭肌、肱三頭肌），每次可增加 2.5～5 磅為原則（重量增加超重，很容易造成肌腱或韌帶的傷害，應針對個別差異，適當調整）。

（五）熱身運動與整理運動：適當的熱身運動，可以增高肌群的溫度，以促進生化之反應作用，以供給肌肉組織之活動能力，增高溫度的肌群，可以縮短反應時間，增進其刺激反應的敏捷性，同時也能使肌群產生較大的彈性以減少受傷的機會。熱身運動可以採用柔軟體操、慢跑、騎腳踏車等運動。但必須以輕的槓鈴、啞鈴交替刺激以適應即將進入各項重器械的操作。而整理運動亦不可缺少，整理運動主要在償還氧債與消除疲勞，其實施的方法，亦以柔軟體操與輕的槓、啞鈴的操作以鬆弛各肌群及心、肺功能。

（六）有關呼吸方面：不管操作任何器械，要避免努作現象（不適當的呼吸、亦即憋氣）。健美運動在操作任何器械時，最簡單方法是：當用力前要吸氣，用力時要瞬間停止呼吸，不用力時則呼氣。

四、健美運動的評分標準

（此項標準是最客觀、合乎科學的，較之穿著衣服的形體美更真實）：

（一）整體身材比例勻稱及個別肌肉的形狀

1. 協調的體格，好的姿態與氣質。
2. 正確的體格結構、骨架好、肩部寬、胸部上挺、四肢及軀體對稱。
3. V 字型：通常指肩寬、厚背、細腰及粗壯的腿。

（二）肌肉發達程度

1. 肌肉大小及密度。
2. 線條：肌肉脂肪愈少、線條愈明顯。
3. 分離度：肌肉與肌肉之間，有很明顯的深度分辨，深度愈深分辨度愈方，可以很清楚地辨別各肌肉的形狀。

（三）儀容

1. 皮膚：膚色、斑點、瘡疤、刺青紋身。
2. 健美褲：搭配身材比例，膚色，選擇合適的健美褲。
3. 膚色劑：膚色劑要均勻，頭髮要整齊清潔。
4. 如果有很高水準的體格與肌肉，絕不可以刻意苛刻地，去找這些皮膚上的缺點。

（四）表演姿勢

能否表現出舞台化及藝術化的肌群表現，這些姿態表演不僅是一連串美麗漂亮的動作而已。必須表現出所有各肢體的肌肉、前、後、側面及各主要部位的肌肉。差的表現及不夠發達的肌肉部位，都可以做扣分的標準。

1. 男子七個規定動作

⑴ 前面雙臂肱二頭肌伸展動作。（圖 15）
⑵ 前面闊背肌伸展動作。（圖 16）
⑶ 側面胸部動作。（圖 17）
⑷ 背面雙臂肱二頭肌動作。（圖 18）

▲ 圖 15

(5) 背面闊背肌伸展動作。（圖 19）

(6) 肱三頭肌動作。（圖 20）

(7) 腹部及腿部動作。（圖 21）

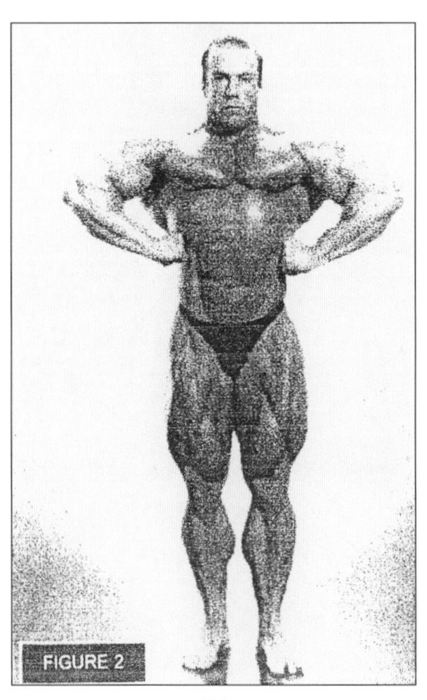

▲ 圖 16

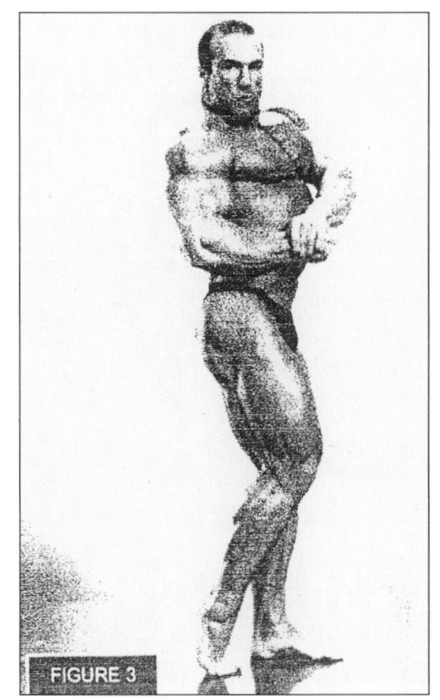

▲ 圖 17

▲ 圖 18

▲ 圖 19

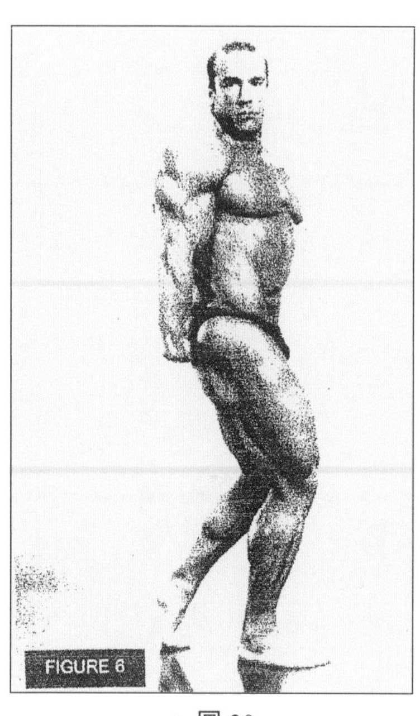

▲圖 20

▲圖 21

2. 女子五個規定動作：

(1) 正面雙臂肱二頭肌伸展動作。（圖 22）
(2) 側面胸部肌肉伸展動作。（圖 23）
(3) 背面雙臂肱二頭肌伸展動作。（圖 24）
(4) 肱三頭肌伸展動作。（圖 25）
(5) 正面腹肌及腿部肌肉伸展動作。（圖 26）

▲圖 22

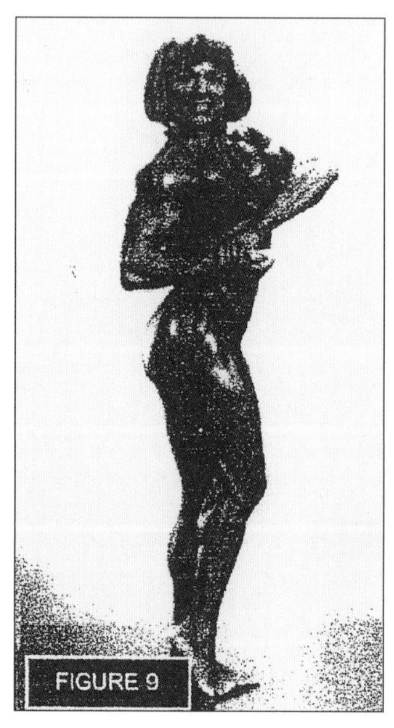

▲圖 23

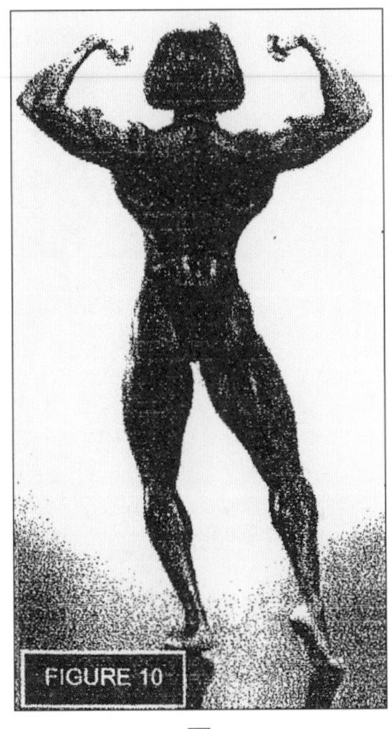

▲ 圖 24

▲ 圖 25

▲ 圖 26

3. 男女配對五個動作

⑴ 正面雙臂肱二頭肌伸展動作。（圖 27）
⑵ 側面胸部肌肉伸展動作。（圖 28）
⑶ 背面雙臂肱二頭肌伸展動作。（圖 29）
⑷ 肱三頭肌伸展動作。（圖 30）
⑸ 正面腹肌及腿部肌肉伸展動作。（圖 31）

▲圖 27

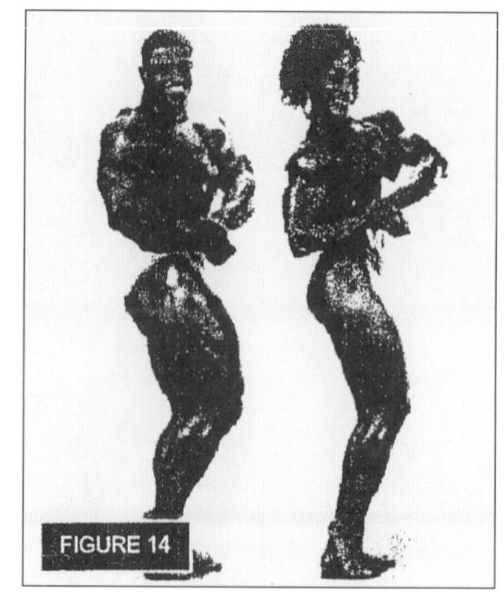

▲圖 28

▲圖 29

▲圖 30

成為武者，形體美是非常重要的，豎造體格美的方法眾多，但從健美運動的評分標準而言，健美是最適合武者成為一位具有英雄形體美的重要運動，健美運動不僅注重人體肌群的鍛練，更在健美運動的評分標準內，特別強調「表演姿勢」的重要，在表演姿勢中註明了「能否表現出舞台化及藝術化的肌群表現」，此條中所重視的「形體動作的美」，而不是僅僅呈現人體肌肉的健美。武者經年累月苦練武術的那種氣宇軒昂，雄糾糾威武的氣概與健美的體格融合在一塊成為真正的英雄形體美，一定會受到眾人的青睞，基於此，筆者建議武者應重視健美運動。

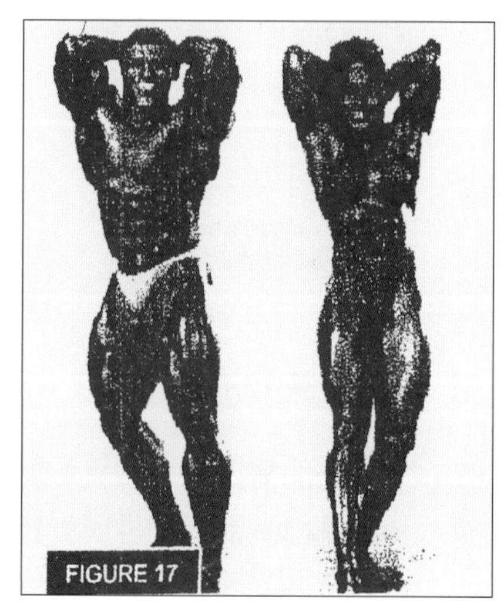

▲圖 31

9. 重量訓練與武術

重量訓練，顧名思義，就是著重力量的訓練，亦稱之為重力訓練和舉重運動。

有關重量訓練的起源，吳文忠先生在其所著體育史中所說：重量訓練和舉重在古早時代，僅是一種勞役，由於人類在日常生活的需要，大多都有提、搬重物的經驗，而非有系統的訓練，亦非正式的舉重運動。當古埃及在建築金字塔，中國建構萬里長城時，是將大的石塊、磚塊搬至高處，此可說是，人類集體表現其搬移重物能力的壯舉，事實上搬移、扛、舉負荷重物，是人類最古老的體能活動之一。原始穴居，人為保障其生命安全，需常搬移、推拉、提舉重物以啟閉洞穴門戶，出外狩獵，必須將獵物運回，其實現代人為適應日常生活，也都有運用其搬移、提舉，以負荷重量的經驗。

自古希臘發源的舉重運動，從一些文獻資料、圖片的研究、分析，證明當時舉重運動，在古希臘是屬於角力運動的一種輔助運動，其實希臘角力運動員，為增強其體力，相傳以舉小牛為鍛鍊之方法，小牛逐漸長大，重量當然亦會增加，而角力運動員仍能舉起，故希臘角力運動曾盛極一時，睥睨各國而雄霸一方。

在中國發源的舉重運動，似乎比較具體，中國早古時期，開科取士選拔武士，力的衡量，就以舉重方式佔大部份，而舉重器具之式樣，亦與今之舉重與重量器械訓練相似，且還有舉重紀錄之傳說。中國古時盛傳民間之扛鼎，即為今日之舉重。東漢許慎說文：扛——橫關對舉也，即以木橫持門戶日關，凡大物用兩手對舉之日扛。項羽力能扛鼎，謂鼎有耳，以木橫貫鼎耳，而舉其兩端。秦時之舉重，《史記・秦本紀》：魏太子來朝，武士有力好戲，力士任鄙、烏獲、孟說，皆至大官。王與孟說舉鼎絕髕，又傳，烏獲雙手舉鼎千斤，烏獲扛鼎雙目出血等，皆為舉重運動在中國發展的具體說明。

吳文忠先生著《體育史》有云：至於我國古代，對於舉重運動亦極重視，唐代以前雖無武舉制度，但對武勇人才，政府必設法羅致。據晉書《成帝本紀》：選拔武士以能舉起一千五百斤之重量為合格（雖然當時的度量衡與現今不同，但古時男士體格雄偉，身高八尺者眾多，當然所負荷重量較之今人多矣），及至唐代武后長安二年，武舉考試科目中，有「翹關」一項，翹關即舉重。文選《左思》吳都賦云：翹關扛鼎——翰注：翹、扛皆舉也。其後，專製鐵器以代關。鐵器長一丈七尺，徑寬三寸半，應試者必須舉起十次，並再持起離地一尺以上，方為合格。根據以上說明，舉起、持（拉）皆為重量訓練的動作。

晉時舉重與摔角：據晉書《成帝本紀》載，時尚無武舉制度，但採用簡單的舉重方式，作為選取武勇人才之標準，對角力一事亦有略解，以「相撲」，為互相撲倒之意。而值得論述，乃晉明帝時，拜征西大將軍陶侃，在廣東任官時，「閒時朝甓於齋外，暮還於齋內，常謂人曰：吾方致力中原，過爾優逸，恐不堪事，故自勞耳」。筆者幼小時，讀過有關陶侃搬移甎甓故事（甎乃方形瓦建材，齋是書房。陶侃早晨將甎搬至書房外，晚上再搬回書房內，以此鍛鍊身體）。陶侃此種運動實乃現代所謂的「重量訓練」。

宋代除辦理武舉外，兼辦「武學」訓練軍事人才，除學射術外、再試技勇（包括馬術與舉重等）。武學三年課程分為三類：一、歷代用兵成敗及孫吳諸家兵法。二、講解論語述及忠孝仁愛之道。三、實習武術（馬射、步射、舉重、馬術）。

武諺云：身大力不虧、一力壓十會，力為萬技之本，借力使力等，都在說明力的重要。重量訓練與武術的關係非常密切，中國古時，武術所用的各種輔助器材眾多，俱皆在強化輔助體力（茲引用古早時用的輔助器材參考如附圖）亦即是重量訓練，但有關訓練的理論，方法，卻未能傳承下來，殊屬可惜！

十九世紀，德國體操之父，及瑞典林氏等，曾提倡啞鈴體操，之後傳入美國，促使美國體育界，產生很大影響，因而產生了現今的「重量訓練」。據相關文獻所述，重量訓練在第一次世界大戰時，被醫護做為受傷的戰士復健使用，急救了眾多肢體傷害的戰士。時至今日，重量訓練仍受到各國家、各級醫院復健治療的重要項目。

筆者，在民國 67 年 6 月，於健行文化出版事業有限公司推出「重量訓練在運動上的應用之研究」論文前後，已經在國內外眾多體育運動文獻上，發現很多受惠於「重量訓練」的各國多項運動項目如：跳高、鉛球、游泳、拳擊、角力、器械、體操，在美國最熱門的籃球與棒球，對重量訓練亦非常的重視，茲將游泳、籃球、棒球運動的重量訓練課程表附錄於後以供同學參考。

特別值得提出，因受惠重量訓練，而創造「田徑十項運動世界紀錄」（九千一百二十一分）驚人成績的，我中華民族的楊傳廣國手（曾獲得 1960 年羅馬世運會十項亞軍）。楊傳廣於 1958 年到美國接受訓練，由於其肌力方面的缺乏，影響了他十項成績。結果在教練德瑞克（Elvin Drake）與加州大學跨欄選手狄克遜（Dikon craig）的指導下，接受重量訓練，結果在 1963 年，美國蒙特聖安托尼爾（Mount San-Antonio Relays）錦標賽中締造了令全世界田徑運動界，難以置信的十項運動紀錄，九千一百二十分的成績。更超越當時世界十項運動紀錄保持人強生（Rafer Johnson）四百多分（舊十項計分法）。當時記者，曾訪問楊君，成績何以如此神速進步？楊傳廣說：「重量訓練是我成績進步的最大原因。」有關楊傳廣的重量訓練課程表「附表一」。

▼「附表一」：楊傳廣的重量訓練課程表

動作名稱	動作方法	重量	組數	次數	作用肌
㈠仰臥扭轉起坐（負重）	仰臥於長櫈上，雙手置於頸後，以腹部為中心，上抬上體，同時，做左右扭轉上體動作。	60 磅	1	16	腹肌
㈡仰臥推舉	仰臥於長櫈上，雙手屈肘，握槓鈴置於胸上，上推槓鈴，至肘關節全伸，再恢復起始位置，以啞鈴行之亦可。	120 磅	3	5	胸大肌 肱三頭肌 三角肌
㈢斜板推舉	仰臥頭部置於斜板高的位置，以雙手握槓，置槓鈴（啞鈴）於胸上，上推時，必須雙手肘全伸直，然後恢復原位。	60 磅	3	5	胸大肌 肱三頭肌 三角肌
㈣屈膝半蹲	兩足開立，置槓鈴於頸後肩上，或頸前鎖骨部位，屈膝下蹲至大腿，約與地面平行位置，然後起立。	140 磅	2	20	股四頭肌 臀大肌 長背肌 比目魚肌 腓腸肌
㈤下蹲高跳	置槓鈴於頸後肩上，或以雙手握啞鈴，懸垂於身旁兩側，屈膝深蹲或半蹲後高跳。	60 磅	2	20	臀大肌 股四頭肌 長背肌 腓腸肌 比目魚肌
㈥屈膝深蹲	置槓鈴於頸後肩上，或以雙手握啞鈴，懸垂於身旁兩側，屈膝深蹲或半蹲，後伸膝高跳。	205 磅	2	8-10	股四頭肌 臀大肌 長背肌
㈦屈體划船	雙足開立，置槓鈴於頸後肩上，雙手握槓鈴屈膝，蹲至膝關節全屈位置，後恢復直立。	60 磅	3	8-10	前臂肌 濶背肌 斜方肌 大圓肌 肱三頭肌
㈧啞鈴交替推舉	置啞鈴於肩上，上推時，至肘關節全伸，然後放下（坐姿、立姿均可）。	25 磅	2	8-10	三角肌 肱三頭肌 斜方肌
㈨正反握雙手彎舉	雙足開立，雙手手心向前握槓，懸垂於大腿前方，屈肘上彎槓鈴，至肘關節全屈，然後還原（反握亦可）。	60 磅	2	8-8	肱三頭肌 前臂肌
㈩早安運動	雙足開立，雙手握槓，置於頸後肩上，上體前屈，同時臀部略後移，後還原。	100～135 磅	2	10-8	長背肌 臀肌

⑴正反握腕彎舉	雙手手心向上握槓鈴（啞鈴），或以單手握啞鈴，置前臂於一臺上或雙腿上，腕部懸空，做腕關節屈伸動作。	25～30磅	2	10	前臂肌
⑵仰臥轉體起坐	仰臥於長櫈上，雙手置於頸後，以腹部為中心，上抬上體同時，做左右扭轉上體動作。	無	1	15	腹肌

民國六十七年四月份四十七期，台北體育月刊（26 頁），曾刊載楊傳廣撰寫的一篇，參觀第一屆世界盃田徑賽感想，文中，又再次提出有關重量訓練的問題，勉勵我中華健兒要重視重量訓練，茲摘錄部分內容以證之。

楊傳廣指出：參觀此次大會中，我發現一流選手有些身體不高，但卻個個結實、肌肉發達且富有彈性，且體格發展均衡，在參與各項目競賽中，爆發力、柔軟度、速度，特別是整體動作的協調能力，給我很深的影響！我的十項運動到美國後，除了技術進步，課程、生活、飲食、休息等安排適當外，最重要的是重量訓練，給我身體素質的提升（肌力、爆發力、耐力、速度，調整能力以及肌敏性）與技術的進步獲益良多。深感我中華各項運動選手大多不太重視做合理的重量訓練，而太偏重於本項目的苦練。不祇是田徑運動，也可以說任何一項運動都需要合理的重量訓練。所謂合理是：「動作」、「重量」、「次數」、「時間」、「迭增重量」、「放鬆」等都要適合於選手的「項目」。「年齡」、「實際負荷能力」等。

各項運動，都有其單獨重量訓練的教材與方法，不可以盲目去操作。擲鐵餅與長距離跑步的選手，就有很大的差別。游泳與足球選手的重量訓練也不同。桌球與拳擊選手的重量訓練更有差別。

我國被稱為，「飛躍的羚羊」、「黃色閃電」的田徑女傑紀政，她亦是重量訓練的擁護者，重量訓練在其田徑運動訓練內容中佔了很大的份量，此可自其每一訓練階級中，尤其是每年進入冬季的訓練課程表中得悉。有關紀政重量訓練課程表「附表二」。

基於上述，我國田徑十項運動世界紀錄創新者楊傳廣，暨飛躍羚羊紀政，均因受惠於重量訓練，而在國際體壇傑出表現，足可證明，重量訓練在運動科學上的價值。我輩國術愛好者，應見賢思齊，早日利用重量訓練，提升武術水準，發揚中華武術。

▼「附表二」：紀政的重量訓練課程表

動作名稱	動作方法	重量	組數	次數	作用肌
㈠啞鈴擺舉	雙手握啞鈴，屈膝懸垂於身體前方，用腿、上肢及背部力量，把啞鈴向前上方擺振，上舉至頭頂。	30 磅	1	20	全身肌肉（暖身運動）

㈡軍事推舉	雙手手心向後握桿，略寬於肩，置於胸上鎖骨處，然後，以上肢力量徐徐上推槓鈴，至肘關節伸直，注意上體及下肢不得做任何動作。	50 磅	2	10	三角肌 肱三頭肌 斜方肌
㈢連續上膊	手心向後握槓鈴，同肩寬，由地面提槓鈴至胸上鎖骨處，然後還原。	50 磅	2	10	背肌 斜方肌 上肢屈肌 下肢伸肌
㈣提踝運動	提槓鈴，置於頸後肩上，做提踝運動。	70 磅	2	15	比目魚肌 腓腸肌
㈤推舉	置槓鈴於頸前鎖骨上處，雙手握槓略寬於肩，以上肢力量上推槓鈴，至肘關節全伸，動作時，上體可稍微彎曲。	60 磅	2	20	三角肌 肱三頭肌 斜方肌
㈥仰臥推舉	仰臥於長櫈上，置槓鈴於胸上，然後上推槓鈴至肘關節直伸，再還原。	80 磅	2	10	胸大肌 肱三頭肌 濶背肌
㈦四分之三蹲屈	置槓鈴於頸後肩上，做四分之三蹲位（比半蹲稍下，而不做全蹲，此動作有等長收縮意味）。然後起立。	75 磅	2	15	股四頭肌 臀大肌
㈧仰臥雙腿推舉	仰臥於巨型重力機下，以雙腳反蹬練腿機，至雙腿完全伸直。	200～260 磅	2	15	股四頭肌 股二頭肌

壹・中國武術練功器材與現代重量訓練器材簡介

▲圖 1 此圖在證實肌力的重要

一、中國武功器械及動作

1. 帶子

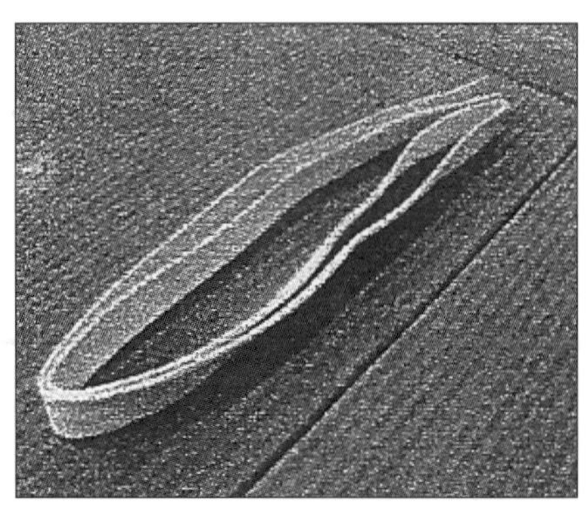

▲圖 2

▲圖 3

2. 石擔

▲圖 4

▲圖 5

3. 拐棒、砣棒

▲圖 6

▲圖 7

4. 吊袋

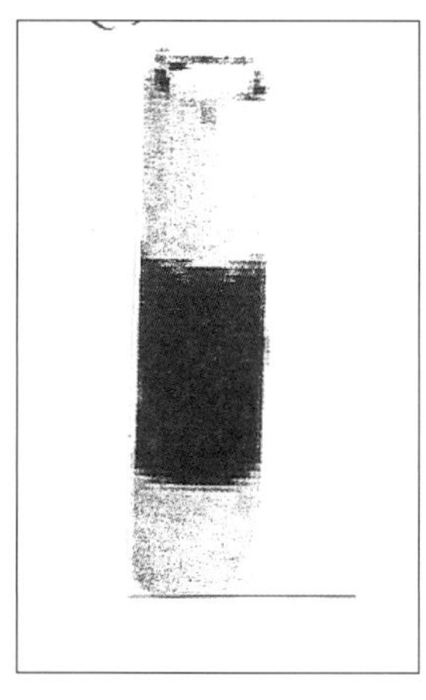

▲ 圖 8

▲ 圖 9

▲ 圖 10

5. 鐵鏈

▲ 圖 11

▲ 圖 12

6. 樁功靠

▲ 圖 13

▲ 圖 14

7. 挾肋

▲圖 15

8. 石鼓

▲圖 16

▲圖 17
石鼓器制、演示。摘自傅永均、滿寶珍，1983

9. 太極球

▲圖 8

10. 石鎖：花磚

◀圖 19

11. 滑車

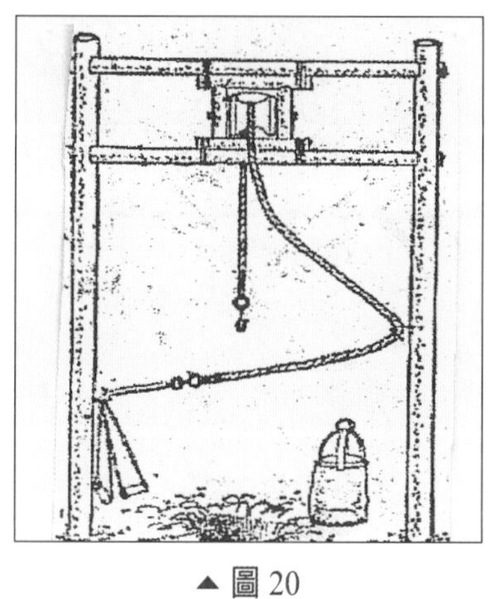

▲圖 20

12. 土筐

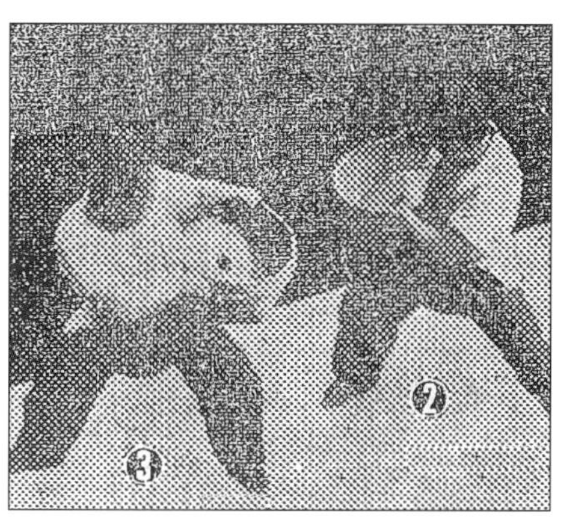

▲圖 21

13. 罈子

▲圖 22

▲圖 23

14. 水缸

▲圖 24

15. 沙袋

▲圖 25

▲圖 26

二、重量訓練器械及動作

重量訓練是增進肌力與肌耐力的不二法門，其方法可分為「器械」與「徒手」二種訓練項目，以下分述之。（本文僅以器械為主，徒手省畧。）

（一）器械項目動作

如果加入健身俱樂部或健身房，或者自家購買重量訓練器材的話，可能有機械式的重量訓練器材、槓鈴、啞鈴以供使用。

以下，將介紹二十八種常被採用的器械重量訓練運動項目：

1. 機械仰臥推舉。
2. 槓鈴仰臥推舉。
3. 啞鈴仰臥推舉。
4. 機械蝴蝶式擴胸。
5. 啞鈴蝴蝶式擴胸。
6. 機械胸前拉槓。
7. 機械背後拉槓。
8. 機械划船。
9. 槓鈴屈體划船。
10. 單臂划鈴。
11. 機械手肘捲屈。
12. 槓鈴手肘捲屈。
13. 啞鈴手肘捲屈。
14. 槓鈴法式推舉。
15. 啞鈴法式推舉。
16. 機械坐姿軍事推舉。
17. 槓鈴坐姿軍事推舉。
18. 胸前提槓。
19. 胸前提鈴。
20. 機械蹲舉。
21. 槓鈴蹲舉。

22. 機械壓腿。　23. 機械大腿踢伸。　24. 機械腿背彎舉。
25. 負槓前跨。　26. 負鈴前跨。　27. 機械舉踵。
28. 機械腿部內收／外展。

1. 機械仰臥推舉

【訓練肌肉】胸大肌、三角肌前部。

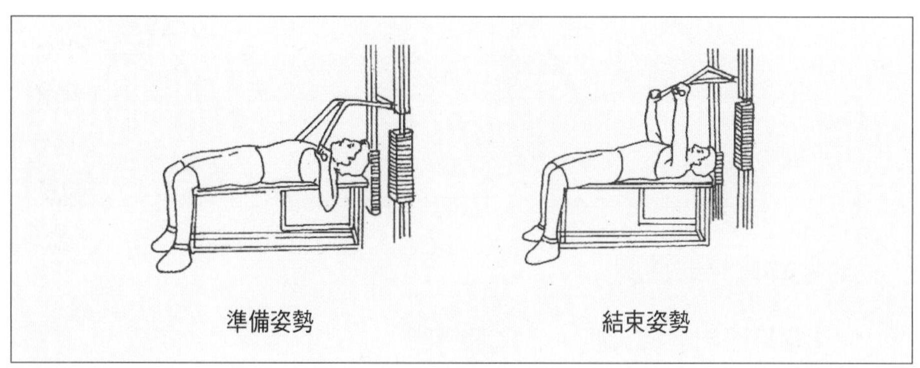
準備姿勢　結束姿勢

2. 槓鈴仰臥推舉

【訓練肌肉】胸大肌、三角肌前部。

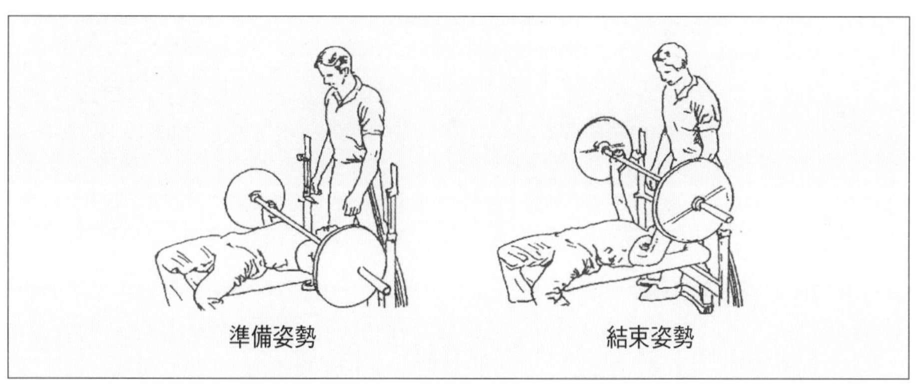
準備姿勢　結束姿勢

3. 啞鈴仰臥推舉

【訓練肌肉】胸大肌、三角肌前部。

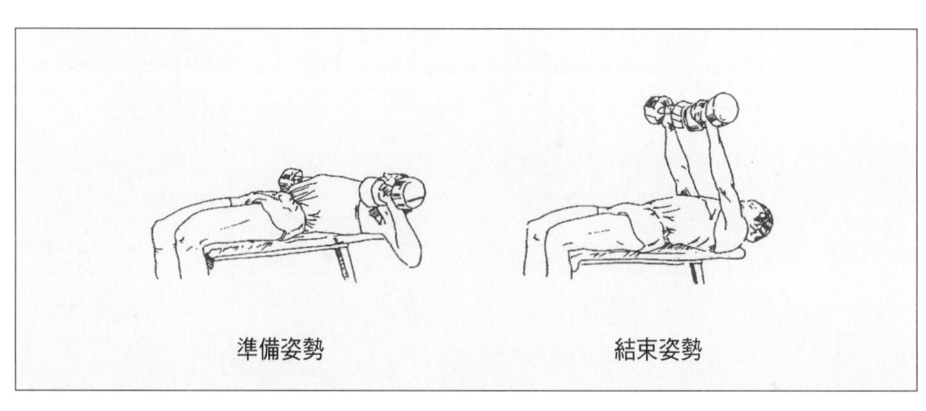
準備姿勢　結束姿勢

4. 機械蝴蝶式擴胸

【訓練肌肉】胸大肌、三角肌前部。

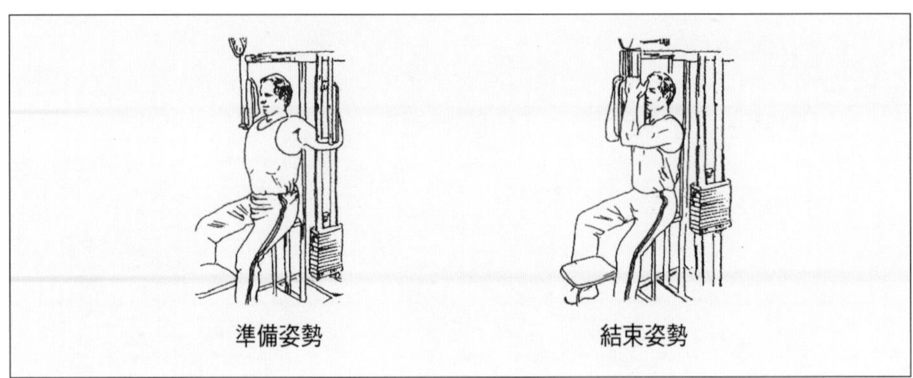

5. 啞鈴蝴蝶式擴胸

【訓練肌肉】胸大肌、三角肌前部。

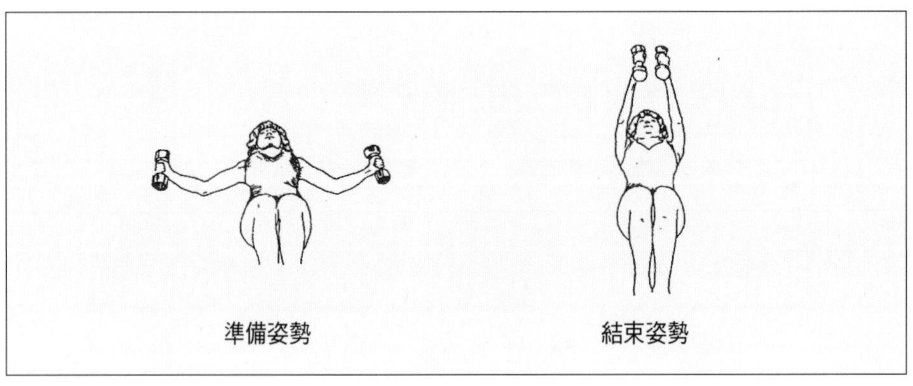

6. 機械胸前拉槓

【訓練肌肉】斜方肌、三角肌後部、闊背肌。

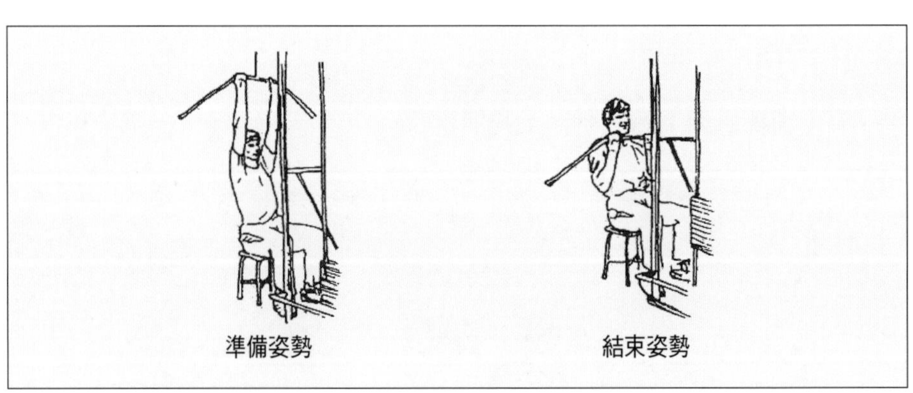

7. 機械背後拉槓

【訓練肌肉】斜方肌、三角肌後部、闊背肌。

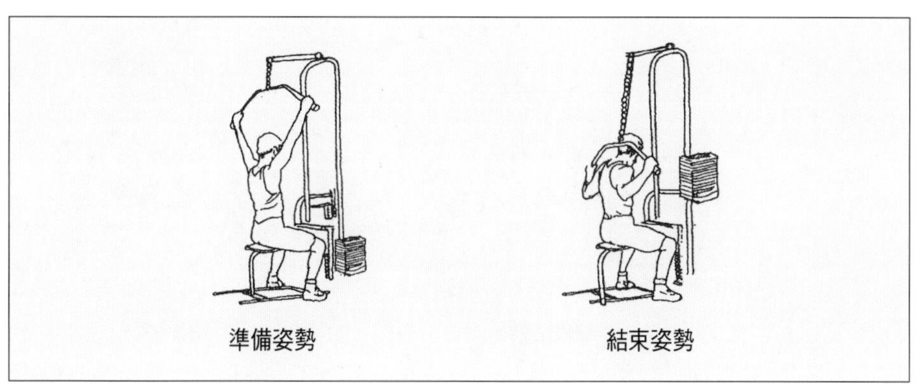

8. 機械划船

【訓練肌肉】斜方肌、三角肌後部、闊背肌。

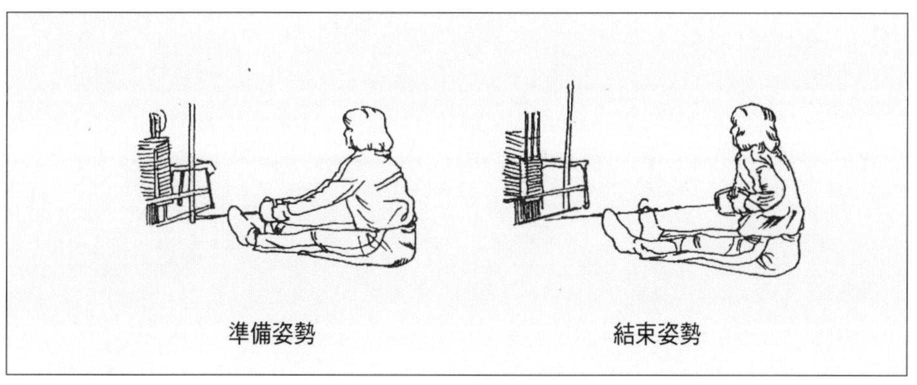

9. 槓鈴屈體划船

【訓練肌肉】斜方肌、三角肌後部、闊背肌。

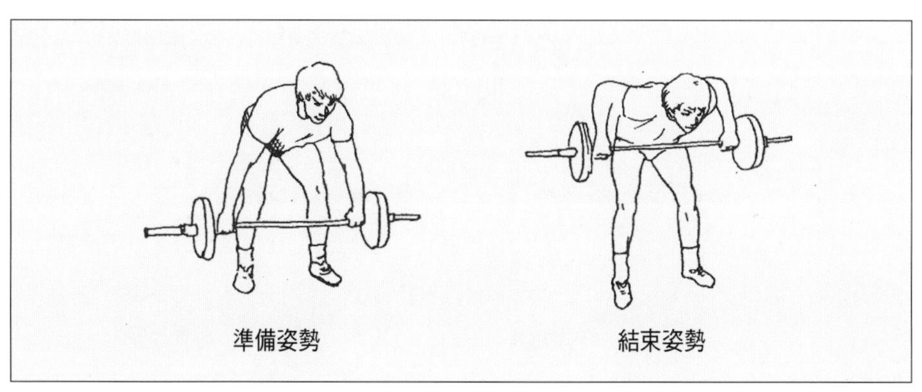

10. 單臂划鈴

【訓練肌肉】斜方肌、三角肌後部、闊背肌。

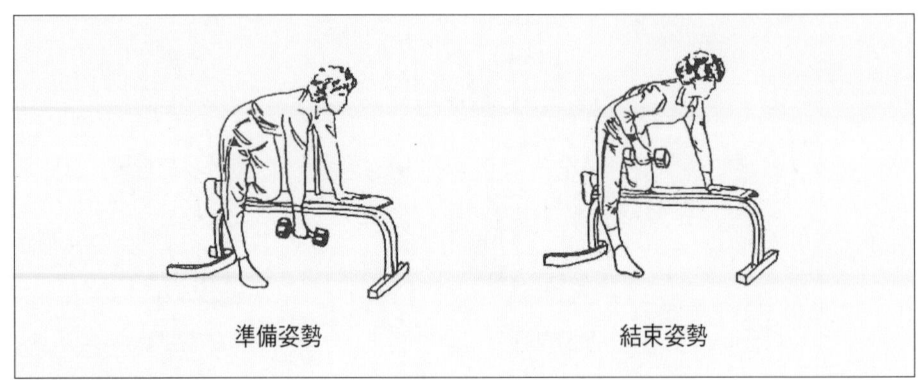

11. 機械手肘捲曲

【訓練肌肉】肱二頭肌。

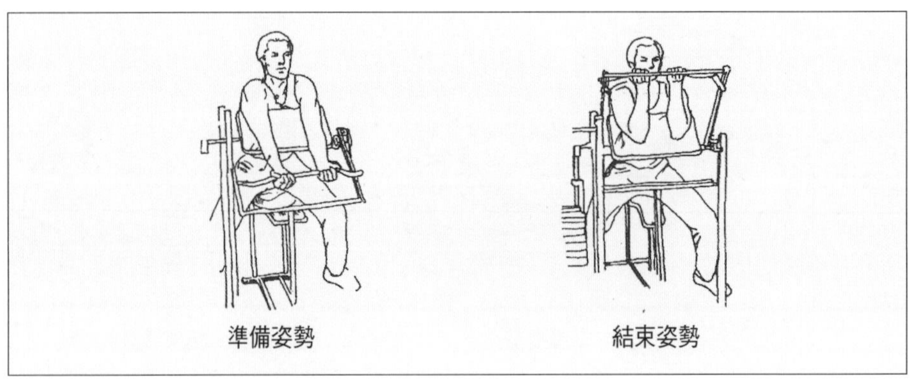

12. 槓鈴手肘捲曲

【訓練肌肉】肱二頭肌。

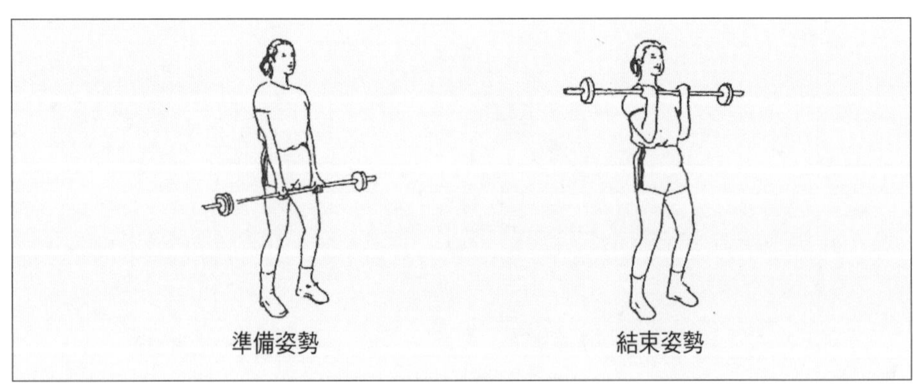

13. 啞鈴手肘捲曲

【訓練肌肉】肱二頭肌。

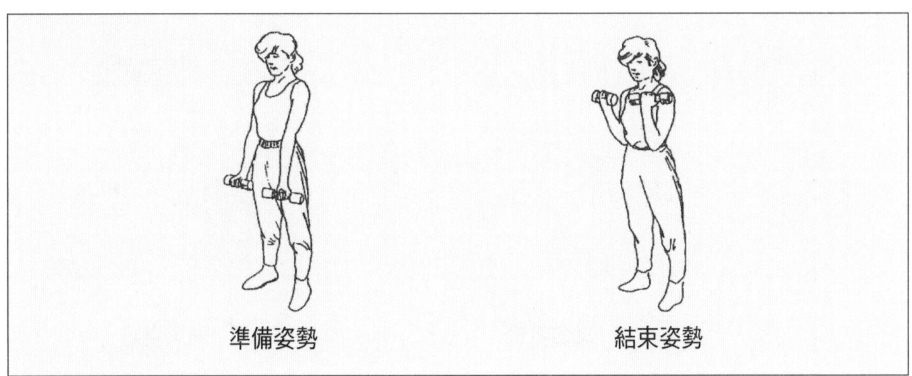

14. 槓鈴法式推舉

【訓練肌肉】肱三頭肌。

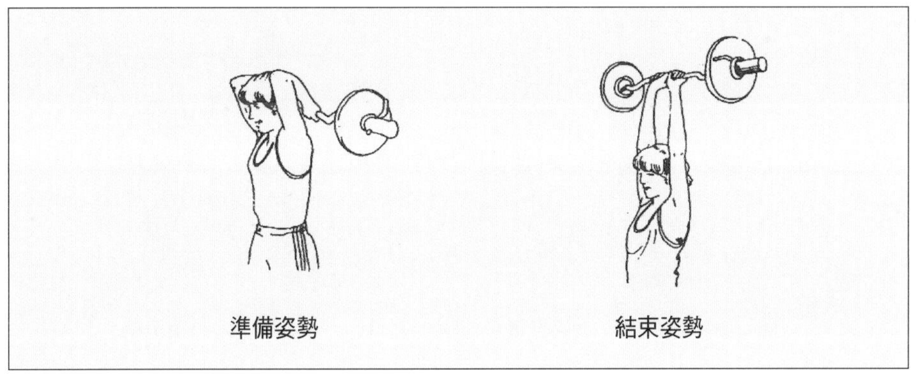

15. 啞鈴法式推舉

【訓練肌肉】肱二頭肌。

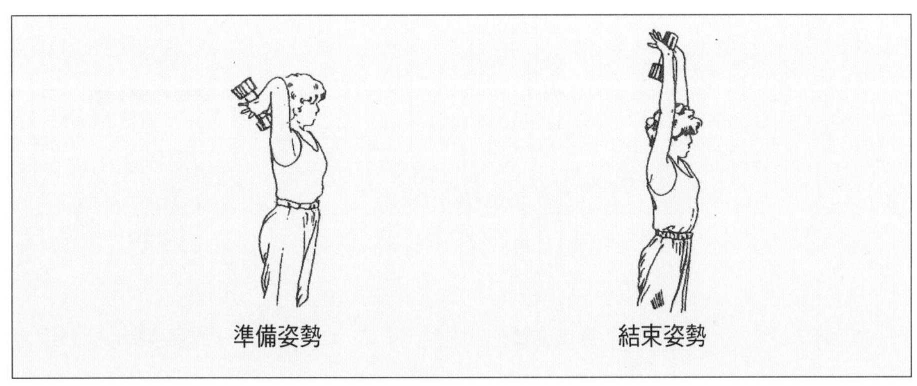

16. 機械坐姿軍事推舉

【訓練肌肉】斜方肌、三角肌、肱三頭肌、前鋸肌。

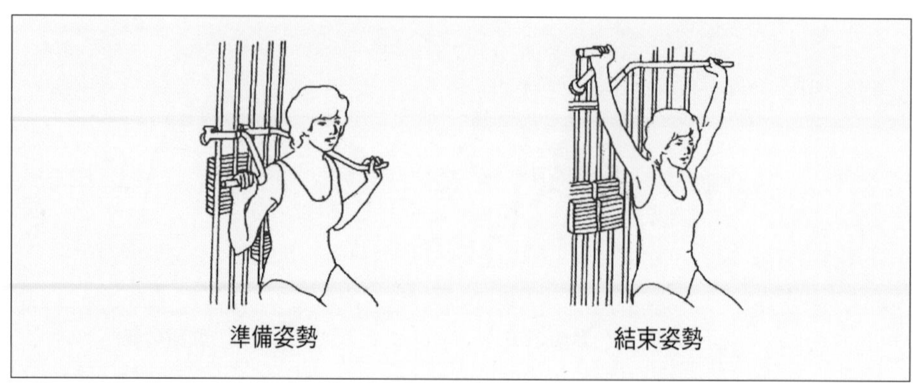

17. 槓鈴坐姿軍事推舉

【訓練肌肉】斜方肌、三角肌、肱三頭肌、前鋸肌。

18. 胸前提槓

【訓練肌肉】斜方肌、三角肌。

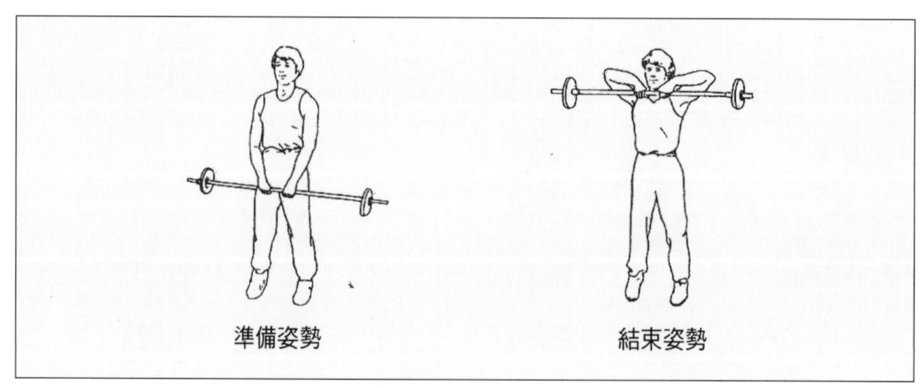

19. 胸前提鈴

【訓練肌肉】斜方肌、三角肌。

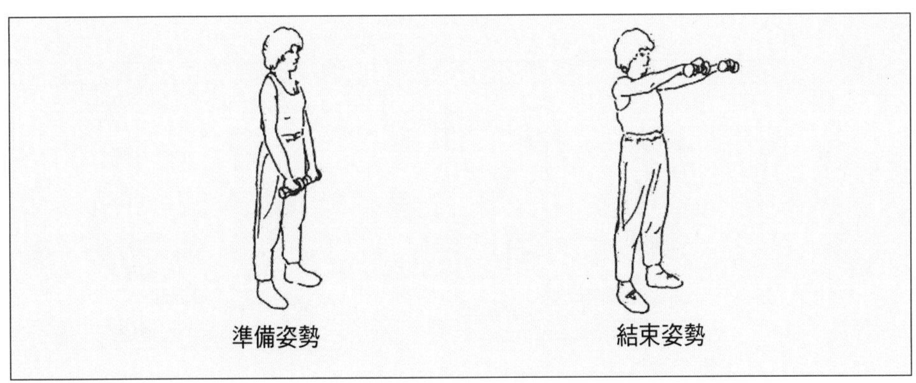

20. 機械蹲舉

【訓練肌肉】豎脊肌群、臀大肌、縫匠肌、股內側肌、股直肌、股外側肌、股後肌群。

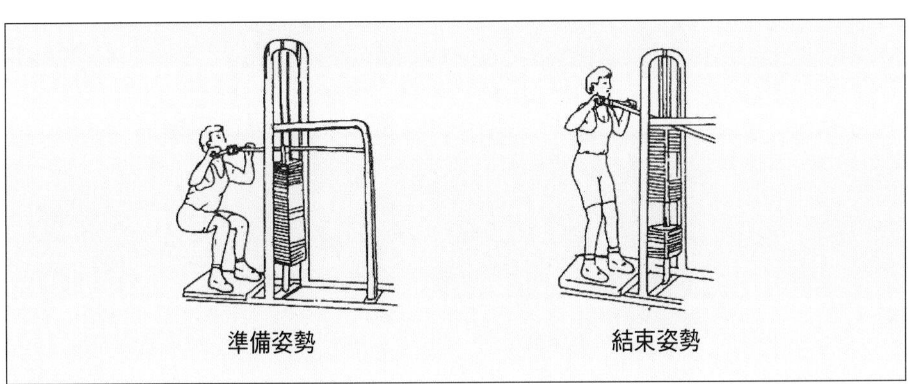

21. 槓鈴蹲舉

【訓練肌肉】豎脊肌群、臀大肌、縫匠肌、股內側肌、股直肌、股外側肌、股後肌群。

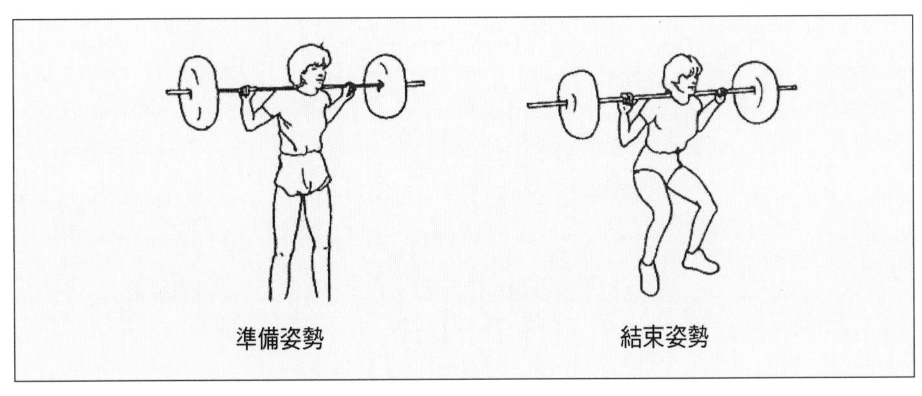

22. 機械壓腿

【訓練肌肉】臀大肌、縫匠肌、股內側肌、股直肌、股外側肌、股後肌群。

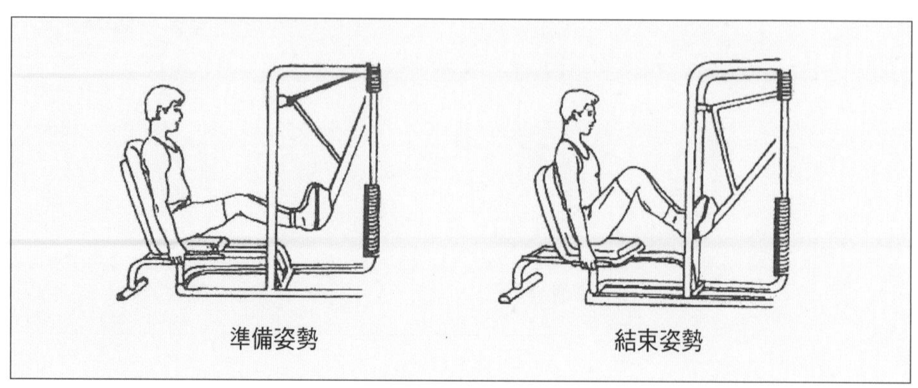

準備姿勢　　結束姿勢

23. 機械大腿踢伸

【訓練肌肉】縫匠肌、股內側肌、股直肌、股外側肌。

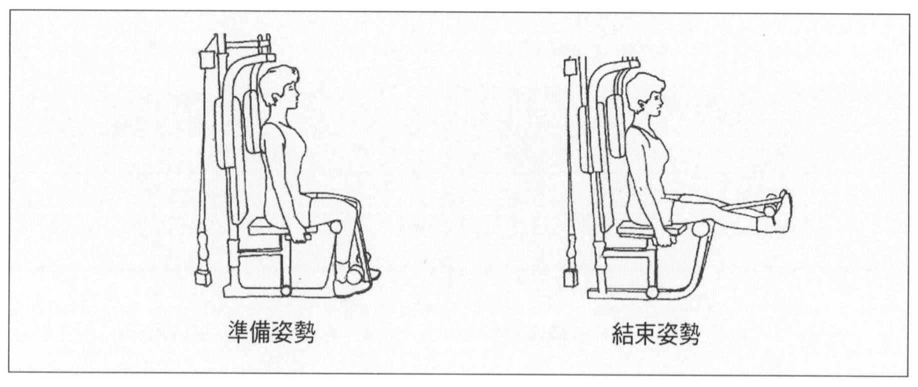

準備姿勢　　結束姿勢

24. 機械腿背彎舉

【訓練肌肉】臀大肌、股後肌群、比目魚肌、腓腸肌。

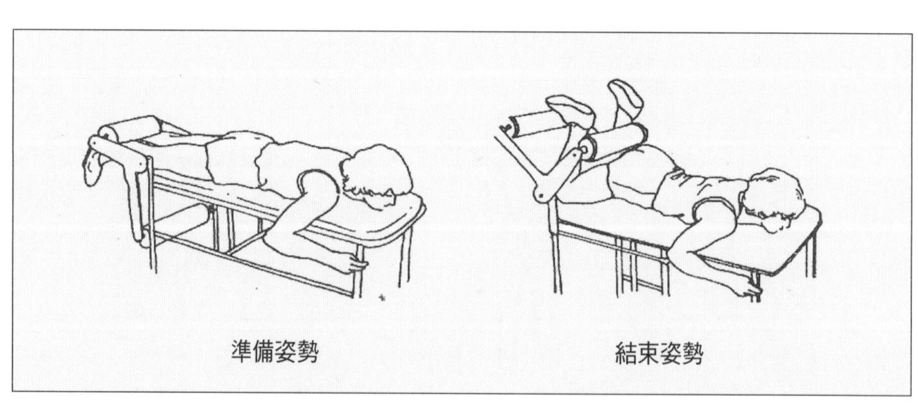

準備姿勢　　結束姿勢

25. 負槓前跨

【訓練肌肉】豎脊肌群、臀大肌、縫匠肌、股內側肌、股直肌、股外側肌、股後肌群。

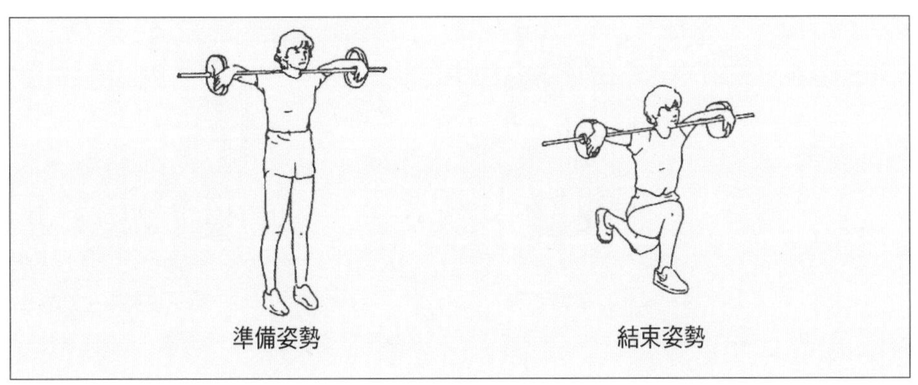

26. 負鈴前跨

【訓練肌肉】豎脊肌群、臀大肌、縫匠肌、股內側肌、股直肌、股外側肌、股後肌群。

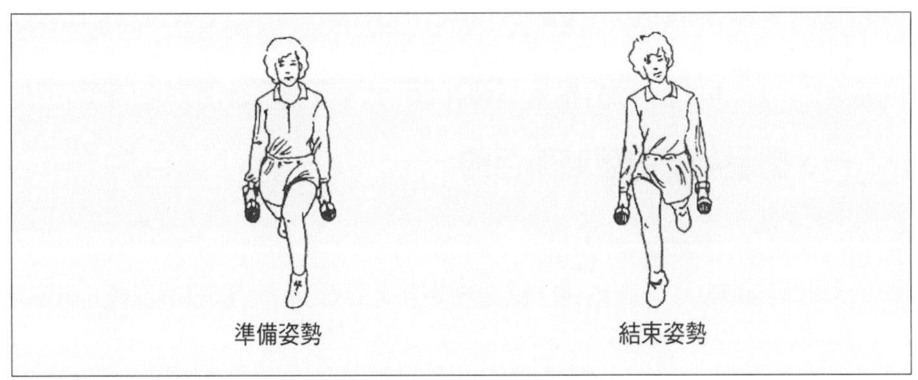

27. 機械舉踵

【訓練肌肉】脛骨前肌、腓骨長肌，比目魚肌、腓腸肌

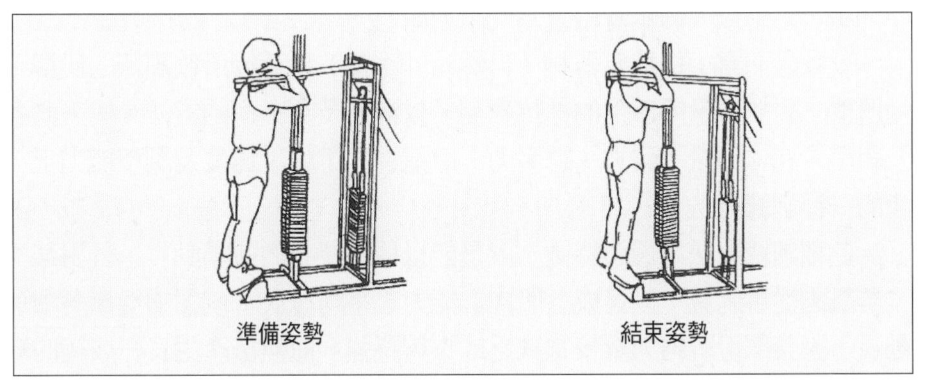

28. 機械腿部內收／外展

【訓練肌肉】內收：內收肌、股薄肌、股內側肌。
外展：闊筋膜張肌、縫匠肌、股外側肌。

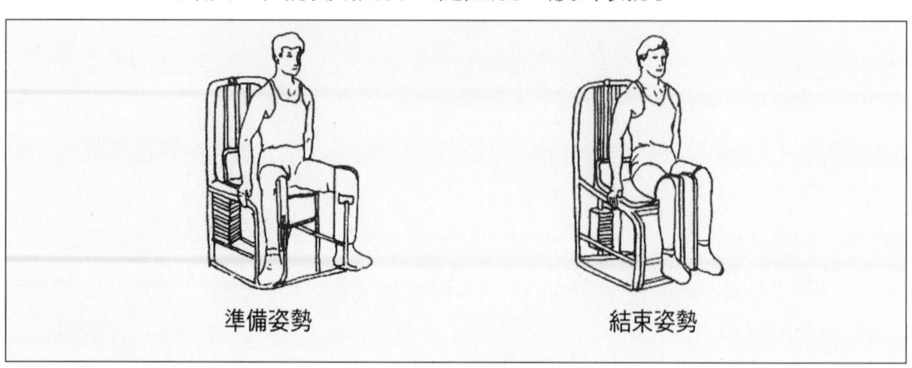

貳・重量訓練

許多練習武術運動者，對於重量訓練的重要性與目的、方法、器材、原則，不甚了解，所以未能重視之。本章以六個小節略述之：一、重量訓練的意義與目的。二、重量基本訓練方法。三、重量訓練選擇動作與內容的原則。四、重量訓練課程編排法。五、格鬥運動的重量訓練課程。六、重量訓練的安全問題與實施要點。

一、重量訓練的意義與目的

（一）重量訓練的意義

重量訓練的意義應分廣義與狹義兩方面來解釋。

就廣義而言：一切人類整體或局部運動現象（位移現象），皆可稱之為重量訓練。因為在任何運動中，無論其所產生的運動現象之大小，人體作用肌群，必負某種程度的阻力，儘管其阻力極為輕微，但經過長時間的連續性累積，一樣會增強其能力。所以不用器材的訓練，廣義而言也可稱之為一種重量訓練，而其所不同者，乃是以人體本身體重為其阻力而已。

就狹義而言：以特定器材（自然有其重量）負荷於所欲訓練的肌群，利用作用肌群，對於重量所產生的拮抗作用，以漸進及超負荷的方法，使人體各肌肉群及組織，在：力量、耐力、瞬發力、敏捷性、柔軟、速度及調整能力上，有所進步的一種訓練方法。

此種訓練方法，最大特徵，就是能以種種特有的運動動作，針對某一束或某一群肌肉從事刺激，以達成各肌肉群能力之平均發展。或彌補從事各項運動的運動員，因某部份肌肉力量較為缺乏或不夠堅強，而無法產生良好成績的缺陷。所以此項訓練，不僅在普遍的促進身體適能有良好效果，而且在做為所有運動的輔助運動上，更深具價值。

（二）重量訓練的目的

重量訓練的目的，不僅為提高運動員的體力，以及減少運動員在運動中不必要的傷害，而更重要的是提供其本身應具備的高度良好的「體適能」(Physical Fitness)。

體適能，就是身體適應能力的簡稱。簡言其義，即身體機能表現於活動能力方面的適應狀況。各人都有某種程度的適應狀況，彼此之間存在著或強或弱的個別差異，譬如說：身體適應能力優者，必具相當充沛的體力與持久力，對日常生活足可應付裕如，毫無倦狀，而猶有餘力從事娛樂活動，對於生存上所遭受到困難，危險亦會克服與解除；而身體適應能力差者，不但生存受到威脅，即連生活上所發生的問題亦無法應付。

關於身體適應能力的重要性，可由以下一段文章中得知。1953 年紐約大學醫學博士克勞斯（Dr. blanskraus）與紐約體育館指導員海休蘭女士（HirschlandR. P）發表了一篇「肌肉適應能力與健康」的論文報告，根據六種基本能力測驗結果，顯示歐洲青年兒童的體力遠在美國青年兒童之上，事為艾森豪總統知悉，立即邀集政府領袖及體育衛生界人士百餘人會議，聽取報告。會後成立青年體力適應審議會及諮詢委員會，研究如何發展美國青少年體適能的問題，並得到許多社會有關團體的熱烈支持，各地爭先成立組織推進宣傳及活動，經過大力倡導的「身體適能」遂在今日美國學校與社會中日漸發達。由以上事實我們可瞭解「身體適能」在今日社會中所佔的重要性，而「身體適能」之增進，可由重量訓練之實施而獲得較大之功效。

二、重量基本訓練方法

在本節所研究說明的內容是：重量訓練的原理，重量訓練的基本訓練方法，以及加強各種體力所適宜的訓練方法，以下分別說明：

（一）重量訓練的原理

重量訓練的原理，就是「超負荷原理」，所謂超負荷乃是針對肌肉而言，就是說肌肉唯有得到超量負荷，才能成長的更有力、更堅強，超負荷原理乃是重量訓練上一切計劃的基礎。

（二）重量訓練的基本訓練方法

第一種方法是高負荷低次數法（係指每次操作時，運動的重量多而操作次數少，其操作重量，約為個人體力最大負荷的百分之九十至百分之百），此種訓練法其主要目的，旨在增進肌肉力量，速度與瞬發力。

第二種方法是低負荷多次數法（係指每次操作時運動的重量少，而操作次數多，其操作重量約為個人體力最大負荷的百分之二十至百分之五十）。此種訓練法的主要目的旨在增進肌肉耐力。

第三種方法是中負荷中次數法（係指每次操作時，運動的重量與次數要適中，亦即在肌力與耐力之間，其負荷重量約在個人體力最大負荷的百分之五十至七十）。此種訓練的主要目的乃在增加肌肉的瞬發力與敏捷。

第四種方法是為求產生最大的動力（肌力乘速度）亦即瞬發力，一切的重量訓練都要急速的成為突發性的動作，此種方法其主要目的，乃在增進重量訓練之效果，因為動作速度快者效果更大（相同重量負荷，以不同速度收縮，效果不同，速度快者效果大）。

（三）加強各種體力所適宜的訓練方法

1. 肌力的訓練法

在重量訓練實施過程中，最為顯著且最有價值的素質提高，便是肌力，瞬發力與速度根據運動生理學家的研究結論，肌力的增強乃基於下面三個要素：

其一是給予肌肉壓力的量，其二是施以肌肉壓力的頻度，其三是施以肌肉壓力的時間長久。

此三個要素必須與前述四種基本訓練方法作適當的配合，則其效果更顯著。增進肌力的訓練法，可採取第一種高負荷低次數法及第三種中負荷中次數法，前者是以純粹提高靜性肌力為主，後者乃以提高動性肌力為主，經實驗指示，如以最大肌力百分之百作為負荷，從事運動約兩秒鐘，其持續反覆次數為一至三次，或以最大肌力百分之六十作為負荷，從事運動約六秒鐘，其持續反覆次數為八至十次，即可收到增加肌力之最大效果。同時在操作時必須注意動作的速度，儘可能的迅速而有節奏，則其效果尤佳。

2. 瞬發力的訓練法

瞬發力乃是肌力乘速度的結果，理想的瞬發力是肌力與速度並重，決不可有所偏廢，有關增進瞬發力的理論與方法很多，但以重量訓練的方法來增進瞬發力比較更有效果。

下面是美國足球選手的瞬發力實驗，他們以立定跳遠來測定腳的瞬發力，用擲藥球來測定手臂的瞬發力，在尚未實施重量訓練前，四十七名選手的立定跳遠平均記錄是 93.60 吋，擲藥球是 50.83 呎。實施重量訓練後立定跳遠是 94.60 吋（平均進步 1 吋），擲藥球是 53.76 呎（平均進步 3 呎）。當然上述並非很了不起的數目，不過其所顯示的意義：只要實施重量訓練，一定可以增進瞬發力，致於增進瞬發力的訓練法，除了採用高負荷低次數法，及低負荷快收縮多次數法外，採用中負荷中次數法為最適當的訓練法，即以最高肌力的百分之五十至七十的負荷，做最高每組十次反覆訓練法，並按反覆次數遞減法訓練：如第一組反覆次數為十次，第二組反覆次數為八次，第三組反覆次數為六次（操作次數的遞減，其主要作用在維持每次操作時的一定速度），同時特別要強調在操作時多做突發性的動作，如此更有利於瞬發力的增進。

3. 耐力的訓練法

耐力的加強是重量訓練的第三個最顯著的事實，重量訓練對耐力的訓練法有如下方法：第一採用低負荷多次數法（其每次所舉重量，通常以最高肌力的百分之二十至五十行之即可），第二採用循環訓練的方式，以重量訓練動作訓練之。

上述第一種方式是負荷量的減低使肌肉收縮的反覆次數增多，直接促進了耐力的提高。

第二種方式係為了使局部肌肉不因連續收縮而降低運動能力，影響刺激心肺功能的效果，因此以循環訓練方式從事重量訓練時，應選擇部位不同的動作，加以編排組合，以刺激不同肌群，使各部肌群有交替休息之機會，以提高每次刺激之運動能力，得到刺激心肺功能之效果。此法不但直接增進了有氣性耐力，同時因肌肉收縮反覆次數的增多，亦局部增進了無氣性耐力（即肌肉本身之耐力）。

4. 速度的訓練法

記得在一九四八年倫敦世運會英國長跑選手在做重量訓練時，被世界各國的田徑教練與選手發現，斯時彼等對英國選手與其教練們的無知而引起極大的輕視與嘲笑。當在 1950 年後此種新的訓練法被世界各國有計劃的廣泛採用以來，不但世界田徑紀錄日新月異的更新，同時曾嘲笑過英國選手無知的各國田徑教練和選手們也不得不承認「欲創更快、更高、更強的紀錄，惟有從事重量訓練」。

速度的加強是重量訓練另一個偉大的貢獻，其訓練的方法是：以低負荷快收縮法（負荷重量約為最大肌力的百分之二十至百分之五十左右），及高負荷低次數法交替刺激，前者能使肌肉收縮加快，後者能促進肌力之增強，因肌力本身的改變，亦為促進速度的原因之一。

5. 柔軟性的訓練法

具有良好的柔軟性者，可以較少的熱能從事各種身體運動，並且動作亦較靈活、美觀、圓滑而不易受傷。柔軟性對一個成功的運動員有決定性的影響，重量訓練對柔軟性的提高具有非常大的功效，只是常被忽視。根據筆者十多年從事重量訓練與舉重教學的過程中，曾發現很多學生，其在學習之初腰部的柔軟性很差，只以體前彎一例為證，多數同學在學習之初其體前彎的度數只能達到一百度左右，但經過一個學期的訓練後，多數同學均能進步到一百六十度，甚至有同學能將前額與雙膝貼在一起。

重量訓練對柔軟性的訓練方法，應多採用徒手，或帶有較輕負荷之組合體操，交替刺激以收實效，其目的在藉外力使身體各部肌肉增進伸縮性，並擴大關節活動範圍，而有利於提高技術，增進成績。同時在訓練的過程中，特別要注意全身肌肉、韌帶以及關節的訓練，千萬不可祇注意某一部份而忽視其他部份，另外還要注意屈肌與伸肌運動的充分配合。

6. 敏捷性的訓練法

敏捷為任何運動員不可缺少的要素，雖然重量訓練對於敏捷性的提高，沒有特別提出其訓練的方法，但敏捷性決離不開力量，速度與瞬發力而單獨存在，一個力量、速度、瞬發力具優的運動員，事實上他已具備良好的敏捷性，在重量訓練的範疇裡，提高敏捷性的方法，應以中負荷中次數法為主，其所負重量約需最大肌力的百分之五十至百分之七十之間，同時在操作時特別要多做突發的動作，如此對敏捷性的提高有非常大的幫助。

7. 調整能力的訓練法

調整能力的訓練，亦即是神經的訓練，一切運動動作的正確、平衡、放鬆、律動、時機都屬於神經系統的功能，調整力與技術之練習有極密切之關係，調整能力之訓練乃指全體運動能力之平均發揮，重量訓練對調能力之訓練方法，可以高負荷低次數法，中負荷中次數法及低負荷多次數法間歇訓練，使肌肉獲得適當的收縮與放鬆能力，可以高負荷低次數法，中負荷中次數法及低負荷多次數法間歇訓練，使肌肉獲得適當的收縮與放鬆能力，在訓練時特別注意動作速度與節奏以及平衡穩定，則對於調整能力之提高定有俾益。

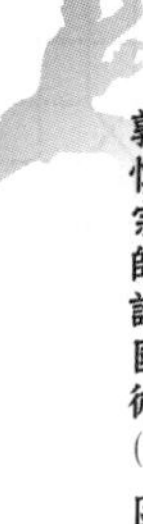

三、重量訓練選擇動作與內容的原則

（一）選擇重量訓練動作與內容的原則

選擇重量訓練動作與內容時，首先要瞭解其訓練的目的，其次就是要對各項運動的技術能完全瞭解，當然更應具有分析各該項運動技術的能力，另外要對重量訓練各種運動動作與作用肌群的關係，有充分的了解，最重量的一點是重量訓練的動作，應與真正的運動項目的動作，越相似越有效果。如此才能提供正確的重量訓練動作與內容，使各項運動均能收到重量訓練的功效，下列項目作為參考：

1. 以全身肌肉發達為目的：應以提供訓練人體各主要大肌肉群為對象，根據此一目的，選擇重量訓練動作。
2. 訓練拳擊選手的上臂肌力，則應提供增強上肢伸肌，及內收肌的動作為主。
3. 如給蝶泳選手提供重量訓練動作，則應以上肢內收肌及下肢伸肌為主。

4. 給雙槓選手提供重量訓練時，應以上肢伸肌力的伸肌為主。
5. 如給棒球選手（投手）提供重量訓練動作，則應以上肢肌力為主，使之增強上肢伸肌，及上肢外展肌及屈腕肌的動作為主。

（二）分組練習

所謂分組練習，通常而言乃指把學生分為若干組，將老師所教動作反覆練習，以增強其學習感應結（神經細胞的連結）。此處所謂分組練習，其最主要目的，乃是使學者在「相同的條件」下，收到一致的效果，所謂「相同的條件」，乃指學者能力而言，重量訓練亦如他種訓練一樣，如要收到預期效果，根據能力分組最為適當。能力分組練習的好處有下列幾項：

1. 技術的觀摩，有主動樂於比較的心理，其技巧的體會與成績的增進相同。
2. 可以刺激學者努力練習，使自己分編到能力較高的一組。
3. 三至五人一組較為恰當，使用器材或互相觀摩、矯正、輪流休息，均易符合實際，而且亦容易防止危險。
4. 指導人員便於解說、示範、輔導動作、秩序易管理，時間較經濟。
5. 由於能力相等，使用器材調整幅度相差較小，可節省時間。

（三）練習方法

重量訓練乃一艱苦而單調的運動，因此在練習的方法上，必須合乎科學，講求效果，特別要符合其「超負荷原理」的訓練法，然後才能達到預期的目標，練習時必須注意四項重點：

1. 組數（set）的決定

所謂組數即回合之意或稱節。乃指一個回合連續操作的反覆次數之總和。重量訓練以組數與次數為其訓練之單位組合，通常練習時，每個動作操作的次數為一至五組，然後再視實際情況酌予增加或減少。

2. 最高反覆次數（MarimumReptitions）的決定

最高反覆次數，係指在某一重量（負荷）之下，所能完成收縮的最高次數而言，最高反覆次數的決定與練習目的及基本訓練法有直接關係。對於肌力、速度、瞬發力等的練習，應採中負荷中次數法與高負荷低次數法，其最高反覆次數為一次至十次。對於耐力的練習，應採低負荷多次數法，其反覆次數是二十次以上做為實施的原則，以下分別說明：

(1) **肌力、速度、瞬發力之鍛鍊：**

（練習重量在最高負荷能力的百分之七十至一百之間）

◎十個最高反覆次數的重量約等於最高負荷能力的百分之七十。

◎八個最高反覆次數的重量約等於最高負荷能力的百分之八十。
◎六個最高反覆次數的重量約等於最高負荷能力的百分之八十五。
◎四個最高反覆次數的重量約等於最高負荷能力的百分之九十。
◎二個最高反覆次數的重量約等於最高負荷能力的百分之九十五。
◎一個最高反覆次數的重量約等於最高負荷能力的百分之一百。

(2) **耐力鍛鍊：**

◎二十個反覆次數以上。
◎操作時應選擇肌群多或大的動作。
◎操作時每一組與每一組的間隔（連續做完數次後休息片刻，再連續操作數次，又休息，此種休息方式即為之間隔），應盡量予以縮短，以刺激心、肺功能效果。通常間歇時間在三十秒鐘與三分鐘之間為宜。
◎練習的重量在最高負荷能力的百分之二十至五十之間。

3. 練習時間的配當：

重量訓練的時間配當，亦是一個重要因素，其方法如下：

(1) **隔日練習法：**

◎隔一天練習一次（正常的運動員）。
◎隔一天練習二次（正常的運動員）。
◎每週練習五天，休息兩天（體力較強者）。
◎一週只能練習兩次或一次者（體力較弱者）。
◎特殊體質者（根據個別差異配當之）。

(2) **分部分日練習：**

◎週一練習上肢肌群。
◎週二練習下肢肌群。
◎週三練習胸肌，肩部肌群。
◎週四練習腹部肌肉。
◎週五練習背部肌肉。

(3) **分季練習法：**

◎春季：重量訓練。
◎夏季：專項訓練。
◎秋季：專項訓練。
◎冬季：重量訓練。

4. 重量的增加

練習時重量不斷的增加，顯示肌力急速的改善，此乃重量訓練功效之所在，但在增加重量方面必須注意以下事項。

⑴ 採逐漸增加重量的方式，不可驟然增加過多的重量，妨礙技術與增加運動傷害。

⑵ 初學重量訓練者，應採低負荷多次數法（其所舉重量在其最大肌力的百分之二十至五十）為宜。

⑶ 練習四至六週後，依據實際情況即可增重，其重量的增加應以：大肌肉增加 5 公斤至 10 公斤，小肌肉增加 2.5 公斤至 5 公斤為原則。以後每次增加重量亦照上述方式進行，直到能力之極限為止。

⑷ 反覆次數的增加，反覆次數與重量的增加有密切的關係，兩者的增加，均代表著肌力、瞬發力、速度以及耐力的增進。反覆次數的增加通常採用如下之法則（此種方法較實用）：

◎參加工作的作用肌少或小的動作（例如手臂動作方面的：雙手彎舉、單手划船、雙手側平舉）通常以反覆五至六次為原則。俟累積到反覆次數為十至十二次時，增加 2.5 公斤至 5 公斤，然後再恢復到原來的五至六次的反覆次數。

◎參加工作的作用肌多或大的動作（例如：仰臥推舉，屈膝深蹲、硬舉、高拉）通常以反覆次數為十至十二次為原則。俟累積到反覆次數為二十次至二十四次時，增加 5 公斤至 10 公斤，然後再恢復到原來的十至十二次的反覆次數。

⑸ 重量與反覆次數的增加，不得妨害練習時的正確姿勢。

四、重量訓練課程編排法

重量訓練課程的編排分左列兩種：一指課程內容，即進行的階段與程序如：準備運動、主要運動、輔助運動（此處所指輔助運動，乃指柔軟運動，重量訓練必須與柔軟運動相配合，才能發揮其更大效果）、整理運動，以及各種動作的內容、目的，與所需的時間等等，其次是指課程的編排方法，以下分別說明：

1. 重量訓練課程內容表─以兩小時或一小時為一單元均可。

內容／項目／時間	目　的	方　式
準備運動 5-10 分鐘	1. 促進血液循環 2. 提高體溫 3. 增大各關節範圍 4. 使身體適於劇烈運動	1. 步行　2. 體操 3. 慢跑　4. 遊戲 5. 他項運動　6. 輕重量訓練動作 7. 課程進度簡介
主要運動 30-60 分鐘	1. 提高訓練目的運動項目各作用肌群之能力 2. 提高身體適能 3. 復健運動	重量訓練運動動作 6-15 種
輔助運動 10-20 分鐘	輔助主運動不足	柔軟運動動作 6-15 種

整理運動 5-10 分鐘	1. 使身心恢復正常狀態 2. 教練之講評	1. 步行 2. 體操 3. 他項運動或遊戲 4. 深呼吸與按摩 5. 教練評語

五、格鬥運動的重量訓練課程

角力、柔道、摔角以及拳術，均為格鬥運動項目，因其性質相近，動作方式亦大同小異，故將其重量訓練課程併列，設計動作其二十二項，但在正式操作時可選擇與本項動作有直接關係者六至八項操作，或將表列動作分段，分日操練。例如第一日訓練前八項，第二日後八項，第三日最後六項，然後再循環操作，茲將動作方式列述如下：

動作名稱	動作方法	組數	數次	作用肌
角力橋	以頭部及足部觸地仰臥，身體懸空，雙手插腰或置胸前，肩部作上下頸部運動。	2	10	胸銷乳突肌 後大頭直肌
(1) 雙手彎臂	雙手握槓鈴垂懸於大腿前方，屈肘上彎槓鈴至肘關節全屈，然後還原。	2	10	肱肌、肱二頭肌、前臂肌
(2) 仰俯交替角力橋	僅以頭、足部觸地、上體、腹部及腿部懸空，由俯臥姿勢轉為仰臥，如此反覆交替進行。	1	6	後大頭直肌、胸鎖乳突肌
(3) 仰臥飛鳥運動	仰臥於長櫈上，雙手握啞鈴置於胸上，以直、屈臂將啞鈴徐徐放於身體兩側，然後再拉回胸上。	2	10	胸大肌、三角肌、肱二頭肌
(4) 立正划船	雙手以窄握，正握槓鈴懸垂槓鈴於胸前，沿上體上拉槓鈴至鎖骨部位，然後還原。	2	10	三角肌、斜方肌、肱肌、肱二頭肌
(5)(6) 角力橋式推舉	以角力橋式姿勢握槓鈴於胸上，向上推槓鈴至肘關節全伸部位，如此反覆操作。	2	6	後大頭直肌、胸大肌、肱三頭肌、胸鎖乳突肌
(7) 雙手推舉	雙手握槓鈴置於胸鎖骨處，上推槓鈴至肘關節全伸，然後還原。	2	10	三角肌，斜方肌、肱三頭肌
(8) 仰臥起坐	仰臥於平板上，腿部固定，雙手置於頸後，以腰部為中心，上體上移與下肢成九十度，然後還原。	3	10	腹肌
(9) 角力橋式過頂舉式	以角力橋姿仰臥於地面上，以正握握槓，置槓鈴於胸上，徐徐下放至頸後方，然後再拉回胸上。	2	10	後大頸直肌、胸鎖乳突肌、闊背肌
(10) 俯臥直立腿彎舉	俯臥於長櫈上，雙足穿鐵鞋，做腿彎舉動作。直立，腳穿鐵鞋，以單足做小腿後舉動作。	2	6	股二頭肌、半膜肌、半腱肌、比目魚肌、腓腸肌

⑾ 仰臥腿推舉	仰臥於腿推舉架下，以雙足反蹬槓鈴下做伸、屈膝動作。	2	10	股四頭肌、臀大肌
⑿ 硬舉	雙手握槓，屈腿或直腿，伸背至直立部位，然後下放至原位。	2	10	長背肌群、闊背肌、股四頭肌、臀大肌
⒀ 下蹲高跳	置槓鈴於頸後肩上，雙手緊臥，然後屈膝深蹲或半蹲後伸膝高跳。	1	20	股四頭肌、比目魚肌、腓腸肌、臀大肌
⒁ 捲起重物	短木棍，中繫繩索一條，垂一重物，然後雙手握棍之兩端將重物捲起。	2	2	前臂諸肌
⒂ 仰臥過頂舉	仰臥於長櫈上，雙手握槓寬度略寬於肩，以直臂或屈臂徐徐放槓鈴於頭部後方，然後再拉回胸上。	3	10	胸大肌、闊背肌
⒃ 頸前後交替推舉	置槓鈴於胸前鎖骨處，上推至肘關節全伸，然後下放至頸後肩上，再向上推至肘關節全伸。	2	10	三角肌、斜方肌、肱三肌群
⒄ 雙手挺舉	雙手握槓置胸上方，微屈雙膝上挺槓鈴至頭頂上，同時前後分腿，然後收回雙足。	2	10	三角肌、肱三頭肌、斜方肌、股四頭肌、長背肌群
⒅ 前擺舉	雙手擺鈴懸垂於胸前，膝關節微屈，向上方擺至頭部位置，然後還原。	2	6	三角肌、斜方肌、長背肌群
⒆ 振體彎舉	雙腳開立，體微前屈，雙手手心向前握槓，懸垂於大腿前方，當屈肘上彎槓鈴時，上體同時做後仰動作，然後還原。	2	10	肱二頭肌、前臂肌、長背肌
⒇ 爬繩運動	雙手握於懸垂之長繩，做攀登動作，能力高時可負重於身上攀爬之。	2	2	肱二頭肌、前臂肌、長背肌
(21) 正反握腕舉	以手心向下，或向下握槓鈴，前臂置於檯面上或雙腿上，腕部懸空，做腕關節屈伸運動。	2	6	前臂諸肌
(22) 雙手抓舉	雙手寬於肩握槓鈴以連續動作由地面拉損鈴至頭頂，以分腿式操作時，完成是前後分腿，以下蹲式操作時，完成時全蹲行之。	2	10	三角肌、斜方肌、長背肌群、股四頭肌、肱二頭肌、比目魚肌、腓腸肌

六、重量訓練的安全問題與實施要點

（一）重量訓練的安全問題

「安全」對運動員而言是非常重要的一件事，一個成功的運動員，他在運動安全方面所用的心思與其在運動技術上所下的工夫是成正比例的。有人說：重量訓練因實施技術較為簡單，容易控制，以及以漸進負荷的方式進行，對於身體的傷害較少，是屬於危險性較低的一種運動。事實上並不盡然，倘存嬉戲之心，操作時如不謹慎從之，缺乏研究，以及不遵守循序漸進的程度，致常發生「努責現象」或實施過當，發生摔、壓、碰、撞，則往往會遭致意外的危險，其罹傷率亦是很高的，從事重量訓練應注意的安全問題有下列幾點：

1. 檢查身體

檢查身體是每個運動員必須做的一件事，尤其對一個初學重量訓練的人而言，更為重要。檢查內容包括：血壓、脈搏、體重、身高等，此等因素乃做為能否參加訓練，以及編排課程內容的參考。

2. 器材場地的檢查

工欲善其事，必先利其器，器材場地的良窳，對於運動成績的好壞，以及運動員的安全與否有很大的影響。因此對於器材，場地的檢查，最好是能防患於未然，平時多費心，使之保持堅固，安全。特別在練習前做一次詳細檢查，以確保運動員的安全。

3. 適宜體溫之保持

從事重量訓練之前，應做適當的暖身運動，使體溫增高，以減輕肌肉，韌帶，關節本身的磨擦力，並促使血液加速循環，而使身體處處適於運動的狀態，為保持訓練過程中的體溫，應按季節，氣候穿著運動服裝，並且練習的進度，應有節奏的進行，不可中途停頓過久，致使體溫降低而造成不必要的傷害。

4. 注意保護

在練習時必須要有同伴在旁協助，特別是對於新動作技巧的嘗試與高負荷的練習，更為需要。

正式練習時，最好結伴以三人一組為宜，另外為預防關節，韌帶扭傷，應在手，足腕等處戴護腕，在膝蓋處戴護膝，其次為了手握槓鈴，啞鈴時不致滑落，應準備碳酸鎂紛用以擦手，為了防止鞋底滑動發生摔、跌，應使用碳酸鎂粉或松香，撒於腳步使用範圍內。

5. 絕對遵守以漸進負荷的方式進行

重量訓練是一種漸進的超負荷訓練，必須由輕而重，採漸進方式，不可急進強求，以免傷害身體而徒帶無功。

6. 避免「努責現象」

「努責現象」是多種運動項目場會發生的，但以重量訓練及舉重動為甚，尤其對於初學重量訓練，而又缺乏良好的指導時更易發生。其危害亦最大。所謂

「努責現象」即是：凡閉住呼吸盡全力於一種動作，至使精神，肌肉較長期緊張的現象，謂之「努責現象」。「努責現象」發生的結果，會使靜脈血淤積，冠狀動脈之血量不足，使腦部呈暫時性貧血狀態（缺氧），而發生昏暈的現象，亦使心肌營養不良，易造成心臟衰弱，肺臟及其他部份因而受傷。此種情況的一再發生，影響健康至巨，必須力求避免，其避免之法：

⑴ 重量訓練動作與呼吸要有節奏性的配合，其配合方法，即是當用力之前要吸氣，用力時要瞬間的停止呼吸，不用力時呼氣。如以雙手握槓鈴做上膊動作為例：當用心提槓上膊之前，先吸氣、槓鈴上提時瞬間停止呼吸，槓鈴提置於胸鎖骨處時呼氣。

⑵ 閉氣的時間盡量縮短（尤其是該動作參加肌群佔人體比例較大時），通常以二至四秒為宜，心臟欠佳及循環系統異常的人，應特別注意切忌採用此法練習。

⑶ 一旦發生「努責現象」（頭暈、眼花）的情況，練習者就應立即把槓鈴啞鈴放下，坐著，體向前傾使頭放低，並作深呼吸。

（二）重量訓練實施要點

所謂實施要點，亦就是重量訓練在訓練時期的準則，應該注意事項，茲提重要者說明如左：

1. 擬訂整年的重量訓練計劃：重量訓練計劃可分為兩個時期，或兩個階段，一個是比賽季節外的階段、稱為季外期。比賽季節外的重量訓練，其主要作用，是為了比賽季節而做的準備。因此季節外的訓練，以增強肌力及全身性的一般能力為目的。就重量訓練的原則而言，此一階段的訓練，應以高負低次數法為主。第二個是比賽季節內的階段，稱為季內期，此期間應集中於專項運動之訓練，故實施較輕之重量訓練為宜，以能保持季節外所獲得之肌力即可，此階段的訓練，以低負荷多次數法為主。
2. 重量訓練與專項運動應配合練習：重量訓練其主要目的乃在輔助專項運動之不足，使專項運動的成績更上層樓，確不可本末倒置，重量訓練伴隨著專項運動練習，才能產生更大的效果。
3. 制訂一有系統的測驗（體力的測驗）與測量（體格的測量）計劃及記錄表：此種措施，目的在根據實際測驗與測量記錄的升降，以觀察運動員成績進步的情形，提供可靠資料，做為以後課程編排之依據。
4. 訓練期間需遵守良好的生活習慣：如適當的飲食、娛樂，充足的休息及正常的工作，不應該懶散好閒，置正常生活於不顧，或一味妄求成績出現奇蹟的進步。
5. 練習時應精神集中，以正確的動作進行，如動作方法不正確，不熟練，絕不可嘗試接近百分百的負荷動作。

6. 按既定課程做確實而有系統的訓練：課程乃一切教育訓練的依據，重量訓練的實施，必須依照課程內容，編訂教學進度，按步就班，做確實而有系統的訓練，才能收到預期的效果。

結論與建議

人類重視體力（體能）的鍛鍊由來已久，遠在西元前二千三百年前，哲人蘇格拉底說：「體力訓練為市民應盡的義務，而為生活的一部份，人至老死，若不能表現身體的力與美，實為莫大的恥辱。」

到了十九世紀初，德人楊氏（世人尊稱為體操之父），及瑞典林氏，都設計了各種器材，來鍛鍊青年人的身體。楊林二氏等，在十九世紀之初，曾提倡「啞鈴體操」。之後傳入美國，促使美國體育界，產生巨大影響與變化，因而興起了重量訓練。而今世界各國，尤其是歐、美、日等國，莫不以體力訓練作為強健國民，培養運動員的有效方法。

事實上，自 1960 年羅馬世運會，至 1976 年蒙特婁世運會中，各國選手在各項運動中，得勝的最大原因，莫不是基於，優異的體力表現所致。誠如，英國田徑首席教練戴遜，所說：「只要各種運動比賽規則仍是一成不變，將來之競賽技術，亦不至於有革命性的變化。」直言之，近代體育，已是以體力強弱，來決定勝負之時代了。反觀我國運動水準之低落，其真正病因，就在於體力訓練之不足，因此，每在競技比賽中，不能堅持到底，而終至一敗再敗或半途而廢。

體力的強弱，以肌力為首要條件，因為肌力為一切運動的基礎，而肌力本身的加強，亦同時使其他眾多相關因素，如：瞬發力、速度、耐力、機敏、平衡、穩定，以及柔軟等共同受益，誠如運動生理學家麥克樂氏所說：「肌力值高者，其一般的比賽能力亦高。」俄國運動生理學家荷勉可夫說：「肌力愈強，運動的完成愈容易，並且愈為完美。」運動生理學家克拉克氏說：「速度是依靠肌力的」由上述三位知名遐邇的運動生理學家的理論，可證實肌力在體力中的重要性。

運動員之需要體力，就如同發明家之需要智力，我國運動界，以往對運動員有關體力方面的訓練，並非沒有重視，而所用的訓練方法，亦不盡屬錯誤的，但是，我麼卻不得不承認，在以往的體力訓練上，浪費了不少時間，當然也走了很多冤枉路。雖然，沒有人做統計上的分析，但運動員整年花費在體力訓練方面的時間，極可能多於技術訓練方面的時間，而不幸的是，每次比賽，又往往敗在體力的不足，所以失敗的原因，除了技遜一籌外，體力不如人，可以說是最大的致命傷。因此，今後如何利用重量訓練，來改進我國運動員的體力，提高體力水準，實為今日我國運動界當務之急。

10. 中華武術與孫子兵法之研究

壹・前言

中華武術以中華傳統文化為基礎，淵源流長而博大精深。中華武術起源最早，且有文字記載的，首推「角牴」，即現代在中國大陸、台灣、香港及世界華人地區流傳的中國式摔角。《述異記》黃帝時代蚩尤氏部落與軒轅鬥，以角牴人，人不能向。角牴是中華各種拳術之母，此說可證諸以下論述：

一、王寒生先生所著《中國武道統概要》，文中稱中華角牴（今之中國式摔角），發展為拳術，並視為「萬拳之母」。

二、樊正治先生在其所著《論角牴為國術之源》，文中包括名詞之演變、動作分析、拳術之特徵、遊戲學理及現象中，討論中國古代「角牴」與拳術之間的關係與淵源，證明中國古代角牴確為武術之源。

三、吳文忠先生在其所著《體育史》力、摔角、拳術之濫觴。

四、康戈武先生所編著之《中國武術實用大全》，文中闡述角牴雖無攻、防奇巧可言，但卻孕育著武術徒手格鬥的因素。

事實上「角牴」就是武術，而且就是所謂的實戰武術。角牴（摔角）在圖騰原始時代，可說是人獸爭鬥、血肉搏殺的武術，在人類尚未開化時，人為了求存可以說是過著茹毛飲血（吃禽獸的肉，飲禽獸的血）的生活。雖然當時角牴的技術，誠如前文康戈武氏所述，角牴無攻、防奇巧可言，但最簡單的：抓、推、拉、撞、絆、踢等，人類求生存的肢體本能應該具備的，以及模仿各種動物撲殺的技能，而促使原始人類繁衍綿延至今。

上述文中所論及的重點，除了確認「角牴」（今之摔角），是中華武術之源外，更重要的是說明中華武術的目標，就是盡一切所能求取勝利（在原始社會是不擇手段）。但由於人類的進化，逐漸由野蠻而進入文明，因而武術的競技走向以武會友的正途。這也是中華武術能夠傳承、發揚至今的原由，《孫子兵法》亦復如是。

孫子兵法十三篇，其最終極的目標與中華武術相同——求取勝利。只是在於鑑識戰爭手段是殘酷的、是毀滅性的，因此特別在「始計篇」說明「兵者國之大事、死生之地、存亡之道，不可不察」繼而提出了「不戰」的戰略觀，「王道」的思想，以及「全勝」的觀念。

孫子兵法在世界歷史上可說是首屈一指的兵經，孫子所著兵法十三篇（六千一百零九字），距今已二千六百餘年，為歷代古今中外軍事家所推崇，已成為全世界人民共同擁有的瑰寶，長期以來已先後被譯成多國文字，如：法、德、英、日、俄、捷克、義大利、以色列、荷蘭、希臘、緬甸、馬來西亞、韓、越、泰等，而歷代有關論述孫子兵法的文獻，僅中共軍事科學出版之一（孫子文獻提要），據統計至 1992 年底國內外有關孫子兵法文獻已有 1849 件（論文與專書），而 1992 年至 2012 年又有很多的文獻出版。

足見孫子兵法其對世界的影響何其深遠，諸多論述孫子兵法的文獻，除了大篇幅的彰顯孫子的軍事思想外，更推而廣之論述了孫子兵法對政治、社會、經濟、心理以及商業、職場、考場、生活方面和商場中取勝的靈感，可說無所不包，真可說是漪歟盛哉！但卻鮮少論述武術與孫子兵法的相關問題，僅有康戈武先生在其所著《中國武術實用大全》巨書論及。事實上無論從兩者名稱上、實質內涵上，兩者關係密切，且休戚相關，可以說武術是體，兵法是用，兩者如能體用相合，武術與兵法的發展會更有宏廣的境界。

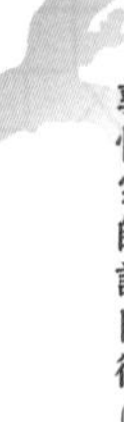

貳・本文

孫子兵法十三篇均用於軍事作戰，其目的不僅在求勝負，更在爭生死，孫子兵法始計篇「兵者，國之大事，死生之地，存亡之道，不可不察也。」這「兵」指的是戰爭，是戰爭必有死傷，而勝者存，敗者亡，此乃必然的結果。而武術是競賽非戰爭，是雙方武者在切磋武藝，也可說是以武會友。

武術競賽最高境界是古人所謂的「君子無所爭，必也射乎，揖讓而升，下而飲，其爭也君子。」也就是西方運動競賽所提倡的「勝不驕，敗不餒」的運動家的風度，雖然古早時代曾有比武而簽立生死狀，但此一粗野的陋習，已為歷代熱愛武術的智者撇棄，此點與軍事作戰最大不同，也是中華民族武術能夠繁衍綿延永續發展的緣由。

孫子兵法與武術競賽目的不同，但其用兵作戰的原理、原則與戰略、戰術，卻為武術競賽最好的指南，茲將筆者所體會的孫子兵法運用在武術上的淺見論述如下：

一、孫子兵法理論對武術技法的影響

孫子兵法強調要先使自己立於不敗之地，此所指是以不被對手擊敗為先決條件，再等待和創造攻擊的制勝機會，攻擊對手，孫子兵法軍形篇說：「善戰者，

先為不可勝，以待對手之可勝，善戰者，立於不敗之地，而不失對手之敗也。」此種說法明顯在指武術比賽時的預備動作上（亦即武術基本姿勢）。各種拳派、各種摔角的比賽其基本姿勢。

首先重視保護自己，同時更要求既有利於保護自己。又有利於迅速攻擊對手，任何攻擊對手的動作，亦要注意隨時保護自己，並能在攻擊對手後迅速恢復成有利於保護自己的預備姿勢。

二、孫子兵法戰略原則對武術比賽攻防打法的影響

孫子兵法指出：「不可勝，守也，可勝，攻也。」此說明要戰勝對手就是要採取攻擊戰術，武術比賽的戰術必須先確定戰略，戰略是整體的作戰計劃，特別要針對不同類型、不同水準的對手進行比賽時，要運用不同的特點的戰術進行抗爭。正確的戰略思想指導著合理地運用戰術，更要透過觀察、分析，深切了解對手的技術水準，特別是其特長、弱點，以及對手可能採取的戰術與打法。再針對自己的技術、體力等情況制定自己在整個比賽中和每場比賽中的戰術計劃，當了解對手的弱點後，要採取其虛實之戰法，趁其不備，出其不意時，突然進攻迫使其處於被動地位，為我所乘。攻擊戰術是主動的、自由的，是操之在我的，克勞塞維茲說：「一個基本原理，就是永遠不可完全處於被動地位，說是要從正面、從側翼多方面攻擊對手，縱然對手對我攻擊之時，亦復如是，力量不足以攻擊對手時，就要採取防守戰術。」

孫子兵法兵勢篇指出，攻擊時要發揮整體戰術以最拿手的技術（絕招），攻擊對手的力量，如碬投卵（像以石頭擊雞蛋）那樣以剛硬擊脆弱，而攻擊速度要如轉圓石於千仞之山（像圓石由八百丈高山上滾下來），那樣迅猛銳利，勢不可擋，速戰速決。

武術中少林拳和短打拳、八極拳（跆拳、截拳），都是主於攻擊對手的典型拳術。這類拳術的招法剛猛有力、兇猛、快捷，更且講究以大力打小力，以手腳快打手腳慢，以迅雷不及掩耳之勢，先發制對手，此種戰法與孫子兵法的進攻戰術一脈相承的。

孫子兵法軍形篇、虛實篇指出，防守時，善守者，藏於九地之下善攻者，動於九天之上。故能自保而全勝也，要求「兵形像水、避高、避實、先為不可勝，以待對手之可勝，因攻而制勝。」其意是實行戰略防禦時，要注意隱蔽自己的力量，像水那樣柔和地避高趨下，避實尋虛。先保證自己不被對方戰勝，才能伺機抓住對手可能被擊敗的戰機，突然用隱蔽著的力量攻擊對手，中國武術中的內家太極拳是主於防禦對手的典型拳術，太極拳動作柔緩圓和，勁意隱於內，與對手搏鬥時講究「捨己從人」引進落空，不與對手硬頂，俟對手出現背勢，失勢時，才乘勢借力，以內勁擊發對手，追求以小力打大力，後發制人，此與孫子兵法的防禦戰略亦是一脈相承。

三、兵法「詭道」對武術搏鬥的影響

孫子兵法「始計篇」指出，兵者，詭道也（詭詐之道，不講誠實），故能而示之不能（有能力而表示沒有能力），用而示之不用（採用此計或人，而表示不用此計或人），近而示之遠（要貼身短打而表示攻擊距離遠的目標），反之亦然，利而誘之（對手想攻打我某處，我故意暴露引誘他），亂而取之（趁對手步法、手法混亂之際而攻擊他），實而備之（對手很堅實、強悍，我要設法防備他），強而避之（對手很強要躲避他卻不可硬拼），怒而撓之（撓擾對手、挑逗他，用激將他使他發怒），卑而驕之（驕兵必敗，以謙卑的態度使對手驕傲），佚而勞之（佚是安逸，對手很安逸，設法使他勞累），親而離之（親是親睦，離是離間，對手內部很親睦，設法挑撥離間他），攻其無備（攻擊對手沒有防備之時、地），出其不意（出於對手意料之外），此兵家之勝（以上這些詭詐之道，是武術家致勝之道理），不可先傳也（不可事先傳出，以防洩密）。以上論述必須心領神會，因勢制宜，而運用之妙存乎一心。

以上所述主旨就是把孫子兵法說成為詭詐之術，用假象迷惑對手，使對手墮入我之圈套中被我擊敗。

夫未戰而廟算勝者，得算多也，未戰而廟算不勝者，得算少也，多算勝少算不勝，而況於無算乎，吾以此觀之，勝負見矣！

廟算，古代興師，必先謹告祖廟，並在廟內商議軍事。第一祈求祖先的佑助，第二統一君臣的意志，第三防被謀略的外洩，在此定出作戰基本計畫，即為廟算。

中華武術各派技擊理論充滿了詭道的運用，中華武術各流派的技擊理論，均有強調「詭道」的運用，例如通背拳以引、誘、誆、詐四字列技擊字訣之首，並強調舉手不離引誘、誆詐，各種拳派和現代各種散打運動中，都講究指上打下，聲東擊西，發頭手，打二手，佯攻巧打等均是以假動作誆騙對手，而摔角中的挾頸別摔變成挑擋摔，擒拿術的腕部小纏變為上步壓指，亦皆欺騙動作，趁對手中計而出實招攻擊對手的招法，此乃孫子兵法所謂的「致人而不致於人」。

孫子兵法虛實篇，後人發，先人至，孫子兵法軍事篇的運用，如果仔細分析，孫子兵法的詭道十二法及後世演變發展各種詭道之術，在武術搏擊中都可找到運用的方法。

四、孫子兵法各篇在武術比賽方面的提示

（一）始計篇

本篇主旨在提醒參與武術比賽者要審慎從事，周密計劃，不可掉以輕心，而要多方面的衡量，參與比賽者刻苦訓練多日，一定按照比賽戰術計劃，再運用各

種詭道輔佐，攻其無備，出其不意，迅速獲得勝利，此篇中指出要規劃一場武術比賽要重視之事，以五事、七計為重。

1. 五事

(1) **道者：**
比賽制度是淘汰制，抑循環制或其他制度，令民與上同意也（領隊、教練、選手同一目標）（共同遵守）可以與之死，可以與之生，而不畏危（共同承擔責任）。

(2) **天**（要適應季節氣候冷熱）。

(3) **地**：遠近、險易、廣狹、死生也（交通狀況）。

(4) **將**：智、信、仁、勇、嚴也（領隊、教練必須具備的條件）智是才，信指威，誠信，仁是仁愛之心，勇是勇敢，嚴紀律嚴明。

(5) 法者曲制，官道，主用也，曲制是比賽隊的編制，官道是設官分職，即人事制度（領隊、教練、隊長、管理、隊員）主用是職掌，凡此五者，將莫不聞（此五者教練都知道），知之者，勝（知道者就能比武勝利），不知者不勝（不知此五項者就不能勝利）。

2. 七計

故校之以計：（選手要去比賽）而索其情（把下面七件事探索真正的實情）（怎樣比較計算）

曰：回答說：

◎主孰有道？（良好的比賽制度）
◎將孰有能？（誰的領隊、教練有能）
◎天地孰得？（誰得天時、地利）
◎法令孰行？（誰的法令制度健全且能貫徹執行）
◎兵眾誰強？（誰的選手強壯）
◎士卒孰練？（誰的選手訓練的好）
◎賞罰孰明？（誰的公私分明賞罰嚴明）

以此知勝負矣。（這七個條件誰佔優，誰為劣，未比賽前，平心靜氣比較一下即知誰勝，誰敗）
將聽吾計：（各級隊職員聽從教練的作戰計劃）
用之必勝：（各級隊職員聽從教練的作戰計劃必定獲得勝利）
將不聽吾計：（隊職員不聽教練的作戰計劃）
用之必敗：（用了不聽命令的幹部必定會輸掉比賽）
去之：（不用這樣的幹部）
計利以聽：（計算利害，將五事、七計算好，判斷妥當，決定比賽）

乃為之勢：（於是做勢、聲勢、氣勢，更含權術、策略，於是做出姿勢以欺對手誤判、錯亂）

以佐其外：（佐是輔佐，用勢的作為，在外面，輔助主力，以反面、流言使對手錯亂）

勢者：（上面所講的各種勢：姿勢、聲勢、氣勢）

因利而制權也：（因利是因勢利導，或因為對我方有利，而制定權宜之計，權變之法）

（二）作戰篇

本篇主旨在說明：(1) 後勤的重要性　(2) 速戰速決　(3) 獎勵

孫子曰：凡用兵之法，馳車千駟，革車千乘，帶甲十萬，千里饋糧，則內外之費，賓客之用，膠、漆之材，車甲之奉，日費千金，然後十萬之師舉矣。

孫子說：凡用兵之法則（凡參加比賽時應比賽前準備事項）馳車千駟（四匹馬拉的車要一千輛），革車千乘（革車是後勤運送武器糧 的一千輛車），帶甲十萬（甲是士兵穿上防敵人槍箭入用，十萬人），千里饋糧（饋是運送，千里之遠送糧），則內外之費（裡裡外外的費用），賓客之用（指外交、間諜等人用的費用），膠漆之材（弓矢甲盾都要塗膠和漆的材料），車甲之奉（奉是供給，車輛甲冑的供給），日費千金（一天合計要一千金），然後十萬之師舉矣（有了以上這些條件，才能興起十萬人的戰爭）。以上所論即後勤諸般事項，武術競賽必須有很多裝備，如：服裝、護具等，一切比賽物品、用品，要充分補給，諺云：兵馬未動，糧草先行，勝利第一，後勤為先（附圖：僅參與賽選手的裝備）其用戰也貴勝，（快速的得勝），久則鈍兵挫銳（兵是比賽用具，挫是挫折，銳是銳氣，比賽拖久了，旺盛士氣受到挫折），攻城則力屈（力量用盡了），久暴師則國用不足（長時間比賽費用就不夠了），夫鈍兵挫銳（到了士氣挫折，低落），屈力殫貨（體力、物力都用光了），故兵聞拙速（所以比賽要快速），未睹巧之久也（沒有見過拖久作戰而能取巧的），夫兵久而國利者（比賽拖久而得利的），未之有也（沒有這樣的事）。

故殺敵者，怒也（比賽時要有旺盛的鬥志），取敵者，貨也（獲得勝利後要給予獎勵），賞其先得者（獎賞首先獲勝的選手，且重賞之下必有勇敢的選手）。

（三）謀攻篇

本篇主旨在說明，在闡明戰爭全勝之策，是謀略，非戰鬥為主，因此不單指用軍隊攻擊，要運用各種手段，其目的在全勝，而其重點在　(1) 不戰而屈人之兵　(2) 知己知彼　(3) 統帥權的獨立，茲以此三點論述：

凡用兵之法（比賽在戰略上的法則），全國為上（保全賽者不受傷害，使對手輸為上策），破國次之（打敗對手，使雙方受到傷害為次等了），全軍為上（全保參賽者不受傷害而使對手認輸為上策)，破軍次之（打敗對手而使雙方受損為次一等），全旅為上，破旅次之，全卒為上，破卒次之，全伍為上，破伍次之（以上道理與全軍破軍之義相同）。

是故百戰百勝（比賽一百場勝一百場）非善之善者也（百戰百勝不是最好的），不戰而屈人之兵，善之善者也（不要出場比賽，對手就棄權了，這才是好的）。故上兵伐謀（武術比賽首要在運用智謀打謀略戰）。

夫將者，國之輔也（將是教練，是總管比賽團隊的領導），輔周則國必強（指揮的周全，團隊必強），反之則必弱。故君之所以，患於軍者三（君可解為領隊，比賽之勝負關係團隊之榮辱，領隊不可干涉教練之職責），不知軍之不可以進而謂之進（領隊不瞭解比賽真實情況而亂指揮），不知軍之不可以退而謂之退（亂指揮比賽者），是謂縻軍（領隊不瞭解比賽情況妄加控制）。

故曰：知彼知己者（所以說了解對手又了解自己），百戰不殆（打一百次戰也不會失敗），不知彼而知己（不了解對手而了解自己），一勝一敗（勝負各半）。不知彼，不知己（不了解對手又不了解自己），每比賽必敗（比賽一場敗一場）。

（四）軍形篇

本篇主旨在說明比賽的攻與守的制勝之道。

孫子曰：昔之善戰者（善於比賽得勝者），先為不可勝（為是做不可勝是守勢），以待敵之可勝（待，不是等待，而是伺機，對手有敗象，立即攻擊）。不可勝在己（守勢在於自己），可勝在對手（攻勢在於對手）。故善戰者（善於比賽的人），能為不可勝（能夠做到守勢立於不敗之地），對手必可勝（不能使對手有進攻之空隙，且對手敗象未顯，不能強生必勝之舉動），故曰，勝可知而不可為（作戰的勝利有把握，是可預卜的，但對手無可乘之機，不能強為之），不可勝，守也（採守勢），可勝者，攻也（採攻勢）。「守則不足，攻則有餘，善守者，藏於九地之下，善攻者，動於九天之上，故能自保而全勝也」。

原文主旨是論述：兩人對搏，不外是攻擊與防禦，同樣的戰術，用於守則處於被動，用於攻，則掌握主動。所謂「九天、九地」，都是形容多種方法，運用得宜，無論攻守皆可獲勝。

（五）兵勢篇

本篇主旨在說明，比賽時要以正合，以奇勝（比賽時的戰術、技術要多所變化）。

凡戰者（參與比賽者），以正合（正面交戰），以奇勝（以側面或迂迴攻擊），故善出奇者（善於出奇致勝的教練與選手），無窮如天地（比賽戰法〔戰術、技術〕變化多樣），如，不竭如江河（出奇戰法，如長江大河的水不竭，變化無窮），終而復始，日月是也（奇正運用無窮像日月運行循環不已），死而復生，四時是也（戰法之奇正變化，就像四季之變化）。

故善戰者（善於比賽的選手、教練），求之於勢（教練不只啟導選奇，正戰術、技術之變化，更要藉機造勢，勢是形勢，勢與形有相互關係，形是預備動作，勢是攻擊行動，形強勢壯，攻守能得心應手）。不責於人（教練指揮選手重點在勢，不可責求選手）。故能擇人而任勢（挑選優秀的人才，充分利用形勢）。任勢者（教練利用形勢）。其戰人也（教練指揮選手比賽的時候）。如轉木石（指揮比賽像轉動木頭、石頭），木石之性（特性），安則靜（安穩平靜），危則動（若把木石放在陡斜地方就危險），方則止（方形木石頭就靜止）。圓則行（圓形木石會滾動）。故善戰人之勢（善於指揮比賽的教練先造成有的態勢）。如轉圓石於千仞之山者（像滾動圓石從高山直接飛滾下來一樣，不可抵擋）。勢也（此乃比武場上的戰勢）。

（六）虛實篇

本篇主旨在闡明參與武術比賽，首先要了解虛實，有隙可乘為虛，無虛可擊為實，比賽時能將虛實運用得當，始可言奇正之妙。有關武術比賽之要領，要能致人而不致於人。即立在主動而不處於被動，我知對手之虛實，使對手不知我之虛實，如此始能集中力量，避實出虛而獲勝。

故善戰者（善於指揮武術比賽的教練），致人而不致於人（利用欺騙、引誘、操縱、擺佈使對手為我所乘），能使敵人自至者，利之也（能夠用利引誘對手入我圈套），能使敵人不得至者，害之也（能使對手不能到來的，是因我能妨害他、干擾他）。進而不可禦者，衝其虛也（我比賽時使對手無法抵擋，是由於我攻擊對手虛弱的地方），退而不可追者，速而不可及也（我在退卻防守時，使對手意料不到，且快速的使對手無法有效攻擊）。

（七）軍事篇

本篇主旨在說明參與武術比賽者，首先要先知迂直之計者，勝（早先懂得以迂迴、曲折的間接戰術，以作為直線之計謀的教練，會獲得勝利），此即《易經》上說「屈伸相成，而利生焉，尺蠖的曲身是為了伸張身子。」此在說明間接路線的道理。

凡用兵之法（用兵的法則），將受命為君（教練奉長官之指示），合軍聚眾（將來自各個單位的選手編成代表隊），交和而舍（和對方隊伍對峙而止），莫難於軍爭（沒有比兩個競爭奪勝的條件更難了），軍爭之難者（比賽所具備的條件與戰術最困難）。以迂為直（以迂迴曲折的間接路線作為直線之近路與對手競爭）。以患為利（不可打如意算盤，先從失敗方面，把不利化為有利）。故迂其途，而誘之以利（故意採取迂迴的路線，且以小利引誘對手），後人發（出發比對手遲），先人至（到達目標比對手早），此知迂直之計者也（知道比賽時以迂直的計謀）。

先知迂直之計者，勝（先懂的以迂為直計謀的教練、選手就能獲勝）。此軍爭之法也（這是與對手爭奪勝利的法則）。

故兵以詐立（武術選手比賽要用欺騙、詭詐取勝），以利動（用有利時機或好處決定行動），以分合為變者也（根據情況，運用戰術技術來變換作戰的方法），故其疾如風（有利時機，快速兇猛的攻擊對手），其徐如林（情況緩和時不可亂，要穩定）。

（八）九變篇

本篇主旨在說明，教練指導比賽不可固執常法，當因應對方的情況，活用原則，爭取比賽勝利，做為教練，當明傳情勢，趨利避害，知所選擇，而善為變通之五種危險的性格，做為教練的人應知所警惕。

故將有五危（教練有五項最危險的偏激性格—指個人的品質由道德和心智兩方面集合成的）。必死，可殺也（教練僅有鞠躬盡瘁去拼命，而缺乏計謀可能遭害）。事必生，可虜也（教練若有怯戰之心，會使指導的選手失敗，自己也會受到傷害）。忿速，可悔也（輕易發怒的教練，可能難以承受指責而輕舉妄動，使選手輸了比賽）。廉潔、可辱也（廉潔的人都珍惜其名，若有人抹黑，而失去理智）。愛民，可煩也（因太愛惜、教導的選手可能禁不起煩擾而心情低落，指揮不當）。凡此五者，將之過也（大凡這五種危險的性格都會使教練犯錯）。常云：性格決定一切，一個教練必須時時注意保持均衡，則得益非淺。

故將通於九之利者（教練要通曉多變的各種戰術），知用兵矣（他就會指揮參賽之選手了）。將不通於九變之利者（教練不通曉多變的戰術）。雖知地形，不能得地之利矣（雖然明瞭當時的比賽環境的氛圍，也不會得到好處）。治兵不知九變之術（教練不懂得多變的戰術）。雖知五利，不能得人之用矣（雖然知道很多利的情況，也不能使參賽選手得到勝利），是故智者之慮，必雜於利害（教練在指揮比賽時必須考慮著利與害兩方面）。雜於利而務可信也（認明有若干利的方面，而任務可以達成，就能增強信心，努力以赴），雜於害而患可解也（考慮到若干害的方面，可以提高戒心加以預防，才能解除可能發生的禍患）。

（九）行軍篇

本篇主旨，是論述比賽（戰術、戰技）以外的各種注意事項，如何以各種徵候以判斷敵情，最後論述教練指揮要領，促使每位武術參賽者敢拼敢戰。

兵非益多也（武術比賽並不是愈多愈好），惟無武進（比賽選手戰力雖強，但不可莽撞冒進）。足以併力料敵，取人而已（能夠判斷對手的戰鬥能力與精神與能力，打敗對手就可以了）。夫惟無慮而易敵者（沒有深思熟慮而輕視對手），必擒於人（必為對手所敗）。卒未親附而罰之則不服（教練沒有得到選手的親近依附而施以處罰，選手不會心服）。不服則難用也（不必服就無法認真參賽）。卒已親附而罰不行（教練已取得選手們的親近依附，犯過錯而不施以應得處罰），則不可用也（選手因寵而驕也不能讓他去比賽），故令之以文，齊之以武（文是教育，武是法則，對參賽選手要恩威並濟，才能提升戰力），是為必取（如此才能取得勝利）。令素行，以教其民，則民服（平常以貫徹教練的命令教導參賽選手，則選手養成習慣則服從）。令不素行，以教其民，則民不服（平時沒有教導選手們貫徹命令，那選手們就會不服從教練的指揮）。令素行者，與眾相得也（平時認真貫徹命令，就會使教練與選手互相契合、信賴，而相得益彰也）。

（十）地形篇

本篇主旨在論述戰場地形，論述其性質與戰法，武術比賽少有地形相關者，本篇有下述兩段與武術比賽相關且可採用之。

視卒如嬰兒，故可與之赴深谿（教練看待選手像對嬰兒一樣的關心，所以選手們和教練為爭取勝利共赴患難）。視卒如愛子，故可與之俱死（教練看待選手如自己的孩子，選手們就心甘情願的為求勝利而拼力與賽）。厚而不能使（如果厚待選手，卻不能使他們全力參賽），愛而不能令（愛護選手，選手恃寵而驕，不聽指導）。亂而不能治（選手們違規而不能懲治），譬如驕子，不可用也（這樣的選手不能讓其參賽）。知吾卒之可以擊（如果只知道我們選手實力可出擊），而不知對手之不可擊（不知對手之戰力是不可以攻擊的）。勝之半也（如此取勝的機會僅有一半）。知敵之可擊（已知對手之弱點可以進攻），而不知吾卒之不可以擊（不知道自己選手的實力），勝半也（取勝機會也只有一半）。知敵之可擊（知道對手之弱點可以攻擊）。知吾卒之可以擊（也知道自己選手的實力可以出擊），而不知地形之不可以戰（不知當時的環境是不可以作戰），勝之半也（取勝機會一半），故知兵者（真正懂得指揮選手比賽的教練），動而不迷（要正確思考不可盲動）。學而不窮（戰術、技術都能適應戰況變化無窮），故曰知彼知己，勝乃不殆（了解對手的強弱，又知道自己選手的實力，勝利有把握，不會危殆）。知天知地，勝乃可全（了解天時地利氣候，勝利的機會就可把握了）。

（十一）九地篇

主旨在論述有關戰略價值之地，齊衛國先生在其巨著《實用孫子兵法》中曾指出：戰略價值之地，關係到一個國家的存亡，一個地區的安危，甚至影響到世界的治亂，特別論述我台灣就是一個戰略價值之地，曾論述多例，一、日本侵佔台灣想據為己有並作為他擴展領土之橋樑。二、1950 年韓戰爆發，美國為防堵中國大陸紅禍氾濫，台灣戰略價值更顯著，雖然目前美、中已見和諧，但台灣的戰略價值更重要。

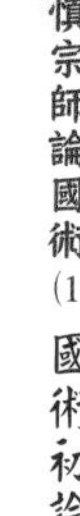

施無法之賞（沒有法令依據，對武術比賽獲得特殊供獻者給予特別的獎勵，如奧運會業餘運動比賽不得賞以超規定之獎勵，但各國均會以特殊功獎頒之）。懸無政之令（無政乃指打破常規的特別法令，各國家運動比賽如獲佳績者在崇尚業餘運動精神的時期，就有很多的獎賞事蹟，主旨在提振士氣）。

（十二）火攻篇

本篇主旨在說明攻擊敵人的方法種類很多，且要慎戰。

主不可以怒而興師（一位運動團體的領導人不可以憤怒而讓選手參加比賽），將帥不可以慢而致戰（教練與選手不可以因惱怒而貿然與對手比賽）。合於利而動，不合於利而止（符合團體利益才可出賽，不合者應克制，武術比賽尤應心平氣和，一旦出賽才能集中心思，戰鬥技術才能意志力到獲得勝利）。

（十三）用間篇

主旨在論述武術比賽使用情報的重要性，前文謀攻篇講「知彼知己，百戰不殆」。地形篇講「知彼知己，勝乃不殆」，今日各種比賽常講「勝利第一情報為先」，情報在武術比賽中是非常重要的，必須善於運用。

故明君賢將（英明的長官、聰明的教練），所以動而勝人，成功出於眾者（比賽獲得勝利），先知也（靠先瞭解對手的情況，亦即依靠間諜賽前先偵知對手的情況），先知者（先要知道對手的情況），不可取於鬼神（不可用占卜、祈禱、祭鬼、神獲取對手的情況），不可眾於事（不可用相似的事來推測），不可驗於度（不可夜觀天象、星辰位置），必取於人、知敵之情者也（必須用人去偵測才是可靠的）。

故用間有五（五種使用間諜的方法），有鄉間、內間、反間、死間、生間，五間俱起（把五種間諜都用起來），莫知其道（使間諜之間不能有橫的聯繫，互不知是何種間諜，此乃防萬一被對手收買或變節而有害我方）。是為神紀（此種神聖的紀律，是所謂神乎其技的治理方法）。

人君之寶也（此種神技是制勝的法寶）。鄉間者，因其鄉人而用之（對手，同鄉關係而用作間諜）。內間者，因其官人而用之（對手機關內之官吏而利用為間諜）。反間者，因其敵間而用之（對方派來的間諜，收買利用為我方之間諜）。死間者，為誑事於外，令吾間知之而傳於敵（死間為潛伏在敵人內部臥底者）。生間者，反報也（生間是派到敵方之間碟，獲得情報後活著回來報告敵情的）。

前文所述五間諜乃是軍事作戰特有者，武術比賽、運動比賽未有如是的慎重，但很多大型競技特別是職業運動競技雙方利用間諜的事卻層出不窮，我等武術界同仁應有所知而防患未然。

恭讀齊衛國先生實用孫子兵法巨著中談及國策政治作戰六大戰：即組織戰、群眾戰、謀略戰、情報戰、思想戰與心理戰，筆者曾撰文論述過體育與政治作戰，並舉前世界重量級拳克萊對六大戰的運用獲得多次職業大賽的冠軍，茲將文章摘要列後做為參考。

五、政治作戰

武術、運動比賽要以多種不同手段來決勝，其內容包括了謀略戰、思想戰、組織戰、群眾戰、心理戰、情報戰六大戰。而就實際呈現的現象而言：思想戰必須經由心理戰才能傳現。謀略戰必須根據情報戰才能產生，組織戰則是群眾戰來作基礎。

體育運動比賽運用政治作戰無往不利的例證很多，茲以前世界職業重量級拳王～克萊對政治作戰～六大戰的運用為例說明，克萊最懂得活用我國軍政治作戰六大戰的運動員，克萊每一次的勝利均是利用運用六大戰的結果，而其數次失敗的主因也是由於未能充分發揮六大戰的功能所致，茲將克萊如何運用六大戰說明如下：

（一）克萊對思想戰與心理戰的運用

在這兩種戰法的運用方面，在思想戰上克萊當然是以打勝仗為目標，但是如何去打勝仗呢？在這方面，克萊處處所表現的是以智取勝，亦即政治作戰所指的重在鬥智（每次比賽新聞記者均問他：你哪一種拳最厲害？他總是回答：我打拳是打腦筋，我的腦筋最厲害）。鬥智即是鬥思想，這正符合了先總統　蔣公所示：「現代戰爭的本質，是以武力為中心的思想總體戰」的主旨。

在心理戰運用上，克萊所用的手段是：

⑴ 事先利用大眾傳播，廣為宣導造成聲勢。

⑵ 比賽前過磅時的心理戰。

⑶ 特種場合如練習場、記者會之刺激對手。

⑷ 臨場之叫罵、耳語。

⑸ 克萊的拳擊哲學迷惑並爭取了群眾，這一招可說是克萊最有影響力的心理戰術，克萊的拳擊哲學是力與智的集合。他認為拳擊不僅是運動，也是藝術。在以往重量級的拳擊家在比賽時，多半是走過去接近對手，寧願挨上對方幾拳，而乘機將對方以一搥重拳擊倒的戰術。但克萊的拳擊哲學和意念中起了革命性的變化，這可從克萊說過的兩段話中得悉：

第一段話是：「像蝴蝶般的舞，像蜜蜂樣的刺」。

第二段話是：「行動輕如絲，打擊重如噸」。

從以上兩段話中可以勾劃出克萊的拳路，事實克萊在以往的每次比賽中，他都是跳中不斷的製造良機，攻擊對方，絕非慢吞吞接近對方先挨幾拳，然後以重拳把對方擊倒。以上兩段話，第一段話是克萊初登世界拳王時所說的，後一段則是他改名為穆罕默德阿里之後，再度捲土重來之際所說的。

以上兩段話不但具有哲學的嚴肅性，也含有詩的韻味，因此聞名於世的英國倫敦牛津大學一度曾要聘請克萊至該校擔任詩學教授，這雖曾為一般人取笑，事實上也不無可能，因為每當克萊正式比賽時，他總會挖空心思編出一些詩詞，而引起大眾的注意，比賽的時間長了，次數也多了，所編的詩詞當然就積聚了很多，以克萊的身分與知名度而言，難免受到一般社會大眾的重視。

總之以上所列之內容，均是克萊所使用的心理戰，其最終目的在促使對手緊張、思慮、衝動……而致心神不寧、不平衡、心躁、氣浮、怯懦而挫敗，這也正符合我國孫子兵法所示：「攻心為上，不戰而先屈人之兵」的戰法。

（二）克萊對謀略戰與情報戰的運用

克萊對兩種戰法的運用，是先獲得各方面的情報， 然後出以謀略對策以打敗對手。其使用方式是：

⑴ 不擇手段獲取情報，克萊對取得對手情報是極盡奇正變化之能手；如派遣偵探潛入對手訓練營竊取情報，親自化粧混入，或明目張膽直入等。

⑵ 戰略、戰術的運用異常靈活；對身體笨重而力大者，施以拖延戰術，例如他與以重拳聞名於世的拳王李斯頓決賽時，即以一進一退的拖延戰術而擊敗了李斯頓。對付使用粘貼戰術的對手，他是以快速移步、跳躍、閃進，特別在快速移步與跳躍中閃電攻擊對手。而克萊最厲害的一招就是先以左直拳封住對手，使對手無法貼近，並在對手焦慮的剎那間，而以雨點般的打擊對手而制服對手獲得勝利。

（三）克萊對組織戰、群眾戰的運用

克萊對這兩種戰法的運用，從其一貫作風看來，他是非常重視組織的，克萊每次大賽，其所組成的龐大的代表團與訓練營，其宗旨除了發揮組織分工合作的功效外，更可壯大其聲勢，在組織堅實，形勢又比對手強的情況之下，自然會佔盡上風。對於做群眾工作更是其拿手好戲。每次大賽之前與臨場時，他都會以各種不同的方式做群眾工作，而其中最常用而收效最大的即是以他特有沙啞的喉嚨提出些正、反問題以爭取群眾的向心力。例如：

⑴ 各位，我與你們一樣的英俊、聰明，你們看這傢伙（他的與賽對手）這樣笨、這樣傻、這樣醜，他怎麼是我的對手，等一會各位就可以看到我是如何的戲弄他。

⑵ 各位，我是世界上最偉大的拳王，美國以我為榮，如果比賽場地在非洲，他就會說：黑人以我為榮。

從以上的體育與軍事、政治作戰例證中可知體育在軍中的重要性。

參・結語

孫子兵法是中華民族古早用兵作戰的戰略（作戰策略主要在佈局造勢），戰術（作戰的法術，在戰場上進退攻守手段與方法，係依據戰略態勢，適時適切充分發揮戰力擊敗敵人），戰鬥（為達到戰術要求，使軍隊在戰場上直接以格殺技術戰勝敵人）。將武術比賽與軍事作戰相提並論，實有小題大作，甚至有些欠當，但所謂麻雀雖小，五臟俱全，武術比賽欲達到勝利同樣需要戰略的佈局，戰術的攻防，戰鬥的技術。

中國武術博大精深，其涵括內容防身自衛、健身、養性，如長江、大河取之不盡，用之不竭，如能運用孫子兵法的原理、原則及戰略、戰術、戰鬥，將使技藝超群，舉世無雙，威力強大的，中華武術發揚廣大，中華武術，孫子兵法，博大精深，以筆者智淺、拙學，無法窺其一、二，僅勉強提出愚見，供我武術界參考、批評、指正，更期盼拋磚引玉，掀起武術與孫子兵法研究風氣，使我中華武術更上層樓，余願足矣！

參考文獻

齊衛國著，實用孫子兵，黎明文化公司印行，2001 年。

康戈武著，中國武術實用大全，五洲出版社印行，1996 年。

郭慎著，國軍體育的發展與變遷，大展出版有限公司，2011 年。

國軍軍事學校基礎教育教材，國文，國防部印行，1972 年。

11. 我認識的國術宗師——高道生

民國四十年代，中國文化大學創辦人，張其昀博士在平面媒體上發表過一篇，有關學校社團活動的文章，其主旨在闡述社團活動，是學校的靈魂，是學校達成全人教育，不可缺少的營份，社團活動是促進人際關係，師生情分的交感，同學們培養第二專長，更是學校欣欣向榮，進步的動力。

筆者深受感動，在政戰學校，復興崗週報發表過有關學校、社團活實施的拙文，且得到學校長官的獎勵，之後政戰學校先後成立了各種社團，其時學校聘請高道生大師擔任復興崗國術社指導老師，筆者負責柔道社，雖然僅在每週六下午輔助社團活動，但因高道生大師與筆者負責的柔道社，均在相距咫尺的兩間教室，所以課前、課間休息與課後常受教于高師。且因喜好國術，故在學生操練間歇時，去國術社聆教高師的教材與教學方法，高師望之嚴然，即之也溫，溫恭蘊藉，在教學的過程中，沒有看到高師發脾氣，總是諄諄善誘，和顏悅色，最常提醒同學們的話，就是好好學、好好練、不可偷懶，不可驕傲。

在教學的過程中，因同學無法體會，特別是高難度的技術，高師一而再的示範、誘導、領著同學苦練，往往高師操練的比同學多，這也是大部份國術老師，特有的誨人不倦的精神。筆者受教過的老師如：李元智、張英建、劉木森、常東昇、潘文斗等大師，均有此精神而不顧自己的年老，以致體力不堪負荷，李元智老師在六十多歲中風去世，高師能享高齡，實乃人中之傑。

高師教學國術的過程中，經常引用國術眾多武術諺語、武術要訣，筆者，跟隨幾位大師，學習國術時，除了力求在技術方面符合老師的要求外，另外就是以筆記恭錄，大師們，所講的各種武術的諺語與要訣。筆者，深研武術諺語與要訣，是千百來武術界耆宿們，代代相傳以心力、汗血積累的武學智慧，亦就是國術的理論。

高師常講的國術諺語、要訣，都蒐集在筆者所編著的《武術諺語與武術要訣手用冊》中。茲摘要簡述之如：

一、武德諺語

「經師不到、武藝不高」、「師父領進門、修行在個人」、「徒弟武藝高、莫忘師父恩」、「徒訪三年、師訪徒三年」、「師徒如父子、情親似海深」、武德諺語，屬於倫理學的範圍，是研究人類道德現象的學科，亦指示人類處事的方法，人際間正常的關係。

二、健身諺語

「自古拳術三大用、強身、防病兼防身」、「內練意志、外練肢體」、「練拳使人樂觀、樂觀使人長壽」、「練拳餓傷氣、飽傷胃」、「打拳莫憋氣、憋氣必傷身」、「避風如避箭」、「靜而少動、眼花耳聾」、「常年練武、不上藥舖」、「拳要好起五更、人要補吃豬」，健身諺語，屬於生理學的範圍，是研究生物器官機能、生活現象的學科。

三、武術理的諺語

「理不通、藝不精」、「功夫有感情、專愛勤快人」、「身大力不虧、一力壓十會」、「技法有三項：基礎、應用、特長」、「練拳不練功、到老一場空」、「拳不在多、在於精熟」、「拳打千遍、身法自然、拳打萬遍、神意自現」、「拳不離手、曲不離口」、「寧可學了不用，不可用時無學」。「既得藝，必試敵」、英以勝敗為念」、「四兩破千斤、借力把人摔」、「拳加角、武藝高」、「三年套路、不敵當年角」、「拿不如打、打不如摔」、「寧練筋長一寸、不練肉厚三分」、「拿一點制全身」、「腕力巧勁手法強、扣指輕拿把敵傷」。「手拿腿鎖難逃脫、招勢靈敏敵難防」、「鎖住敵人筋和骨、閉住穴門跌當場」、「擒拿不忘反擒與脫打」。

武術理的諺語，屬運動生物力學的範圍，是研究肌力、耐力、爆發力、速度、機敏、反射的學科，武諺、武訣為中華民族武術文化重要資產。以此為起點，進而再研究深層的武術理論，使技術與理論相得益彰，而使中華武術弘揚於世界。

一代國術宗師高道生，一生為傳承中華民族博大精深的國術，竭盡心力，影響所及，使我國術界人士共同宣揚國粹，其過人的膽識，以武會友，為兩岸武術傳承立下了重要的里程碑。而最令我敬佩的是，高師培育出一位如荀子所講的「青取之於藍，而青於藍」（青出藍而勝於藍，徒弟武藝高過師父。武術技藝才能發揚廣大）——林昌湘（圖 1）。其所受的教育，人際關係，舉止瀟灑，談吐文雅，文筆流暢對國術運作行銷方面的卓越才華令人欽佩，著書立說，文宣廣告，青島武館的成立，「道生中國兵

▲圖 1 高道生老師（左）林昌湘（右）擒拿示範

器博物館」成立，遠赴國外教授國術，國內各大、中、小學國術團隊組織的建立，每年舉辦各種國術的競賽鑑賞等。昌湘確是文武雙全，術德兼修，現代國術界的奇葩。

昌湘，能成為名滿國際的國術高宗師的入室弟子，可說是前世修來的，難能可貴，前文武術德行諺語中提及「徒訪師三年、師訪徒三年」；學武、教武都要慎選師父與徒弟，內家拳法有五不傳：心險、好鬥、狂酒、輕露、骨柔；質鈍者均不傳授武術，為師者目空一切，唯我獨尊，觀念局限，思想束縛者不是好師。

高宗師與昌湘入室弟子，必定經過多年的慎重思考，才結緣為師徒。近三十年的歲月，師徒相知相惜，正如前文「德行諺語」所示「師徒如父子、情親似海深」，所謂一日為師終身為父，不論學文，學武都應有此觀念，如此才能達到師徒互尊，教學相長，也才能真正培養出成龍、成鳳的子弟，涵蓄出由技而藝由藝而進道的德高望重宗師。

昌湘多年來，在國術方面成就斑斑可考，地方政府應將昌湘的一系列國術活動記載在「淡水區地方誌」中，所謂治天下者以史為鑒，治郡國者以誌為鑒，地方誌可稱一方之百科全書，地方人、事、物都應詳細的記載，能起到「資治、教化、存史」的作用。昌湘對推展國術的諸多事蹟，可說百年來僅見，理應載入淡水區地方誌中，使之薪火相傳，使我中華民族的國粹繁衍綿延。成為世界武壇的典範。

筆者，與昌湘結緣於媒體，在平面媒體上得悉，昌湘的各種推展國術的寶貴資訊，在電視台（新唐人電視台、運動大百科國術篇暨客家電視視台，福氣來了，教學養生保健功），看到長身玉立，英姿煥發，舉止文雅的帥哥，起初認為昌湘是藉電視節目，為晉身影藝界的橋樑（昌湘的形體健美得確是上上之選），但在 103 年、104 年參與昌湘舉辦活動，特別是親自參觀了，青島武館、道生中國兵器博物館（民間自資籌立的第一家中國兵器博物館），才體會到昌湘，燃燒自己，點亮武術教育的用心，以發揚國粹為一生志業崇高願景，值得吾輩欽敬，也深深自責自己觀念的局限與童稚。

為紀念中華民族國術宗師——高道生的百年誕辰，我們應以喜樂的心情，虔敬的態度，祝福高宗師在天之靈，在昌湘而言，雖然額頭頻添了少許歲月的紋痕，那卻是智慧的印記，相信昌湘以其智慧的眼光，和三十年為傳承，發揚國粹，飽歷世事苦樂得來的知識，一定會有更上層樓的創舉，吾等國術界同仁，應精誠團結，為中華民族、歷久長新、博大精深的國粹，奉獻心力，以捨我其誰的抱負，為發揚國粹以盡全功！

註：慶祝高道生宗師百歲誕辰紀念文

12. 博大精深淵源流長的中華武術何時才能產生「人間國寶」

2016 年 6 月 21 日，聯合報刊載，文化部認證 105 年選出十位「人間國寶」。文化部「人間國寶」分為：一、傳統藝術保存。二、文化資產技術保存兩項。傳統藝術保存獲選者個人及團體計有：李榮烈（竹工藝——藍胎漆器）、張憲平（竹籐編）、尤瑪・達陸（泰雅染織）。劉家正（傳統建築彩繪）、美濃客家八音團（客家八音）。文化資產保存技術者計有：傅光明（土水修造技術、瓦作）、廖文蜜（瓦作）、莊西勢（瓦作）、翁水千（土木作技術）、梁紹英（土木作技術）。

一次能選出十位國寶，是創紀錄之舉。更證明台灣民間傳統藝術人才，文化資產技術保存人才臥龍藏虎，人才濟濟多士。我國人看了上述的報導，無不興高彩烈恭賀十位國之寶。更欽敬評審委員們的為國舉才暨新任文化部長鄭麗君的魄力。

2016 年 8 月 14 日，自由時報又刊載，第二十七屆傳藝金典獎頒獎典禮，假宜蘭國立傳統藝術中心舉辦，現場頒發涵蓋傳統音樂、藝術音樂、戲曲表演等十四座獎項。事實上，文化部自 2009 年以來，已指定了二十四項重要傳統藝術。

2014 年聯合報曾刊載，國家文藝獎得主——作曲家賴德和呼籲，政府應把傳統音樂系學生當作「年輕的民族藝師」來培養，從中選出有為者，延續薪火相傳的命脈。前文建會主委邱坤良也說：「政府應以國家的力量籌組南、北管樂團。」對於傳統藝術受到民間與政府主管單位的重視，與媒體多次的詳盡報導，真可說是「猗歟盛哉」！

看了以上資訊後，筆者深感傳統藝術，受到民間暨文化部、教育部的重視，為中華傳統藝術開創了美好的前程，更祝福孳孳勤勉的傳統藝術工作者，你們的成就使民族傳統文化發揚廣大，厚植了國力，傳授子孫，功德無量！

中華民族傳統文化，除了上述項目外，還有歷史悠久、博大精深的武術（國術），儒家常言有文事必有武備，武備就是武術，武術是衛護國家領土，主權的命脈。是人民生活、生存的國之寶。吾中華古國各朝代興起無不藉武術為功。綿長的歷史斑斑可考，即以現今戰爭使用武器威力不斷強化的當下，而舉世各國武術仍為最重要的基礎戰力。

越戰時美軍步兵連興起了斧頭戰技，在叢林與壕溝中取得勝利。韓國步兵白馬師在越戰中以跆拳道（劈掌隊）的拳頭變石頭，指尖變尖矛，掌側變刀刃，雙腳變大錘戰勝了越共，而韓國的「跆拳道」，乃由我國少林三十二勢長道拳演變而成，現在已成為奧林匹克運動會的錦標項目。

民國四十六年，我國國防部主管作戰訓練部門邀集國內武術專家編撰以國術為主的教材——「戰鬥體育」，同時聘請前述武術大師負責訓練幹部，直到如今武術訓練乃是我陸、海、空及後勤部隊必備的技能。

由以上的諸多說明，可證武術的重要價值。但卻沒有被教育部、文化部給予相同的尊重。日本多年來每年都有所謂「武術人間才」的選拔。一旦入選後就會給予一定俸給。而日人武術之源起，均受益於我中華武術文化之影響。甚而因襲我中華武術相關技術方面的基本技術與套路。

我國傑出武術人才之培養，台灣國術協會半世紀來功效卓著，各地方國術館、國術社團，設有國術學系，如文化大學技擊運動暨國術學系等，可說都培養出國術良才，但均未受到教育部、文化部的重視，當然亦缺少前述「人間國寶」等培養，選拔措施，令我國術界除了感嘆之外還是感嘆！但我國術界仍然是夙夜匪懈的為國培養武術人才。

談起在台灣國術界，具備所謂上述「人間國寶」條件資格者，即以民國三十八年隨國民政府來台灣老一輩的國術大師，皆為出類拔萃者，茲以虔敬心情恭薦兩位術，德術兼修眾望所歸的武術大師：二位大師在國內的諸多豐功偉蹟，證諸史冊，在此不贅述，僅以二位大師在國外傳播中華民族國粹的壯舉恭如下：

高道生

▲ 圖 1 受聘前往法國授武的海報

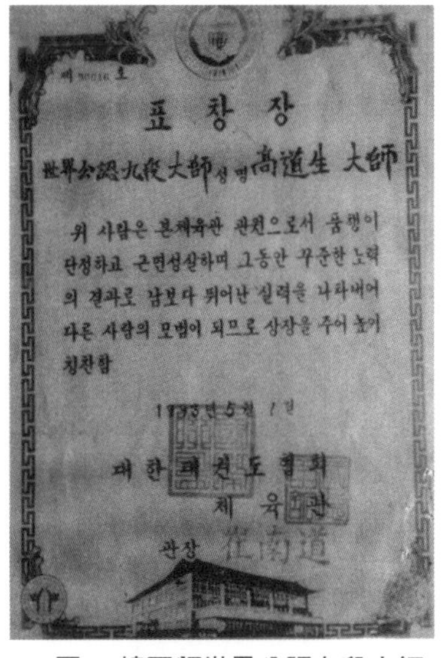

표 창 장

世界公認九段大師 성명 高道生 大師

위 사람은 본체육관 관원으로서 품행이 단정하고 근면성실하며 그동안 꾸준한 노력의 결과로 남보다 뛰어난 실력을 나타내어 다른 사람의 모범이 되므로 상장을 주어 높이 칭찬함

1993년 5월 1일

대한태권도협회
체육관
관장 崔南道

▲ 圖 2 韓國頒世界公認九段大師予高道生老師

高道生（圖 1）、（圖 2），長拳螳螂一代國術宗師，在國際武壇傳授中華民族博大精深的國粹，可說受到國際武術人士的普遍熱忱尊敬，僅在日本傳授即有近二十次，頂盛時期可說年年均在國際武壇巡迴教授中華武術。茲將筆者蒐集到高宗師在國際上教授國術影片提供熱愛武術同道參證：

常東昇

常東昇（圖 3）、（圖 4），一代中國式摔角宗師常東昇（曼天），因為天資聰穎、後天苦修功深、德厚，被稱為武狀元、常勝將軍、花蝴蝶。常宗師一生事蹟眾多，在國際武術界高手切磋技藝，及傳授中華國粹，留下了許多美談，為國際武術界人士所仰。

常宗師摔角技藝之能出神入化，主要在吸收了各門派名師之武術精華，常宗師精通太極、形意、八卦、羅漢、查拳，以及刀、槍、劍、棍、棒等兵器。一生所拜武學明師七十多位，常宗師將諸派武術與摔角技術融為一體，故其威力強大。常宗師在國際武壇的事蹟眾多，茲呈獻下列照片供同道參證。

▲ 圖 3 常東昇先生於歐洲功夫大賽會場簽名留念。（右邊鏡框為民初以來中國十二大武術家，左下角係常先生相片）

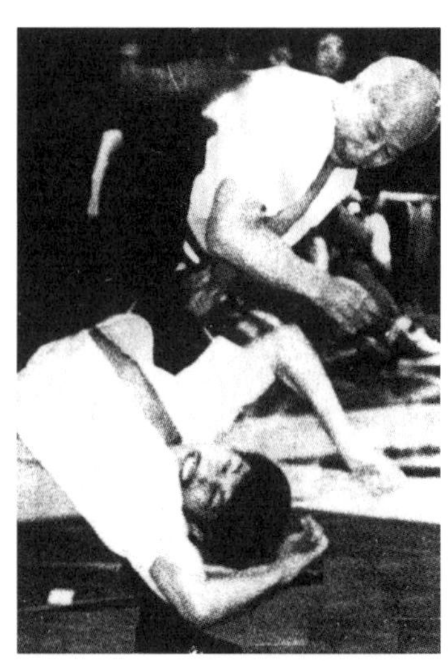

▲ 圖 4 常大師與翁啟修抱摔示範

往者不可諫，來者猶可追，國術界諸多術德兼修，德高望眾的宗師，蓽路藍縷慘澹經營，竭智盡力，為我中華國術厚植了根基，留下了典範，更給我們無限的感恩與不捨。我輩更應夙在匪懈，為發揚國粹而鞠躬盡瘁。

我全體國術界應向文化部、教育部，爭取「國術人間國寶」，讓國術界有一個努力的方向。更重要的是，應著力將以往大宗師們所傳授的優秀入室弟子薦拔

（推舉選拔）出來，將名實相符的具體優良事蹟，表揚出來，作為大家的標的。

事實上，在台灣推展傳統國術，已經出現了幾位出類拔萃的國術人間國寶，經筆者，與諸多關心國術前途的同仁認知，他們的基本功與高層次的技術已盡得其宗師的功力，更重要的是受高等教育所得知識，融會貫通宗師數十年在國術領域中所得到的智慧，甚且，已經超越宗師，青出於藍而勝於藍。

尤其，在國術的推展行銷功效卓著，傾畢生蓄儲，籌設典藏中華兵器與圖書博物館，此對中華武術文化資產的保存維護可說不僅是台灣的唯一，也是全中華的創舉，難能可貴，成為中華「人間國寶」，可說實至名歸。但願我國術界同仁的努力，能得到合情合理的尊重與鼓勵，使中華國術發揚宏廣。

▲ 圖 5 常大師與蘇成示範太極角

13. 武術比賽的戰略與戰術

中華台灣國術會 102 年度國術教練、裁判講習會講義

前　言

近年來各種運動的國際化、競爭力不斷向上提升的同時，各種運動平時訓練，無論在體能訓練、技術訓練、心理訓練等，各種訓練均有其學理依據，如：運動生理學、運動心理學、運動生物力學以及運動訓練實際技術（重量訓練、循環訓練等）上都有了顯著的進步，但對於比賽時的戰略與戰術的應用，以及如何應用平時訓練仍待加強。

軍事作戰必講求戰略與戰術，運動武術比賽亦然，領隊、教練，甚至選手均應深切瞭解且能靈活應用，則勝利可期，茲將戰略與戰術簡析如下：

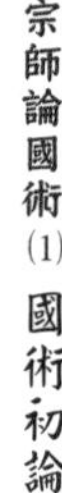

壹・戰　略

所謂戰略即作戰的策略，戰略包括：

一、訓練計劃（階段、長期）

二、情資的蒐集與分析

此項措施對選手的比賽整體提升有著絕對的影響，綜觀國際性重要賽會如：奧運會、亞運會、世界盃、世大運、世運會，各國對情資的蒐集，無不竭盡所能如：在賽前練習時或在比賽時的錄影、分析，以及各種平面媒體的資訊，無一不在蒐集之中，而我國目前仍未落實此項情報蒐集工作，而國武術方面更欠缺，以上兩點正符合孫子兵法「始於計，終於間」。

情報戰即資訊戰：古早時代有「秀才造反，三年不成」的話，現在進入電腦戰士的時代，知識份子變為「知識戰士」，透過高科技縱橫戰場，決勝千里之外。1991 年美、伊波灣戰爭，美國五十萬大軍中，有二十至三十萬屬於後勤的支援任務，有三千部電腦與美國戰士連線，成為「電腦控制的戰爭」。將結合相

關資訊工程，建構起資訊防衛系統，並製造假情報藉敵方的大眾媒體播出，使敵方成為聾子、啞子、瞎子，無法作戰而美國大勝。

三、戰略物資的支援（運動武術比賽裝備、用具等）。

四、規程、規則

充分瞭解比賽規程與規則是教練選手的責任，尤其各種運動為符合各時期不同的訴求與目的（更精彩、可看性，觀眾融入比賽中），而做修訂和增加條款，比賽規程、規則的修訂，不但影響了比賽進行過程的內容，更改變了平時訓練的方式，所以對規程與規則之意旨和效力必須瞭解，以利教練與選手在面對規則修訂後，透過訓練，以適應規則的調整而改變訓練方式，以因應比賽之需要，取得競場上的優勢。

五、體重的控制

以分級參賽的武術而言，降體重為武術的一種趨勢，更是武術戰略認知的重要部份，往往很多傑出選手常因體重控制不好而錯失金牌，體重控制不妥，導致體能快速流失，競技能力下降，而導致失敗。有關體重的控制，一流選手平日練習時，大約維持參賽體重上限約 2～3 公斤，此一方式有助選手接受高強度的訓練，而保持良好的身體素質，而不影響正式比賽時成績的表現，降體重期間要注意飲食的控制（以低熱量及醣類為主）。

六、教練的場邊指導

武術比賽過程中，由於競爭的氣氛激烈、加油聲、喊叫聲，在旁邊的教練，首先安撫選手的情緒，使之能心平氣和，才能施展技術與戰術，不斷的激勵，以提升求勝的企圖心，且教練要控制自己的情緒，正當的提出申訴，在暫停時間指導選手作戰方式。

貳・戰術：賽場上進退攻防運用的手段與方法

武術比賽方法很多，且由選手的素質動力而不同，但要把握以下重點：

1. 武術之要素一是快，一是重，武諺所謂：百打百解，唯快打，力大無解；
2. 借力、使力來引，去送；
3. 運用詭道：兵不厭詐，為取勝手段（成吉思汗說：寧用詐術以破敵），蔣中正說：「用兵最要能臨機應變，能運用詐術講求謀略，列舉摔角比賽戰術為例以說明之。

參・摔角比賽戰術

一、攻擊戰術

（一）猛攻

1. 對手體力較弱，技術差。 2. 對手耐力差。 3. 對手經驗不夠。

（二）靜攻

1. 對手體力好，經驗欠佳，動作慌張，先以方法與之周旋，待對手露出破綻時，趁機攻擊。
2. 對手體力好，惟性情急躁，可以柔和方法與之周旋，視其體力衰竭時，迅速攻擊。

（三）誘攻

故露破綻，予對手攻擊之機會，待其深入然後出奇制勝。例，我故意挺直身體對手以 ：

1. 柔道丟體攻我——我以別腿反擊。
2. 柔道彈腰攻擊——後以削反擊。

（四）偽攻（真假虛實）

我先施一虛招，視對手反應，而露破綻或對手顧此失彼時，我即行攻擊。

（五）轉移攻

例如：先撿腿——再彈擰。

（六）依對手重心依置攻擊之

例：1. 重心在前——撳。 2. 重心在後——摟。

（七）依對手姿勢之高低攻擊

1. 高——攻其下把。 2. 低——攻其上把。

（八）依對手身材高矮而攻擊

1. 高者防抱。 2. 低者防（蹻）。

（九）依對手雙足位置而攻擊：

1. 平行站立——進胯攻。 2. 前後站立——用足攻。

（十）借力使力攻

1. 對手——推我引進落空。 2. 對手——拉我跟進施術。

二、防守戰術

（一）觀察防守

（觀察對手之視線與動向）對手視我上體，則上體有被攻擊之可能（下、左、右相同）。

（二）柔化防守

以柔和之力量，將對手攻我之力量，由大化小，攻擊之方向由正化斜，對方以下把背，我以手蹩其抱我之臂反摔之。例：對手向前拉我，我亦隨之向前；對手推我向後，我亦隨之向後。以上動作我不反抗，使對手無法利用我之反應動作，而施術攻我。

（三）穩固防守

即將姿勢站立穩固，任對手攻擊。此法有三種情形：

1. 對手體力弱，我可站穩姿勢，任其攻擊。
2. 我已抓控對手得力之把位，且對手耐力差。
3. 對手體力較強，而技術差，可站穩任其攻擊，以消耗其體力，俟機施術。

14. 武術運動員體能訓練法

中華台灣國術會102年度國術教練、裁判講習會講義

武狀元常東昇英姿

前　言

所謂體能，乃指身體的適應能力而言，簡言之，即身體機能表現於活動能力的健適狀況，一般人的體適能狀態，應該是對日常生活可應付裕如，而尚有餘力從事娛樂活動，對於生存上所遭受的各種困難，危險亦會克服。

但武術運動員卻必須要超乎一般人的體能，依據文化大學運動教練研究所的研究，《武術散手選手體能測驗編製之研究》一論文，其依據2005年澳門東亞運、2006年杜哈亞運會中華台北武術代表散手隊，曾仁邦教練之建議，由張至滿教授所提基本體能測驗項目中，篩編出。

1. 肌力：① 潛艇式伏地挺身　② 單槓引體向上　③ 握力（左、右手）④ 屈膝仰臥起坐　⑤ 背肌力　⑥ 蹲後跳。
2. 柔軟度：① 舉肩　② 坐姿前彎　③ 後仰伸展　④ 脊柱轉動（向左、右）⑤ 兩腿前後分開　⑥ 兩腿左、右分開。
3. 爆發力：① 立定跳遠　② 立定三次跳　③ 垂直跳。

4. 耐力：① 100 公尺 ② 400 公尺 ③ 1000 公尺 ④ 3000 公尺。

5. 速度：① 10 公尺×4 次折返跑。 ② 10 公尺×10 次折返跑。

③ 30 公尺衝刺。

註：1. 本研究，僅針對武術散手選手體能進行測驗。

2. 長久以來運動員的體能表現，係評估總體競技能力的主要因素，不少研究，也陸續證實體能訓練將有助於提升運動成績的表現。

3. 以上五項體能測驗，對武術散手在競技中運動踢、打、摔、進、退、閃躲、騰躍、攻防、轉換，均有關鍵性的作用。

本文：簡介重量訓練與古早武術輔助器材的訓練

一、古早武術輔助器材的操作法

二、現代重量訓練法

三、結語：

人類重視體力（體能）的鍛鍊由來已久，遠在西元前 2300 年，哲人蘇格拉底說：「體力訓練為市民應盡的義務，而為生活的一部份，人至老死，若不能表現身體的力與美，實為莫大的恥辱。」

到了十九世紀初曾提倡——啞鈴體操與設計單雙槓的德人楊氏瑞典林氏都是以鍛鍊青年人的體能，之後傳入美國而興起了現今的重量訓練，大大提升了人體的體能，也奠定了重量訓練在運動上的價值，而重量訓練最重要的就是強化人體肌力，運動生理學家麥克樂說：「肌力值高者，其一般的比賽能力亦高。」

運動生理學家荷可夫說：「肌力愈強，運動的完成容易並且愈為完美。」

運動生理學家克拉克氏說：「速度是依靠力的，假如肌力以外的條件為相等，則肌力強者必能跑的快。」

中華古早武術運動員的舉石擔、石鎖、舉頂、丟沙袋、抓罈子、擰大缸、拉滑車、跑墳頭、抖皮帶。

中國武術諺語：「百拳百解，千拳千解，唯力與速無解。」

由以上所證，肌力的重要。

肌力訓練的方法很多，但最有效者首推重量訓練，而重量訓練更可以訓練運動員的耐力（肌、心肺）爆發力、速度、柔軟度、機敏反應、準確性、平衡性。

15. 中國傳統武術—摔角簡介

一、源　流

中國武術乃世界上起源最早的武術。王寒生所著《中國武道道統概要》一文中稱中國的角觝發展為拳術，視為「中國武術萬拳之母」。而樊正治先生在其所著《論角觝為國術之源》一文中，自名詞演變，動作分析，學術的特徵，遊戲學理及現象中，討論中國角觝與學術之間的關係與淵源中，證明中國古代角觝為國術之源。

二、郭慎師承門派

余稚齡時，外祖父——李東雲受以山西摔角基本功，因年少智淺不求甚解，且跟外祖父學習短暫，故成績了了。唯印象最深刻的是，山西摔角不穿上衣，而山西摔角抱腿摔技術特別多。

1957 年在軍中服役時，有幸得摔角大王——常東昇先生傳授河北省保定角。保定角多為大架式，步子走開甚為瀟灑，施術時以快著稱，故稱保定快角。其特長在施用動作中所用之撕、崩、捅絕訣，以及攻守合一，在快速動作中，運用技術，制服對手。

保定摔角另一特點就是護身倒法，平常練習時在普通土地上、草地上、木板地上練習。常大師應立法院邀請表演摔角時，常在立院大廳磨石地上演出，我等學生均被常大師摔在磨石地上，雖然承受的反作用力很大，但均沒有運動傷害，其因即在護身倒法。

常大師被聘在軍中（陸、海、空、傘兵、……特種部隊）教授摔角十六年，此間筆者有幸跟隨常大師擔任助教，謹在擔任常大師做示範動作時，即被摔過千角以上（均在不同的場地上，沒有護墊），當然更要帶領所有學生練習，可說苦不堪言，好在興趣、旺盛的企圖心，以及壯碩的體魄支撐下，協助常大師完成了各軍種各階段的任務，增強了國軍的戰力、士氣。

筆者雖在常大師耳提面命，親身教誨下，奈因天資遲鈍，可說所得真所謂鳳毛麟角，但在軍中、社會、學校的各種摔角比賽中獲得優勝，特別在民國五十四年，台灣省第二十屆摔角比賽中，獲得重量級冠軍，受到常大師的嘉勉，深感榮幸。目前已至耄耋之齡，身體機能衰退，動作技術可說不堪入目，深盼諸武術界前輩、先進能原諒是幸。

三、中國摔角特點：「一觸即摔、沾手即跌」

四、中國摔角的 25 字訣：

搵、蹩、挑、拉、踢、推、揣、鎖、擰、抱、撿、甩、打、撳、摟、削、靠、扣、圈、勾、纏、抹、撕、崩、捅。

五、摔角理論基礎以「人體生物力學」為主

如：重心與平衡、圓周運動、槓桿、慣性、作用力與反作用力、力偶等。摔角技術是利用上述多種原理，使對方穩定的重心，出其步基之外而傾跌，再配打擒動作其威力更大。

六、摔角名稱

（一）基本功

以套路的方式操練（摔角套路與拳術套路相似），如此可加強功力，亦可使動作之間，促進其連貫性，同時提高學者學習興趣。摔角套路操作順序如下：

1. 斜打	2. 環肘	3. 鎖肘（圖 1）	4. 刁捋
5. 撿腿	6. 抱	7. 前進踢	8. 前進後踢
9. 上把前進後踢	10. 拉	11. 崩	12. 下把後踢
13. 高矮速動	14. 揣	15. 靠	16. 撳
17. 摟	18. 甩	19. 分手	20. 彈擰（抓領）
21. 削	22. 頂	23. 彈擰（抓臂）	

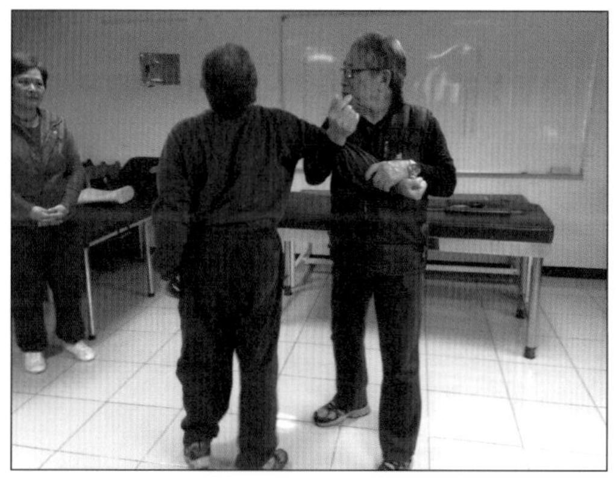

◀圖 1 筆者與文丕對做「鎖肘」動作。林伃初攝於台灣省國術會 2014.2.10

（二）雙人摔法（以上動作都是雙人摔法）

（三）摔角技術組合運用（連攻、反摔）

（四）摔角功力訓練（抖帶）

1. 馬步抖帶
2. 弓步左右抖帶
3. 左右按步抖帶
4. 左右按步迴轉抖帶
5. 原地抱抖帶
6. 揣抖帶
7. 弓步前進抖帶
8. 前進踢抖帶
9. 前進後踢抖帶（圖 2）
10. 上把前進後踢抖帶。

◀圖 2 文丕做「前進後踢抖帶」動作。莊嘉仁攝於文大柔道教室 2014.5.26

（五）摔角技術

1. 單項技術（雙人對練）

⑴ 大得合（抓前腰帶或後領）
⑵ 小得合
⑶ 擰
⑷ 彈
⑸ 抱腿扛
⑹ 抱腿枕
⑺ 掏臂抹眉
⑻ 掏腿得合（一手反握對手手腕向下滑，再上步抱腿）
⑼ 薅
⑽ 扣頸踢小腿
⑾ 車輪步攔腿
⑿ 手扶子
⒀ 接踢、補踢
⒁ 雙手反握對手雙腕下滑抱腰外勾腿
⒂ 抓對手雙腕交叉轉身下蹲揣
⒃ 側閃撞攔胸、扳腰。

2. 技術組合套摔（連攻技術）

⑴ 撿腿—扣
⑵ 撿腿—抹頸
⑶ 撿腿—彈擰
⑷ 撿腿—彈摔—走外揣
⑸ 下把背—小得合
⑹ 環肘—反抱（反攻）（圖 3）
⑺ 環肘—挑—纏腿
⑻ 環肘—外絆
⑼ 鎖肘—手扶
⑽ 左、右擰
⑾ 後勾、內掃
⑿ 抱腿枕—抱腿扛
⒀ 反手揻（反攻）
⒁ 斜打—切
⒂ 刁捋—轉體撤步摔
⒃ 下把背—後踢
⒄ 分手踢（對方雙掌推額反攻）
⒅ 揣—走外揣

⒆ 靠—抱腿　⒇ 摟—抱雙腿　㉑ 撳—抖—擰

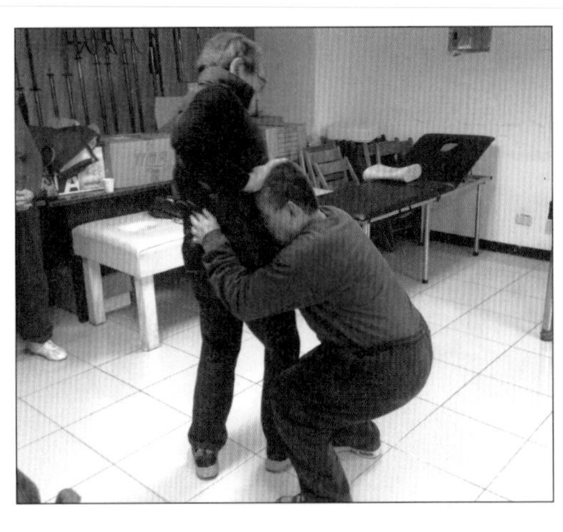

圖 3 筆者與文丕對做「環肘」連攻動作。筆者先做環肘，文丕以反抱做反攻，筆者再做「掏臂抹眉」動作。
台灣省國術會 2014.2.10

七、摔角比賽戰術

（一）攻擊戰術

1. 猛攻

⑴ 對手體力較弱，技術差。

⑵ 對手耐力差。

⑶ 對手經驗不夠。

2. 靜攻

⑴ 對手體力好，經驗欠佳，動作慌張，先以技法與之周旋，待對手露出破綻時，趁機攻擊。

⑵ 對手體力好，惟性情急噪，可以柔和方法與之周旋，視其體力衰竭時，迅速攻擊。

3. 誘攻

故露破綻，予對手攻擊之機會，待其深入然後出奇制勝。

例：我故意挺直身體對手以

⑴ 柔道丟體攻我——我以別腿反擊。

⑵ 柔道彈腰攻擊——我以削反擊。

4. 偽攻

（真假虛實）我先施一虛招，視對手反應，露出破綻或對手顧此失彼時，我即行攻擊。

5. 轉移攻

例：先撿腿——彈擰

6. 依對手重心位置攻擊之

例：⑴ 重心在前——撳

⑵ 重心在後——摟

7. 依對手姿勢之高低攻擊

⑴ 高—攻其下把

⑵ 低—攻其上把

8. 依對手身材高矮而攻擊

⑴ 高者防抱

⑵ 矮者防薅

9. 依對手雙足位置而攻擊

⑴ 平行站立—進胯攻（挑、纏腿）

⑵ 前後站立—用足攻（斜打、撿腿）

10. 借力使力攻

⑴ 對手推我（引進落空順勢而使技）

⑵ 對手拉我（踢進使術）

（二）防守戰術

1. 觀察防守（觀察對手之視線與動向）：

對手視我上體，則上體有被攻擊之可能（下、左、右相同）。

2. 柔化防守：

以柔和之力量，將對手攻我之力量，由大化小，攻擊之方向由正化斜。

例：對手向前拉我，我亦隨之向前；對手推我向後，我亦隨之向後。以上動作我不反抗，使對手利用我之反射動作，而施術攻我，我則乘機反擊之。

3. 穩固防守：

即將姿勢站立穩固，任對手攻擊。此法有三種情形。

⑴ 對手體力弱，我可站穩姿勢，任其攻擊，伺機出招攻擊之。

⑵ 我已抓控對手得力之把位，且對手耐力差，伺機出招攻擊之。

⑶ 對手體力較強，而技術差，可站穩任其攻擊，以消耗其體力，伺機出招攻擊之。

八、簡介摔角技術十動

（一）拉摔　（二）環肘摔　（三）刁捋轉體摔

（四）大得合摔　（五）掖手撿腿摔　（六）走外揣摔

（七）撞胸削腿摔　（八）被挾頸反抱摔　（九）抱腿枕摔

（十）手霍摔

16. 擒拿術簡介

擒拿術，為人類搏鬥中所獲得之經驗，其施術之著眼點，完全依據人體生理之脆弱部位，以最有效之方法克制敵人之要害，使其失去抵抗力，或己身被敵擒縛時，悉能從容解脫或反擒之技術。

擒拿術原名，分筋術，又名黏拿踢法、搓骨法及地煞手。其名雖異，其法則同，均不外使敵人四肢失去作用，或關節脫臼、骨折或神經失去感覺之效用。

擒拿術之目的，在徒手逮捕與解脫反擒；擒拿術之方法要領（要訣）為一切武術運動成功之不二法門，擒拿術以技術制伏敵人，但必須講求方法，體會要訣，否則非但不能發揮技術，更且為人所乘。

茲將擒拿術應俱備的知識簡述如下：

一、擒拿與解脫打法

鎖、扣、刁、纏、拿、順、擰、點、擊、壓、靠、抖、折、捽、拉、抹。

（一）鎖：

用手或腳控制對方的手和足、喉，使其不能隨便移動、脫逃，鎖要緊密、牢固。

（二）扣：

用手掌按在對方，手背或其他肢體部位上面，使對方不能逃脫，扣要用沉穩之勁按壓，力達掌心。

（三）刁：

是用手指抓住人體某一部位或衣袖等，以提、拉的方法，力達手指，要屈腕、垂肘。

（四）纏：

是用人體四肢動能，纏繞住對方身體某部位，使其不能解脫，纏要以粘連不丟不頂之勁。

（五）拿：

是以手指掐握對方要害之處，使對方疼痛異常，失去反抗能力，力達指尖。

（六）順：

是趨向同一方向之意，逆來順受，情勢反攻，順要出手穩，發勁狠。

（七）擰：

單手或雙手抓住對方肢體某一部位，向相反方向用力扭轉，發勁要協調一致。

（八）點：

是力量集中在一點上，擊打對方人體要害處，點要準確、勁力強。

（九）擊：

以手、腳、肘、膝，用武術巧妙的擊法，攻擊對方，擊要爆發力強。

（十）壓：

由上或側面，以手掌按壓對方肢體局部，使其受壓部疼痛，壓勁要沉穩有力。

（十一）靠：

利用肢體撞擊對方某部肢體，震撼對方，施以擒拿方法，而制服對方（背靠、肩靠、胯靠、臀靠）。

（十二）抖：

以單、雙手抓緊對方隻手或雙手，猛力向下抖震，使對方手臂麻痛而為我擒拿，亦可以雙掌，猛力拍擊其肩部，使對頭腦暈旋，為我所乘。

（十三）折：

以反關節的方法，抓握對方肢體，施以反折其肘、肩為我所乘。

（十四）摔：

以各種摔的方法，摔倒對方而擒拿。

（十五）拉：

以隻手或雙手，抓握對方手和臂，以引進落空、借力使力的方法，使對方攻擊落空，為我所乘。

（十六）抹：

以手掌心抹其額部而擒拿。

二、人體要害

了解人體要害部位和主要關節的目的，是為了在向對方使用擒拿術，反擒拿解脫時，能準確的擊其要害、控制關節、制服對方，茲簡要解說如下：

（一）頭部：

頭部是人體的主宰，不僅僅是聽、想、嗅，頭部直接控制和影響人體的動作，低頭不能挺胸、抬頭不能彎腰，所以在和對方搏鬥時，要隨時控制對方的頭部。

（二）太陽穴：

太陽穴在上耳廓和眼角延長線的交點上，此穴附著顳淺動脈，又近大腦，一旦受到擊打，血管膨脹，以致血流受阻，大腦缺氧，而至昏迷死亡。

（三）咽喉：

咽喉主宰人的呼吸，一旦遭到卡、掐、絞，一定會昏迷，甚至死亡。

（四）上腹部：

是胸腔尖突下、肚臍以上的部位，由於腹主動脈血管經過，如果用力擊打，影響血行及心跳、局部疼痛或造成休克。

（五）軟肋：

軟肋是指肋骨中最下部的游離肋，此肋細小、脆弱，外力擊打易折斷。

（六）生殖器：

生殖器是人體神經末梢最多的所在，反應敏感，如遇外力頂、撞、踢、揪、疼痛難忍，也可死亡。

（七）頸椎：

頸椎是頭部與身軀相連接的重要器官，椎體七個，能前屈、後伸、左右轉動，如受到外力擊打，左右搬動、擰轉，會致殘、死亡。

（八）肩關節：

肩關節是人體中活動範圍最大的關節，能內收、外展、前屈、後伸、轉旋，如以暴力左、右擰或向後扳、壓，會脫臼、韌帶撕裂。

（九）腕關節：

腕關節能前屈、後伸、內收、外展、轉旋，受到外力壓、扭、打擊，會脫臼或撕裂、骨折。

（十）膝關節：

是下肢重要關節，伸直、彎屈為其功能，伸直後最忌被前、側用腳猛踢、踹，雙膝部交叉後擠、壓會疼痛。

（十一）兩腎及肛門、尾椎，怕踢、打、膝擊、休克

註一：

擒拿歌訣：「腕力巧勁手法強，扣指輕拿把敵傷，鎖住敵人筋和骨，閉住穴門跌當場，左手擒住，右手拿、壓，左右並用，肩胯撞，手拿腿鎖，難逃脫，招式靈敏，敵難防。」

註二：

擒拿歌訣：「單擒隨手轉、雙擒招帶拿」，「單拿手腕肘，雙拿肩膀頭」，「巧拿妙術破，逆來順受脫」，「隨勢借人力，後發制強敵」。

註三：

摔角歌訣：「摔角無秘訣，端在虛實間」，「欲前先向後」，「欲後先向前」，「欲左先看右，欲右先看左」，「上下同一理」，「學者自體會」，「先量人，後量力」，「最後必須量技術」，「弱則活拿，強以智取」。

註四：

「殺手歌和打穴歌」，「上打咽喉，下打陰，中間兩肋並當心，下部脛骨合兩膝，胸後一掌要真魂。」（陳鑫太極掌大家）。

註五：

陳氏太極名手，太極拳散手十八打，提打、按打、擊打、衝打、膊打、肘打、胯打、腿打、頭打、手打、高打、低打、順打、橫打、進步打、退步打、截氣打、借氣打，迅雷「起手如閃電、擊敵如迅電」，「發手要快，打手要狠，發身要鷹揚、勇猛、潑辣、膽大」。

註六：

太極拳打手歌：「掤擺擠按須認真，上下相隨人難進，任他用力來打我，牽動四兩撥千斤，引進落空合即出，沾連黏隨不丟頂。」擒拿技術眾多，在施術時應發揮：踢、打、摔、拿四擊相機運用，會收最大功效。

17. 中國武術的形式和流派簡介

中國武術，在歷史的發展中有武術套路，武功類，散手搏擊三種形式。

一、武術套路

套路分為拳術和器械類。

拳術類主要拳種有：長拳、太極、南拳、形意、八卦、八極、劈掛、翻子、地趟、象形等。

器械分為：短兵、長兵、雙器械、軟器械。短兵有刀、劍、匕首等。長器械有棍、槍、大刀。雙器械有雙刀、雙劍、雙鈎、雙槍等。軟器械有三節棍、九節鞭、繩標、流星錘等。

二、武功類

包括各種內功（內練一口氣）。外功、武術外功，即所謂的「外練筋骨皮」。

（一）外功：

1. 少林七十二絕藝，僅以「蜈蚣跳」（蛇行術）為例說明，蜈蚣跳屬陽剛之勁，練成之後，趾、指之力不下千斤，若著身，如被兵刃擊刺，沒有抵擋者。其行功方法，先以雙手與雙足趾，抵地面支撐全身，胸、腹距地面兩吋，如伏地挺身動作，身體雙手掌、雙腳趾，向上挺起（凌空），並趁此按撐之力，向前躍進，仍需以掌、趾觸地。練熟之後、變掌為拳，變拳為指，之後五指為三指，而兩指，而一指，足變為單足。

如此練習，能隨意進、退、左、右撐躍，此技即成功。成功之後，以此對敵，非但手指、足趾之功可以制敵，且跳耀也可助已，身退避敵人攻擊，且能伏地蛇行，使敵人出乎意料之外，而困惑敵人。

2. 排打功　3. 鐵臂功　4. 鐵頭功　5. 鐵膝功　6. 石鎖功　7. 提千斤功　8. 霸王肘功　9. 一指金剛功　10. 推山功（推山掌）　11. 鷹爪功　12. 踢 功（踢木 ）13. 金砂掌（摩擦術）　14. 銅砂掌（竹葉手）　15. 鐵砂掌功　16. 五毒手（五毒追砂掌）　17. 刀槍不入功　18. 玄空掌　19. 旋風掌功　20. 點石功　21. 千層紙功　22. 拔釘功　23. 一指禪功　24. 金鐘罩功　25. 鐵布衫功　26. 鎖指功　27. 螳

螂爪功　28. 浪裡鑽功（泗水術）　29. 飛簷走壁功　30. 鐵身靠功。

以上外功，眾多不勝枚舉，足證中國武功博大。按照少林寺說法，以上武功只要練成一種，足以戰勝一般的武林高手，能夠練成三、四種，就橫行武林，天下無敵了。

（二）內功：消略

三、散手搏擊

散手搏擊最早的形式，是起源於黃帝時期角牴（即現代之中國式摔角）。角牴在圖騰時期，弱肉強食、茹毛飲血，根本就是所謂的「實戰」。之後歷經演變，逐漸進步成一種可比賽的項目，此亦符合了角牴的實戰本來面目。到宋代時期，發展為散手賽，據《水滸傳》的描述，北宋時期，無論是皇宮、校場、還是勾欄瓦舍，都盛行打擂台。

眾所周知的燕青打擂台故事，水滸傳七十四回，燕青智撲一擎天柱任原，任原貌似金剛、身長一丈、有千百斤力氣，燕青身材短小精幹、貌不驚人，如何是擎天柱的對手！但燕青自幼苦學「角牴」且機巧心靈，而自信滿滿，秉持「有力使力、無力鬥智」的戰術，不怕他碩大身材，只恐他不著圈套的信念，果然開賽後，利用其刁鑽靈活的身手，在任原左、右脇間鑽來鑽去，在任原轉身不利的情況下，燕青左手拽住任原的手臂，右手插入交襠，用肩胛頂住胸脯，把任原扛起來，借力旋轉三四圈，旋至擂台 ，將任原以「鵓鴿旋」的動作，將任原頭下腳上摔落臺下（此乃水滸傳描述燕青摔角技藝的詳情），足證，燕青摔角技術已至爐火純青境地。

參考文獻：

一、中國武術實用大全。康戈武編著。

二、圖文中國民俗、武術。佘志超撰文。

18. 中華民族武術的發展概況

中華武術，歷史悠久，歷代相傳，流傳至今。三代秦、漢寓兵於農，文人儒士佩劍，平民習射講武，故能國運昌隆，雄視亞陸，惟唐宋以降，積成文弱，武術漸為專家之學，先哲遺緒，幾於中絕，前就其起源與發展約略述之。

一、發生時期

中華武術為中華固有之國技，證諸史冊，上古時已有之，原始時代，人與禽獸互競生存，乃發生自然的肢體動作，因欲制勝，而生機智，運動四肢，仿禽獸的形體，保衛自己的生命，以力為主，以智為輔，進而發展成技擊之術，而技擊之術，應以最原始最簡單的所謂角牴之術，進而發展成拳鬥之術與兵器之術。

二、興起時期

軒轅黃帝自崑崙東下，其征伐的族眾，非武力不能平，帝伐蚩尤，即民族自衛之證，皇帝採首山之銅鑄劍，臣暉做弓，夷牟做矢，以弱蚩尤，是武器之興，三代列國，更有傳人。

《周禮》載：「發揚蹈厲、有勇之方。」《詩經・小雅》云：「無拳無勇、職為亂階。」孔子曰：「有文事必有武備。」戰國之時，齊人獨以技擊著名，是三代以後，武術興起之證。

三、摧殘時期

秦始皇併吞六國，統一天下，欲保其萬世之業，以文人可厭，思有以明一人而愚萬夫，於是焚書坑儒，以致文化一度遭受摧殘，後以武士可厭，思以剛一人而柔萬夫，於是殺豪傑，收天下之兵，聚諸咸陽，銷鋒鑄鐻，以弱天下之民，視為武術文化之摧殘。

至漢武帝時代的重文輕武，流風所播，武術益以萎靡。

四、復興時期

梁武帝時，印度達摩東來，渡江往魏，止河南嵩山少林寺，與眾僧講經時，每當入座講法，徒眾即昏鈍不振者，乃創易筋經、易骨經、洗髓經、羅漢十八手

等，教僧眾於晨光熹微時，起而練習。

羅漢十八手即後世少林拳之濫觴，後人融合變化，次第增加，北魏以後，未嘗或間，隋唐兵戈時，多賴武術以建功。

五、發達時期

其後少林拳術傳播至廣，後世稱為外家拳，其法以硬攻直進為上乘，宋徽宗時有張全一（張三峰），精少林，得武術之奧蘊，後居武當山，研究以柔克剛之術，以守克攻之學，創太極拳、劍，後人眩奇示異，稱為內家拳，又稱武當派。

自是以後，內外兩家，術式繁多，門戶之見亦越深，私相傳授，視為家珍，然流傳至廣，其後元太祖挾其武略入主華夏，遠征至歐洲，武術愈見發達，明代戚繼光以拳法練兵，少林一派達於極盛。

六、衰落時期

武術傳至清代，又遭鄙棄，清廷以少林多明末遺臣，兩度焚燬，徒眾星散，各本所得以教人，然朝廷以科舉取士，官民競習詩文，重文輕武，蔚為風氣。至拳匪（白蓮教）亂後，世人以此等愚夫誤國，將此怨恨遷怒於武術，加以江湖人以武術為生，凡習武者悉遭輕視，以武術為下流。

然民間仍為專家保存，秘不公開，間遇奇才異能之士，每每傳聞不實，過事鋪張，或飛劍殺人，或騰雲萬里，種種不徑之談，致使人恍惚迷離，其品德不端者，橫行市井，好勇鬥狠，武術遂為人所鄙棄，武德沉淪，人多羸弱，致招東亞病夫之譏，睡獅之誚，武術地位遂一蹶不振矣。

七、再興時期

清代因外患頻仍，國勢衰微，屢戰失敗之後，門戶開放，歐美傳教士，來華傳教辦學，西洋體育亦隨之輸入，是時雖運動風尚未普及，但時人以民族體格衰弱為憂，於是競倡強身之道，而具有數千年歷史的中華國術，亦乘機更生。

1910 年天津國技家——霍元甲創立精武體育會於上海，培養武術人才，發揚中國武術，同時出版武術書刊，普及國內海外，是中華武術再興時期，中華民國建立後，雖先後有軍閥作亂，日本鬼子侵我中華，接著是國共內戰，但在艱苦萬難中，中央政府於民國十七年在首都南京成立了中央國術研究館（後改為中央國術館），茲將重要事蹟條列於下：

（一）組織體系

由理、監事會為權力機構，之後又採用一會三處的組織建置，一會即理事會，三處包括教務處、編審處、總務處。民國十八年國民政府，通令各級行政機構遍設國術館（社），訂定了組織大綱，各級國術館（社）的負責人，由當地政府首腦人物擔任，保證了各地政府對各級國術館的撥款，也促進了各地國術館（社）的組建，至民國三十二年的統計，其時有二十五個省、市建設了國術館（社），縣及縣以下的國術館（社）的數量尤多，僅青島一市，就有國術訓練所八十三處。

（二）中央國術館的宗旨

第一條：中央國術館以提倡中國武術，增進全民健康為宗旨。

第二條：為實現前條宗旨起見，本館特延聘國術專家、體育專家及其他專門學者，辦理下列事項，1. 研究中國武術與體育。2. 教授中國武術與體育。3. 編著關於國術及其他武術之圖書。4. 管理全國國術事宜。

（三）中央國術館所開課程

1. 學科：

黨義、國文、地理、歷史、數學、國術源流、國術學、生理學、軍事學、音樂。

2. 術科：

腿法、拳術、器械科、競技科、選修科、特別科、軍事科。在以上七門技術課程中，包含有，形意拳、太極拳、八卦掌、查拳、新武術（拳腳科）、連步拳、雜拳、行拳、戳腳（掇腳）、劈掛拳等。

器械方面包括有劍、刀、棍、槍、鞭等。

另有氣功、鐵沙掌、紅沙掌等功法，以及散打、摔角、擒拿、長、短兵格鬥項目，還開設了拳擊、日本劈刀與刺槍術。

（四）中央國術館的國術國考

此一國考可說是中央國術館成立以來，最受人們關注的大事，此一制度是仿古早時代武術考試，和近代體育運動競賽制度，而制訂的「國術國考」。仿武科的外場（試武），內場（試文），設術科與學科兩門考試，此一國考可說是選拔真才實學的所謂「掄才大典」。國考的術科，分為預試和正試，預試是單人表演，項目包括拳術、刀、劍、棍、槍。正試是兩人特邀比賽，項目包括徒手的拳腳門（散打）、摔角門、器械的棍槍（長兵）、刀、劍門（短兵），預試及格方可參加正試。

國術國考舉辦過兩屆，不但出現眾多武術人才，更掀起了全國熱愛中國國術的熱潮，也鼓勵了全國女性習武的風氣。據記載，第二次國考，曾參加考試的部分女選手，隨中國體育運動代表，參加了 1936 年的柏林奧運會，並在武術表演項目中，由於出色的表現，引起了國際體育界的重視。

1949 年，中華人民共和國成立以後，由於十年文化大革命禁止武術活動，因而中華武術受創更深，雖然，盡力提倡新武術，也舉辦傳統武術的競賽，但由於要參與西方體育運動（中華人民共和國要進軍國際體育運動），於是全力以赴，特別 1971 年，大陸以「小球轉動地球的方法，打開了與美國建交的關係。」可以說全力在準備參與國際體育運動的活動，當然在提倡中華武術方面，效果無法彰顯。

在中華民國方面，同樣制約於提倡西方體育運動，對中華武術亦力有未逮。今後如何振興我中華武術，海峽兩岸主政者，應透過協商，共同籌畫，合作無間把老祖宗的國寶，發揚起來。

振興武術的條件很多，但最重要的，一是訓練，一是競賽。在訓練方面海峽兩岸都有良好環境，合乎運動科學的訓練理論與方法。只要盡力而為，一定會培養出好的選手。在運動競賽方面，是否可將《孫子兵法》運用在競賽方面，因為事實證明孫子兵法，無論運用在戰場、商場、職場上都有立竿見影的功效，運用在武術競賽方面，一定會有宏大的效果！

19. 首屆海峽兩岸健身氣功交流論壇、兼談氣功的迷思

氣功在中華民族悠久的歷史文化中，存在久遠，雖然有其正向的意義，但亦產生不少負面的影響，帶給庶民很多難以理解的迷思。歷史的原意，是在探求真象（希哲希羅多德），哲學的功能乃是：驗證價值、探求真理、開拓領域，兩者都在盼望造福人類，使人生在身、心方面受益多多，樂活久久。

2014 年 11 月 1 日，參與了由台北海洋技術學院、國際氣功養生聯盟、社團法人中華民國玄牝太極健康導引學會，暨眾多公益社團共同舉辦的：「首屆海峽兩岸健身氣功交流論壇」。特請上海體育學院教授虞定海（博士、碩士生導師）蒞臨主持指導。講師：李章智（國際氣功養生聯盟理事長）、黃孔良（佛光大學未來與樂和產業學系教授）、邱翊展（大會執行長），所研習的課程非常廣博，將有關健身、養生方面的項目暨功法均詳列如下：韋馱獻杵十二式、八段錦、五禽戲、易筋經、六字訣。並論述古代傳承的養生功法，無統一名稱諸如：性功、命功、靜功、玄功、內功、內養功、定功、養生功、吐納、導引、食氣、行氣、調息、胎息、修道、練丹、禪定、止觀、靜坐等。

1979 年 7 月 15 日在中國大陸國務院所開的「中國氣功匯報會」中，將傳統練養功夫統稱為「氣功」。

除了上述內容外，更說明太極拳是養生拳，也是健身氣功，更是格鬥拳術。而「氣功數位化」、「氣與身心靈全人養生樂活實踐的探討」，亦為本屆內容，更使此屆海峽兩岸健身氣功交流論壇，涵括了全部養生健身學理與功法的精華，也開拓了爾後論述有關健身氣功的先河。

王唯工（美國約翰霍浦金斯大學，生物、物理學博士），在其所著《氣的樂章》論述中說明：氣是生理的功能，氣是人體血液循環的動力，氣才是解決現代人病的重點。《佛說四十二章經》中有一故事，佛向眾徒提一問題：「人生幾何」？一生曰：在數日間，佛說子未能得道。二生曰：在飯食間，佛說子未能得道，最後佛說：「生命只在呼吸之間」。

《黃帝內經》養生之道論述：氣是人體內的能量，生命的基本元素，百病生於氣也，人之所以衰老，乃因五臟六腑逐漸氣血衰弱。不瞭解氣的作用，如何談養生？人必經由練習養氣，並培養馭氣能力，用於通經脈、調陰陽，而使氣血暢通百病不生而終於自然終老。吾人常言：人活的就是一口氣。

以上所論述而深切體會，氣的確是人體之樞機生命之寶，人們對於氣的學理能深切融會貫通之後，對於氣的功法，更應善加研習，就不被諸多怪力亂神的妄語所蒙蔽，更不會因練功而走火入魔，茲將練氣功的諸多故事（亦可稱之謂氣功的神話）與走火入魔的事例略述：

壹・氣功的神話

一、氣功神話之一

前中華太極拳協會理事長——張肇平先生，在其所著《太極拳語錄註解》書中，傳載其業師——劉培中氣功高強，論述中所謂：「真人不露其相者」，劉師功夫高強，尤以數丈之外，伸指遙擊壯士，可使之笑倒不可遏止。可以使之張口而不能言語，可以使之手中刀、槍，立刻落地而不知所措，可以使之招之即來，揮之即去。

二、氣功神話之二：太極氣功

陳式太極十四代傳人——陳長興，年幼時練功，終日磨練，晚上練拳，有時睡覺和衣躺在長木凳上，練拳姿勢端正，以致於站、坐、臥、走路，一舉一動盡循拳理，務求中正拳藝，以致練到出神入化之境地。在晚年時精力充沛，武藝不減當年。

在陳家溝流傳其傳奇故事：陳家溝每年過節唱大戲，成千上萬人來看戲，陳長興站在人群中看戲，不管千百人推擠，陳如泰山盤石，絲毫不為所動，凡近其身者，均如水觸石，不抗自硯（如磨墨狀）左右分流而去。時人稱為「牌位」先生（中國北方民間供奉祖先，安放祖宗神壇上永不移動稱之謂牌位）。當時以此形容陳長興的深厚氣功太極，陳長興亦是第一位傳陳氏太極拳，予外人河北永平楊露禪（楊式太極創始人楊無敵）。

三、氣功神話之三

中國東北大興安嶺發生了嚴重的森林大火災，根據中共新華社報導，火災是在集合了幾十位氣功師父，一起發功之後才撲滅的。

台灣許多人看了這篇報導嚇了一跳，國科會也馬上聘請六位清華大學教授開始研究氣功，半年之後，研究結論出來了，證明果真有氣功這回事，但是氣功能否救火，則尚待研究（錄自《人生需要幾座燈塔》，傅佩榮教授與陳履安，曾任國科會主任委員時發生的事件對話）。

貳・走火入魔

在傳統的練功術語中，有一個術語叫走火入魔，這是對劣質功法最傳神的說法，如果一種功法，不是針對身體弱點加以補強，而是補強某一個或幾個非不足的經絡，結果必定是大者愈大，小者愈小，這就是所謂的走火入魔的廣義定義（王唯工博士）。

一、走火

是受阻，該通的經絡不通，已經通的經絡，不正常的虛火愈來愈大。

筆者一位同仁，練健身氣功，非常專注，每日清晨、傍晚練功長達五年，其練功的後遺症，有小腹凸出如孕婦狀，長時間眼淚、鼻、口水流出無法控制，且腦鳴、耳鳴、幻影、視覺常模糊不清，且嗅覺有汽油味，此狀況應屬所謂走火了，之後有否治癒不得而知。

二、入魔

使人神志失常至沉迷狀態，入迷到了極點，誤入邪道，陷入混亂，具體的如：

1. 對事物太熱衷、脫離常規。

2. 坐禪或練功，因過於專注而喪失神志甚至生命。

3. 正在專一心志練功者，如突然有人碰觸其肢體，或以聲音刺激，即會走火入魔（法輪功有此說法）。

4. 大陸奇人蕭宏慈（《醫行天下》一書著者），他在青城山、峨眉山等名山僻地學習，遇諸多亂世奇人，如武當道士、賈道長和赤腳大仙、算卦的道長、點穴高人等，在師傅的指導下，他很快將針灸、拉筋、正骨、點穴、拍打等療法熟習運用，並發現中醫的若干療法，不但自然簡易，而且有立竿見影之效，更體會中醫的博大精深，不僅在於其術、其法、其效，更在於其道。中醫就是道，於是他到處行醫救人，他由陳履安（前國科會主委）引薦來台灣行醫，其著作《拉筋、拍打治百病》由多位知名學者、名人、專家為之寫序推薦，筆者亦購買一冊，但他卻被限時離境。主因乃在將其醫術宣染至神乎其神、不切實際之故，可說亦為走火入魔。

5. 王唯工博士（《氣的樂章》，《以頸為鑰》，《以脈為師》三本著者）在其《以脈為師》著中論述：「過去在不正確的練功過程中，也發現許多人自以為看到異象，其至有了些特殊能力，多是走火入魔的不同表現。」走火入魔是由於血液循環之異常，造成神經系統的穩定性降低，在神經細胞氧氣不夠時，細胞電壓就不到位……於是杯弓蛇影、幻視幻聽。一些說自己看到鬼的人，常常都有這個問題，民間常說八字輕的人容易活見鬼，大約也是這個道理。身體先天心腎虛弱，如果肺功能再低下，就更容易因腦子缺氧而產生幻覺，很多人還以為自己有了特異功能。……而人的腦子對於看不真切的雜訊，總用自己過去的經驗。文化背景去合理化，於是天主教徒就看到聖母，佛教徒就看到觀世音，不信教的人就看到鬼了。時下流行的養生功法，大都是提升人的氣，但是怎樣才是正確的、安全的，真正能促進健康，而不會「走火入魔？要在練功前，值得三思而行」。而前文中所論述的諸多練氣功神話及走火入魔等，尤應慎思明辨之。練習養生健身氣功方法眾多，必須加以選擇，而各種功法中諸多怪異論述，應詳讀相關「注釋或註解」以求其正確的理法與功法，則免除誤入歧途斲喪身心。另外游泳練習呼吸，是否可列入養氣健身功是值得研究參考，2008 年，在中國北京舉行的奧林匹克運動會美國游泳選手費爾普斯（獲八面金牌），其肺活量為一萬五千毫升（正常人的四倍），一般選手休息一小時才能恢復正常，費爾普斯只需二十分鐘。筆者淺識，游泳對健身氣功有助益。

參・針對此屆論壇中所論述的

五禽戲、八段錦、易筋經、六字訣暨養生樂活實踐，聊表筆者愚見，五禽戲乃吾中華民族傳統健身法，主要在模仿：虎、鹿、熊、猿、鳥的形、神、意、氣以達健體功效。且要把所謂形、神、意、氣四個要素環環相扣容為一體。

一、五禽者名不正，禽屬鳥類的總稱

獸是四條腿的動物，應以五禽獸正名，而五禽獸戲之形如：虎視、虎抓、虎撲、虎伸、虎旋。鹿觸、鹿突、鹿盤。熊攀、熊推、熊晃。猿躍、猿進、退、轉、閃、採、坐。鳥伸、飛落、伸筋拔骨、展翅飛翔等可仿。但諸如：神：神韻、神態。意：意念、意境。氣：氣宇、氣色、英氣充盛，則仿之不易。而呼吸亦為操練者的所謂：調身、調心、調息（自然呼吸、腹式呼吸、提肛呼吸）。而非真正五禽獸的呼吸，可以說是僅由觀其形而意會揣測，正如以下說法「你不是虎，怎應能知道虎的呼吸」。

二、八段錦

有文八段、武八段。文八段，多行坐功，非全身運動。武八段是全身運動。僅以武八段錦而言：其八段動作均介乎等張與等長收縮運動，肌纖維收縮與肢體動作，等長僅有肌纖維的收縮（亦即原位運動）而肢體無伸展動作。操練時有憋氣用力的努責現象，此會引發高血壓及心肺功能障礙，尤以第七式攢拳怒目增力氣（亦稱固握定睛增臂力）其動作：坐馬式、兩手握拳雙臂貼腰間、拳背向下、

拳眼向外、頭略上昂、兩眦須睜至極度、目睛突出如金剛怒目，然後將雙拳用十二分力量，緊緊固握。此段完全練雙臂及腿足之力而憋氣乃必然之舉。

三、易筋經

有內外功法之說，多言調和氣息之力，外功為鍛練身體之用，此屆易筋經之論述由李章智講師主持共十二節：

1. 韋馱獻杵第一勢。2. 二勢、三勢。4. 摘星換斗。5. 倒拽九牛尾。6. 出爪亮翅。7. 九鬼拔馬刀。8. 三盤落地勢。9. 青龍探爪勢。10. 臥虎食勢。11. 打躬勢。12. 掉尾勢。每勢均有益於人體五臟六腑之健適。

以筆者愚見，古代傳統的文事，武備均有其可貴之處，值得珍惜傳承。但應以古為今用，才能開枝散葉。十二動作名稱似有商榷之處。如九鬼拔馬刀，摘星換斗，究竟所指為何？應有註釋示知，而青龍探爪勢，更令人無解，此乃圖騰社會傳下來的一個很抽象的獸名，而動物學裡根本無此物，為何一再相傳，令人費解，而太極拳術中動物名詞更多如：白鶴亮翅、野馬分鬃、白蛇吐信、抱虎歸山、高探馬、退步跨虎、轉身雀地龍、青龍出水、左右黃龍三攪水、金雞獨立、白猿獻果、攬雀尾（雀尾所指是：小麻雀、鵲雀、孔雀抑或烏鴉、金絲雀）等玄奧名稱，現在社會平日生活中既無孔雀、虎、馬，更未看到龍，何必用此等動物作為假想敵人呢！

武術中用以上動物名稱，無非是取其威武、靈巧、形像等可與武術動能配合。而岳飛教其戰將牛皋學習摔角可以仿貓竄（如貓捕鼠之竄法，此在摔角搶把進攻時用），拳經云：「動如山崩，快似閃電」。此法須於「量敵」之同時，適敵以攻，使其措手不及之際。另可仿「狗閃法」，狗閃者，如狗之閃避棍擊，磚石塊擊時，身形靈敏不易近之，如在搶抓把時，欲耗敵之體力，此法最效。

另武者平時訓練的：閃轉法，閃者、躲避。轉者，旋轉。在實戰時、瞬間閃轉兼施於片刻間。而騰挪法，亦為實戰常用而收效宏大。騰者，上升也，挪者，移動也，上升以避其足法，移動以躲其抓把，此為實戰中常用之身法，此術精巧者，端於一升一躲間，即能制服敵方。而雞、鵝鬥性很強而狠毒，更可將兩者融合在武術中。

筆者以：貓、狗、雞、鵝融於武術中，其主因乃在吾人日常生活中可見者，更可細心模仿其靈巧戰鬥技術，兇狠慘殺的獸性，以供吾人武術實戰時借鏡，站在武術實戰以戰勝為目的的宗旨上，多觀察一些動物的搏鬥技術與其獨特、勇猛、兇狠的搏鬥精神毅力，必定有助吾人實戰。

四、六字訣

健身氣功是一種體育運動，而此種運動具有養生的效益。六字訣，是以呼吸吐納為主要手段的健身方法，在吐氣發聲的同時，按摩臟、腑，以達到祛病健身、延年益壽的效果。有關六字訣，筆者閱後無法理解之處，就教方家示我迷津，列述如下：

（一）六字訣是氣訣不是聲訣，此屆研習健身氣功文中論述中說明，讀者又分為兩種：吐氣出聲、就是發聲，吐氣不出聲，就是吐音……對習練者總的要求是，吐氣不出聲。出聲與吐音兩者不就是出聲嗎?!為何又要求不出聲呢？

（二）六字訣的習練不僅是靜止的一呼一吸，而且要有動作與面部的表情如噓字訣發音時，要配合兩目圓睜，且手指前方，穿掌伸臂，身體左右旋轉。呵字訣：要展眉落腮，放鬆面部肌肉，透過捧掌上升、膝部伸屈、兩掌的翻、插、撥、肩、肘、腕、指各關節柔和連續地屈伸，旋轉運動等。但論述者未能親身示範，學者也沒有練習的機會，此乃究因於論壇時間限制之故，爾後舉辦此法意及此。

在氣與身心靈全人樂活實踐課程方面，可說資料非常豐碩，僅圖表就有七十多種，所涉及名家、學者文獻，氣功李嗣涔、豐東洋、經絡與生物能、王唯工、崔玫、太極拳、廖承慶等。筆者僅略解「樂活養生方法（身體生理）」需要透過：運動、太極拳、舞蹈、戲劇、按摩、排毒、肌肉鬆弛、溫泉、草藥及功能性食物與保健食品。氣功可健身，但不能治療夜盲症。必賴保健食品，如維他命 A。

肆・結　語

健身氣功是以自身形體活動：呼吸吐納、心理調適相結合為主要的運動。首屆海峽兩岸健身氣功交流論壇：四套健身氣功功法，易筋經、五禽戲、六字訣、八段錦均為動功，但其重點在講求呼吸養生，呼吸要：深、長、勻、細，呼吸時要深細綿長，有意的以鼻腔進行呼吸，以促進循環，更會有按摩腹腔內臟的功效，古代中醫專家——孫思邈，曾提及呼吸養生原理：「善養攝者，須知調氣焉」此意即指呼吸之重要。

前文中，曾提及走火入魔、練氣功神話，以及諸多有礙健身氣功不利因素，一定要知所警惕，而更重要的是慎拜老師。武術諺語「經師不到、武藝不高」，學健身氣功，更要慎拜老師才能學得高深的功法，所謂苦練三年，不如名師一點，可見經師之重要。

20. 武術散打中的兵法應用

武術散打，乃指敵我雙方實際戰鬥。兵書云：「不學兵，不知兵，危矣。」子曰：「不教民戰，是謂棄。」把沒有受過散打訓練的人推上賽場，就是棄之不顧。武術散打實戰，雖沒有軍人作戰那樣慘烈，但其性質相同，同樣有傷亡，而比賽的勝負，取決於善用兵法。因此武術的比賽一定要具備兵法的知識，更重要的是先做好情報戰為先決條件。

用兵爭勝，貴知敵情。兵法所謂「知己知彼，百戰不殆；不知彼而知己，一勝一負，不知彼，不知己，每戰必殆。」可知情報戰的重要。

《孫子兵法》第十三篇「用間篇」開宗明義指出，用兵爭勝，貴知敵情，且不可取於鬼神（不用祈禱，祭鬼神和占卜等去求知敵情），不可象於事（象是比擬、推測、類比，不可用相似的事來類推），不可驗於度（驗是取驗、應驗，度是度數，指星在天空中所處的位置，是說不可用夜觀天象來知敵情），必取於人，知敵之情者也（必定取之於人的偵知，獲取敵人的情形，才是可靠的）。

武術散打可從眾多媒體，甚至像前拳王克萊以不擇手段如派遣偵探潛入對手訓練營中，或親自化粧混入，或明目張膽直入敵營等方式獲取，所謂運用之妙存乎一心，情報工作多樣化，要善加運用。

有關武術散打中的兵法運用，茲摘要列出以下兵法：

1. 以靜制動：

散打中要有強烈的自信心，絕不可慌亂盲動，任憑對手張牙舞爪，手足亂揮，我惟靜以待，蹈其隙以乘之，此乃兵法中所揭示的「以靜制動」之法。

2. 先下手為強：

散打中乘敵不備，突然進攻，以迅雷不及掩耳之機，發動猛烈的攻擊，會收到很大的效果。

3. 以逸待勞：

在散打中不可枉費氣力，敵來勢兇猛，粗暴狂野，可以用防守反擊的戰術、靈活的步法、身法，以閃躲、靠、撞等技法及摔角的各種近身抱摔法反擊之。

4. 逢強智取：

散打中敵強我弱，敵方來勢剛猛，我不可硬性格鬥，應以柔克剛，巧妙的利用步法、身法閃擊，耐心的覓取時機反擊之。

5. 驕兵必敗：

散打中如敵弱我強，確不可掉以輕心，更不可存欺弱之心而大意，一定要小心謹慎以正規戰術，兇狠的技術攻擊敵人。

6. 巧窺敵隙・觀隙而動：

散打中要膽大心細，切不可冒險蠻打，沒有觀察清楚，切不可憑匹夫之勇亂動，一旦觀獲良機，要果斷進攻，不可猶豫怠慢。

7. 兵不厭詐：

散打中不可宅心仁厚，心存慈悲，且頭腦清楚、冷靜，戰術上多變化，以虛假、引誘使敵人入我圈套，則勝矣。

8. 善用誆騙：

散打中在戰鬥技術方面要善用欺騙、虛假，如我要打敵人上身，先向下虛晃，欲取其左，先右進擊，俟敵入我圈套，則我得利矣，聲東擊西同樣道理。

9. 出其不意，攻其無備：

散打中要善用破綻之法，誘敵出招，可乘機攻擊，使敵來不及防備，此法重在「奇戰」；敵人如有弱點，一定要出奇招，攻其無備，使敵人意想不到，一時之間難以因應的打法。

10. 虛張聲勢以惑敵心：

散打中要「靜、動」分清，如敵以靜待我，我先以虛招動作，使敵眼亂、情浮，眼亂情浮則心、神不寧，我則乘敵疑惑之際，而施以一逼、二假、三實打的戰法進擊之。

11. 因其勢而利導之：

散打中善以柔克剛，順人之勢，借人之力，引進落空，捨已從人等均為因勢利導之訣竅，要善加利用之。

12. 以羸師誘敵：

散打中帶一些文雅氣象，表現為軟弱無能，如同孫子兵法十二詭道中之「故能而示之不能」，使敵驕傲而不嚴密防備，我可乘敵鬆懈之機，而展開猛烈的攻擊。

13. 以逸待勞：

散打中要搶站中間位置，讓敵由外圍繞著你旋轉，你則輕鬆移位攻、防施術，消耗敵人的體力，保存自己的實力，則勝乃可期。

14. 攻、防雙備：

有攻擊者，必有防護者，散打中左手出擊，右手防守，以腿法進擊則雙手防衛。

15. 布陣嚴謹，不畏敵攻：

散打中要有一個嚴謹的實戰姿勢與步法，一手護心，一手放於下頷以防禦，前腳內扣以防敵腿。

16. 長怕被抱腰，抱腿摔，矮怕挾頸摔：

散打中不僅只有踢、打動作，更有摔的動作，武諺云：「拿不如打、踢，打踢不如摔。」因此要做妥防護摔的技術，更要以摔制勝，則必須在平日訓練時，在摔角方面多下工夫，武術攻、防千千萬萬，均有其解法，但功力高者勝。

17. 虛則實之：

散打攻擊中，虛中藏實，敵若想破，出手是虛，敵不能破，落手為實，真假、虛實，即兵法所謂之「虛則實之」。

18. 知己知彼，百戰不殆：

散打中如遇敵手較熟，你當要善用摔、揣；敵善用腿，你則當用接腿摔，硬攻直進，多打近距離，挨身靠打，使敵方不能拉開距離，以善用其腿法。

19. 散打中近距離擊打時，不可亂打

要掌握時機，快速反應，反擊時要注意防守，二人分開時，乘敵立腳未穩，立刻起腿，出擊攻擊。

20. 散打中膽要壯：

有猛虎下山之勢，以勢、氣壓倒敵方，膽壯心亮，手腳自不忙亂，技術運用亦必得心應手，則勝利可期。

小結

兵學，在中國歷史上向來受到重視，孫子兵法稱之謂戰爭的藝術，為我中華民族之瑰寶，有關兵學著作，如：六韜、三略、司馬法、吳子、尉繚子、唐太宗李衛公論、孫子等合稱為「武經七書」，可說是我研究武術者取之不盡，用之不竭的寶庫，研究武術者要善加運用，則受惠大矣！

21. 一代摔角宗師常東昇中國式摔角的論述

2003 年筆者（圖 1）與陳嘉遠教授，參加「2003 年第四屆兩岸運動術語統一會議」，筆者建議屠銘德秘書長將中國摔角，加入 2008 年奧運會表演項目（按照奧運會規章，凡是增加新的項目，必須先有表演，經大會認定後，才可以成為正式的錦標項目）。遺憾大會未能採納筆者建議，失掉進入奧會機會。

圖 1
前排中坐者，為中國奧會秘書長屠銘德先生，與中華台北代表合影，
前排左二為筆者，後一排左四是陳嘉遠教授。

2014 年，台灣百年體育人物誌第九輯專刊，登載了中國式摔角一代宗師常東昇，一生致力推展中國式摔角的貢獻。由中國文化大學技擊運動暨國術學系推薦（常師於 1985 年，應聘擔任中國文化大學國術組三年級摔角課），教育部體育署的支持，由莊嘉仁教授與筆者共同蒐集整理，記載了常師在中國式角藝上的寶貴史蹟。由於篇幅所限未能盡述，本文將常師在中國式角藝上多年來的重要思維恭錄，與常師在中國角藝上的諸多史蹟，相得益彰，以彰明較著其生命史。

常大師，一生為中國式摔角鞠躬盡瘁，夙夜匪懈全力以赴，不僅在摔角技術上力求精湛，由技而進道，大師花蝴蝶的身形美姿，令武術界驚嘆不已。更讓武術界感佩的是，大師對中國摔角在同類形的武術中所俱備的淵博知識，有精闢的論述，特別將中國式摔角、日本柔道、希臘角力，在技術、規則、安全方面的比較可說是恰如其分，至理名言。更將中國式摔角的基本功，進階技術、攻、防技術結合，與對海狹兩岸推廣摔角的具體做法，提供了建言。而常師以古稀之年，為推展中國式摔角，風塵僕僕，穿梭於國際間，此種百折不撓的精神毅力，令人敬佩、效法。

中國民族古早的中國式摔角與拳術，缺少現代武術方面應用的明確的學理，如：物理學、運動生物力學，及訓練方面的科學原理、原則等理論。但從大師口傳心授的摔角「諺語要訣」中，可深切瞭解這些「諺語要訣」，就是中國式摔角的理論。如：「力為萬技之本」、「一力降十會」、「以巧破千斤」等就是運動生物力學的寫照。「未學摔、先學跌」、「滾翻一個蛋，倒地一條線」、「踏呼栽、抓乎準、搏倒看肚臍」，此三句諺語要訣，所指的就是護身倒法。「練角不練功、到老一場空」、「摔角式又名基本功」、「寧練筋長一寸、不練肉厚三分」，此在說明基本功要紮實。「摔角重智角」、「知己知彼、百戰百勝」、「攻其不備、出其不意」，在說明戰略戰術運用。在武德方面如：「打人容易、摔人難、摔人容易、放人難、放人首重定」、「摔角有三怕：老人、小孩子、婦女為三怕」，蓋勝者不武，摔傷、死要賠錢坐牢。綜觀常師一生，對中國式摔角，暨有精湛的角藝，更有其學理的佐證，可說是中國式摔角的積大成者，以下分述之：

壹・中國摔角的優點

記得常大師在多次演講中，一再提及中國摔角無論是價值、場地設備、觀賞與實用性及歷史傳承方面，均優於所有武術項目之上，更且在中國歷史的長河中，在世界武術發展過程中，均居首位，更且將類似的希臘角力、日本柔道做了精闢的論述，茲將筆者記憶所及略述於后，期盼指正。

一、在價值方面

中國式摔角有多重價值，除了促進身體健康，培養勤敏耐勞之外，正如中國武術大家周士彬教授所說：「摔角是項高尚的體育運動，它集體育與競技、修身與養性、健身與防身、品德教育於一體，講究武德與尚武精神，禮節與禮義廉恥。」尤其在自衛防身制服歹徒方面，較其他武術適用性強，中國武術界常講的一句諺語：「三年拳、不如當年的角。」由此可證明中國式摔角的功能。

中國式摔角是智、技、力的運動，在施術時必須運用生物力學原理如：重心、平衡、慣性定律、槓桿原理、力偶、速度、合力以及創造機會、把握機會、隨機應變等要領，同時中國式摔角又包含了踢、打、擒拿等技術、施用在防身自衛方面，其威力強，效果大。

二、場地設備器材簡單

中國摔角運動，早期在華北各省民間盛行，每年在春、夏、秋季期間，在鄉村地方均有摔角訓練、比賽。特別是在秋收後的休閒時段，愛好摔角運動者，將農田地犁鬆，整平後就是摔角場地（記得常大師在世時，經常應邀赴各地示範摔角，示範的地方都是地板或磨石子地，我等學生均在上述地板與磨石子地上表演），而更重要的是不穿摔角衣同樣可以練習。

筆者幼年時學習摔角，很少穿摔角衣，因此四十多年來無論在社團以及學校教授學生，通常都不穿摔角衣訓練，而這些學生每年參加各種不同性質的摔角比賽均能獲得優異的成績，當然如此教學法也是考慮到摔角的實用性，讓學者在平時訓練中，就體會到不穿摔角衣的摔法，一旦遭遇突發情況，自然就會得心應手的發揮摔角的功效。以目前角力、柔道訓練與比賽用的場地、設備、器材，中國摔角是最簡單、最經濟的，當然在推展方面而言是有其方便性。

三、中國摔角觀賞與實用性強

所謂觀賞性高，就是指可看性高。運動比賽引不起觀眾的興趣主要原因是有看沒有懂，而中國摔角除了動作優美、技術精湛，攻、防技術繁多，所使用的技術乾脆俐落，沒有角力與柔道在地面纏鬥的情景，觀眾對雙方摔角運動員所用各種技術，勝負一目了然。也正因為摔角運動比賽比較容易瞭解，因此不但在中國民間歷經數千年不衰，在台灣這個小小的地方，中國摔角數十年來一直是台灣省、區運動會的重要錦標項目。

1983 年常東昇大師遠赴美國傳授中國摔角，在俄亥俄州率眾多弟子成立了「世界摔角總會」並被推崇為會長，由於大師熱心推展，率弟子到處表演摔角深受歡迎，因而自俄亥俄州世界摔角總會成立之後，德州、加州等地也陸續成立了分會，影響所及繼之加拿大、墨西哥、西德、瑞典、法國、義大利也先後設立了中國摔角分會。

常東昇大師生前更應摩洛哥國王海珊之邀，在摩洛哥表演中國摔角，並在御前當場以摔角高矮速動及抹脖踢兩次將海珊國王柔道四段貼身侍衛摔倒。使得海珊國王大為驚訝，立即贈送寶劍一把，以示「寶劍贈英雄」的敬意。

1987 年袁祖謀先生在法國巴黎宣傳推廣中國摔角，帶領學生四處表演，巴黎電視台在黃金時段播報，吸引法人學習中國摔角越萬人，而巴黎市長杯中國式摔角錦標賽兩年舉辦一次，多年來一直延續。

2002 年中國式摔角前輩周士彬教授出版了《摔角技法與摔角史料》，這本集中國摔角精華的巨著，重要的就是告訴我們古老的中國摔角文化，是我中華武術寶庫中的瑰寶，我們必須發揚下去。

以上所述除了證明中國摔角觀賞性高、實用強的優點，也符合了二十一世紀奧林匹克運會行銷觀。而更重要的，摔角是我中華文化資產必須傳承。

中國式摔角，其技術的特點是：一觸即摔、沾手即跌，在與敵人或對手一旦接體，手一搭上就立即使用技術攻擊對手，不同於柔道與角力的互抓、互抱時才展開進攻，也因為這種快速、機巧的特色，因而被稱之為「中國快角」。中國摔角輕視蠻力，重視技術的運用，確實掌握了摔的精髓。

前文中曾提及「中國式摔角」不拘泥於場地：地板、土地、洋灰地、磨石子地等均為練習場地。可穿摔角衣，也可著任何衣服，或不穿衣均可發揮摔角的技術。其次在中國各種拳法中均有摔角技術動作。「中國式摔角」其實用性，可證諸目前風行於國際武術壇殿的各種格鬥比賽如：中國散打王、爭霸戰的散打、KI 格鬥、格雷斯柔術，以及震撼力最強的——終極格鬥冠軍賽（參賽者不分體重、不著拳套、不用護具，除禁止牙咬和摳眼外，任何招式均可用，勝負取決於負方倒地不起和認輸為止。沒有時間限制），以上這些目前在國際武壇盛行的格鬥術中均以摔倒對手為第一要務，而且有些比賽因摔而勝負立分，如果那些獲勝者能學會中國式摔法，威力將更強。

綜觀以上分析說明，中國式摔角、技術精湛、實用性威力強大。且在平日訓練時摔角場地設備，以及使用器材非常簡單，可以說是隨處可練習。其次運動比賽時，規則簡明、嚴謹、觀賞性高。要全性又凌駕希臘角力、日本柔道之上。更重要的是運動比賽中，真正能彰顯出我中華泱泱大國以武會友的文明氣概！

因為中國式摔角沒有像希臘角力競賽時，為了壓制對方雙肩著墊時，雙方選手那種野蠻纏鬥的行為。更沒有日本柔道在比賽時，使用關節法、勒頸法的殘忍感，是完全符合人性的比賽，此種合乎西方運動精神與我中華大國的君子之爭的中國式摔角，的確是所有格鬥運動中，最符合奧林匹克運動會精神的。具備如此眾多優良條件的中國式摔角，進入奧林匹克運動會是理所當然的。中國式摔角一旦進入奧林匹克運動會，深信一定會受到全世界各國觀眾的青睞。

四、中國摔角優於希臘角力與日本柔道

中國摔角、希臘角力與日本柔道性質相近、動作類似，可作比較研究：

（一）中國式角與希臘角力的比較

起源於希臘的角力，在古希臘時代，即被列為古代奧林匹克運動會中的最重要的錦標項目。而且亦是希臘人五項運動比賽中主要項目（1.賽跑：短距離、中距離、長距離與武裝跑步。2.跳躍：跳高、跳遠。3.擲槍。4.擲餅。5.角力）。參與五項運動的競爭者，唯有獲得角力勝利者（冠軍）才能成為真正的冠軍。角力運動最初是所謂古典式亦稱希臘式，比賽開始時採地面跪姿式，之後又衍生出自由式角力，比賽開始時採用選手直立式。

有關中國摔角與希臘角力的起源，可說歷史相當久遠：中國摔角是黃帝時代

的產物，而希臘角力則相同於我中國之秦漢時代，此一事實可證諸中、外歷史，而孫中山先生的自傳中兩段話即可證明：其一：「中國的文化比歐洲早幾千年，歐洲文化最好的時代是希臘、羅馬，其實到了羅馬才最盛，而羅馬不過與中國漢朝同時。」其二：「亞洲是最古老文化的發祥地，幾千年前，我們亞洲人便已得到了很高的文化。就是歐洲最古老的像希臘、羅馬那些西方古老的文化，都是從亞洲傳過去的。」而以上所指文化，當然包括了體育、運動、武術等。

其次在技術、規則、要全方面比較：角力分古典與自由式。古典式角力，可以說是毫無技術可言，因為規則中有很多不合理的制約限制，即以古典式規劃的第六十一條特別禁止事項規定（1998 年至 2000 年規則）：「希羅式角力比賽中，禁止去抓、拿對手臀部以下之部位，或用腿、腳緊夾對手。所有推、壓、擠、舉與抬，藉由腿、腳作用於對手身體之任何部位都嚴格禁止。」簡而言之，即希羅式角力比賽時，不准用手、腿、腳去進攻對手腰以下的肢體，甚至亦不可用手、腿、腳去防禦對方之攻擊，只准用手抱、抓雙方腰以上的部位，很顯然的此種角力比賽完全是蠻力的競爭，根本談不到所謂摔的技術。此可證諸西元 2000 年澳洲雪梨第二十七屆奧林匹克運動會，古典式角力比賽，連續獲三屆奧運古典式金牌、九屆世界盃古典式金牌、十二屆歐洲盃古典式金牌的俄國巨無霸選手卡瑞林在一百三十公斤級冠亞軍比賽中輸給名不見經傳，初次參加奧運會的美國選手賈德納。主要原因是卡瑞林選手年老力衰之故。如果古典式角力有很多的技術，相信以卡瑞林曾獲得那麼多金牌，初出茅廬的賈德納如何能與抗爭。

而自由式角力雖較古典式限制少，攻、防時手、足並用，可自由發揮，但由於角力規則規定兩種角力方式的勝負情況非常複雜，特別是：危險狀態、消極區域、消極比賽、壓制勝、延長賽得分相等時，由全體執法裁判行合議判定勝負等情況，往往令裁判困惑至發生不公平的判決，而觀眾更是一頭霧水，有看沒有懂。而中國摔角規則非常簡明、嚴謹，即：雙方對摔，站立者勝，倒地者輸，沒有那麼多繁瑣、糾纏不清的規定。有關中國式摔角技術方面，除了不准打人、踢人、咬人、攻擊要害外，可發揮周身技術，另外在採用的競賽制度方面，角力比賽以前採用所謂「罰分制」，之後又改採用「積分制」。運動比賽制度的採用，最重要的是公平、合理，同時比賽場次的計算均有公式可循，而前述角力兩種賽制，均無法以公式計算出應賽場數，徒增競賽編排作業人員的困難，滋生事端，給賽會增加困擾。而中國摔角比賽常用的賽制「復活賽」與「循環賽」則是多種運動項目最常被採用的運動賽制，因為此兩種賽制是最公平、公道的。更令人不解的是角力運動沒有系統的護身倒法訓練，此對角力運動員的要全有非常大的影響，因此，角力運動員的運動傷害較之中國式摔角、日本柔道逐年增加。

（二）中國式摔角與日本柔道之比較

日本柔道是在 1964 年在日本東京都，所舉辦的第十八屆奧林匹克運動會時，正式成為奧林匹克運動會的錦標賽項目。在人類歷史的長河中，日本柔道無論在時間、空間上比較均遠遜於中國摔角，而更重要的是日本柔道乃是由中國傳入。也可以套句日本常用語，柔道是中國摔角、擒拿的變體。歷史記載：陳元贇，明末清初人，介紹中國文化於日本，陳氏為浙江省人，是一位很有成就的武術家及陶藝家，擅長少林武術，尤其精大明擒捕術（即擒拿與摔角術）。有關陳元贇的出生、背景、行誼、歷史上有多種文獻均有記載，就其傳授中國武術予日本而言，茲摘錄兩段記述文字可證：

其一：梁敏滔先生所著《東方格鬥大觀》，有關陳元贇拳法之道中曾有如下之記述：「明萬曆四十七年（日本元和五年），陳氏隨商船到日本長崎，後又至江戶（東京都）寄居於東京都麻布國正寺內，授拳於僧侶圭佐、久圓及寓居該寺之浪人福野、磯貝、三浦。」其二：黃滄浪（中華臺北柔道十段大師）在其所著《柔道學》一書中所述：「明崇禎元年，國家政治腐敗，社會秩序不寧，流寇作亂……吳三桂引清兵入關統治了中國，時明朝遺臣群起反清復明，鄭芝龍降清，鄭成功深明大義在廈門領導志士復明，深恐力有不逮，特派遣三位特使赴日本借兵求援，陳元贇為其中之一人。陳氏乃武術家，擅長少林拳術，尤其精摔角與捕人術，寄住東京麻布國正市，常遭日本浪人欺負，結果被陳氏一一擊敗，其時寺內三位日本武士——福野、磯貝、三浦見陳氏武藝高強，便拜師學習中國武術。從此中國數千年的武術便自此傳入日本，後經該三武士研發為柔術，之後復經嘉納治五郎精研而成柔道。」

有關規則與技術方面簡要說明如下：柔道規則雖然較角力簡明、嚴謹，但因考慮所謂：消極行為或運動傷害規則太繁瑣，以致限制了技術的發揮，如：1. 不可用單手或雙手抓對方腰帶、袖口、底襟，雙手不能抓對方側衣襟，或抓一隻衣袖；2. 不可使用纏腿，當對力使用大腰、丟體等技術攻擊己方時，不可以自己的腿從對方主力腿內側彆絆對方的主力腿等；3. 中國式摔角的架樑踢、崩、走外揣、腋手揣等技術更不能使用。以上諸多限制直接阻礙了柔道技術的發展。而中國摔角術卻沒有如此的限制，可自由發揮。

另外在要全方面因柔道有寢技，即地面捉牢法（壓制、關節、勒頸法），尤其關節法與勒頸法，經常會發生嚴重的運動傷害，甚至休克、死亡。另外柔道的護身倒法是採用雙臂或單臂拍擊法，以減輕或抵消地面反作用力而保護被摔倒者的要領，但此種倒法只能在柔道場上、鬆軟的土地上、草地上使用，無法在堅強的地面和凸凹不平的地面使用，否則手臂會受到嚴重的傷害，而中國摔角的護身倒法是採用身體捲曲的倒法，能當身體失掉平衡時，立即做出：低頭、雙手抱頭、收小腹、圈雙腿使身體成為一個圓形，如此不論任何地形絕不會受到傷害。

五、中國式摔角、希臘角力、日本柔道技術動作方面的比較

為了使三種運動的技術動作比較能有系統而清晰的說明，且避免與前文重複

故另立此款。

（一）技術動作的數量方面

1. 中國式摔角技術動作

中國式摔角流派眾多計有：保定角、北平角、天津角、蒙古角（內蒙）、山西角、維吳爾族角（新疆）、朝鮮角（我國東北吉林省朝鮮族同胞所喜歡的民族傳統武術）、藏族角、侗族角（貴州省）、苗族角（雲南、貴州、湖南等省）、瑤族角（廣東、廣西、湖南等省）、黎族角（海南省）等。有關中國式摔角的技術，究竟有多少，雖然沒有統計方面的文獻可考，但摔角界前輩曾有如下的話語：「中國摔角大絆三千、小絆多如牛毛」，此諺語可能有點誇張，但以前述各派、各地方經歷數千年、二十多個朝代所發展衍生出來的摔角技術少說也在四、五百種以上。即以摔角之鄉——山西省而言，僅抱腿摔的技術，即有四十餘種（山西省崔富海所著抱腿四十一招）。由王金玉著的《中國式摔角》和紀富禮編的《中國角法》中國摔角技術數以百計。中國式摔角攻、防技術複雜，動作繁多，摔角前輩常言道：大絆三十六、小絆七十二。

常大師介紹摔角常用的技術計有：

⑴ **基本功：**

以套路的方式操練（摔角套路與拳術套路相似），如此可加強功力，亦可使動作之間，促進其連貫性，同時提高學者學習興趣。摔角套路操作順序如下：

◎斜打　◎環肘　◎鎖肘　◎刁捋　◎撿腿　◎抱　◎前進踢
◎前進後踢　◎上把前進後踢　◎拉　◎崩　◎下把後踢
◎高矮速動　◎揣　◎靠　◎撳　◎摟　◎甩　◎分手
◎彈擰（抓領）　◎削　◎頂　◎彈擰（抓臂）。

⑵ **進階摔角技術**

◎單項技術（雙人對練）

・大得合（抓前腰帶或後領）　・小得合　・擰　・彈
・抱腿扛　・抱腿枕　・掏臂抹眉
・掏腿得合（一手反握對手手腕向下滑，再上步抱腿）
・薅　・扣頸踢小腿　・車輪步攔腿　・手扶子　・接踢、補踢
・雙手反握對手雙腕下滑抱腰外勾腿
・抓對手雙腕交叉轉身下蹲揣　・側閃撞攔胸、扳腰

◎技術組合套摔（連攻防技術）

・撿腿—扣　・撿腿—抹頸　・撿腿—彈擰
・撿腿—彈擰—走外揣　・下把背—小得合　・環肘—反抱（反攻）

- 環肘—挑—纏腿
- 環肘—外絆
- 鎖肘—手扶
- 左、右擰
- 後勾、內掃
- 抱腿枕—抱腿扛
- 反手掀（反攻）
- 斜打—切
- 刁捋—轉體撤步摔
- 下把背—後踢
- 分手踢（對方雙掌推額反攻）
- 揣—走外揣
- 靠—抱腿
- 摟—抱雙腿
- 撳—抖、擰

2. 希臘角力技術動作

根據前蘇聯全國角力協會專家統計：自由式角力技術動作多，大約有三百八十多個，技術動作結構較簡單，但變化多，在使用時又可衍生出其他技術動作。每一個技術動作都有進攻、防守、反攻的變化。技術規律性差，運動員掌握的技術多，但比賽時能使用贏分的少。以上技術動作包括站立與跪撐的各種技術動作。

有關古典式角力技術動作，在國際角力聯盟所發的技術錄影帶和技術動作連續分解圖中，共有二百零八個技術動作。以上技術動作共分為八個類別即：擒抱類、轉移頸、轉傳類、折類、提抱頸、抱滾類、鎖拿類以及反攻類。

3. 日本柔道技術動作

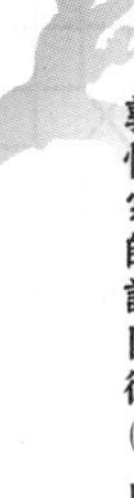

日本柔道最常用的技術動作多達八十四種：手部技術動作八種、腰部技術動作十種、腿部技術動作十二種、後倒與側倒摔法八種、地面壓制法十二種、勒頸法二十種、關節法十四種。

（二）基本技術動作紮實方面

在基本技術動作方面，乃指單人的基本功，也就是一個人練習的基本動作，在中國式摔角而言就是指所謂的「摔角式」，其主要作用乃在奠定基礎，在對摔之前用以磨練摔角技術的正確姿勢與增加體力。一旦進入對摔階段時，自能運用自如。在摔角而言，幾乎前文所示每一個技術動作都可以單獨練習，此項摔角式的練習，尤其對找不到對練的愛好者，有非常大的影響，而希臘角力、日本柔道均沒有設計單人基本動作，因此，單人基本功動作稱為中國式摔角一大特色，也是中國式摔角技術較優的部位。

貳・摔角諺語要訣

常大師在國軍各軍種、部隊教授摔角，筆者忝任助教十六年，除了學得摔角基本技術外，其他有關中國摔角專門知識，一些摔角寶貴的經典諺語要訣，真的是如獲至寶，皆是大師口授心傳得到的。從這些諺語要訣中，更深切體會到大師深厚的武學學理，而足證大師精湛、高超的摔角藝術，是其來有自的。筆者能得到這寶貴的經典，完全歸功於筆者在大師教學與閒談時，勤作筆記之故。

茲將大師所傳授的摔角諺語要訣，恭錄如下，供我同仁參考、研讀，以深切體會大師摔角經典之奧祕，而傳承、提升摔角藝術。

1. **未學摔，先學跌。**

   要想摔倒人，必先學會護身倒法。（跌而有法、跌而不傷。）

2. **練角不練功，到老一場空。**

   功者指基本功，基本功有徒手與器械兩種練法，總之，要使身體每一部份肢體，均能使肌力、耐力、爆發力、速度、柔軟、調整力、機敏方面，均能發揮最大的功效，才能在技術方面有所成效。

3. **滾翻一個蛋，倒地一條線。**

   摔角護身倒法：低頭、抱頭、收腹、圈腿，使身體成一圓形向前翻滾。台語：「踏呼栽，抓呼準，摶倒看肚臍。」人體最脆弱的地方就是後腦杓，一碰撞，不死也要半條命，所以照上述方法要領就會安全。

4. **走對步贏角**

   步法是穩定身體的重要因素。當然亦是攻、防技術的基礎。摔角步法眾多，常用者有：弓步、馬步、虛步、背步、跨步、車輪步、退步、定步、橫步、蓋步等。何種情況下用何種步法，要慎妥運用。

5. **手是兩扇門，配合腿贏角。**

   摔角的手部動作很多，此處僅說明常用的手法如：撕手、捅手、崩手、扣手、圈手、掖手、抖手、推拉手、勾掛手、掏手、擰手、抹手、扶手、鎖手等。

6. **要把角學好，得有轉環腰。**

   腰為人體上、下連接的樞紐，四肢之運用全視腰部之功能。所謂「氣如車輪，腰為軸」、「力之發也主宰於腰」可知腰之重要。摔角的腰必須使之柔軟、靈敏、彈性，有力才能發揮技術。

7. **摔人全憑連環腿**

   摔角中腿是基礎，俗稱「底樁」，如果腿缺少勁，又不靈活，就無法摔人。同時要使腿能連環運用，所謂「雙腿連發如排炮」就是這個道理。腿部動作眾多，茲將常用者列於後：蹩腿、跪腿、頂腿、勾腿、崩腿、挑腿、削腿、纏腿、掛腿、攔腿、蹲腿、踢腿、彈腿。

8. **鳥無頭不飛，角無頭技拙。**

   頭為周身之主，頭的動作在所有運動中，佔非常重要的關鍵，在摔角中無論上把、下把技術均需要頭的輔助才能見效。如：抬頭、低頭、轉頭（變臉）、頂頭等，均可發揮其功效。

9. 鐵皮股（臀）打死人

臀部動作在摔角中很重要，特別是下把背、上把揣、雙手推，這些技術之發揮，必須藉臀部的蹲坐、頂臀、滑擦步才能摔倒對手。

10. 摔角式又名基本功

單人操練，其目的有準備與輔助運動的功效，同時可矯正對摔時姿勢。練習摔角式可以使手、眼、身法、步協調靈敏，為雙人對摔的基礎。摔角式，門派不同就有各種不同的動作。重點是每個雙人對摔技術，均應有一個單人動作的摔角式。

11. 上羈下絆

上羈即上面用雙手將對手捆纏住，下面用腳和腿使絆摔倒對手，摔角中的各種角絆，均需要上下肢密切配合，才能摔倒對手。

12. 力為萬技之本

力量在武術中非常重要，摔角亦然。所謂一力壓三拳，一力降十會，力氣、力氣身內沒有氣，摔角沒有力，都在說明力之重要。

13. 無把難贏角

把就是用雙手或一手捆纏住對手，才能施術。所謂輸角不輸把，讓腳不讓把，都是說明把的重要。

14. 立腿勾子，橫腿別子。

摔角時對手直腿站立，我以勾腿攻擊，例大得合。使用別子時用橫腿，例挾脖搵。

15. 四兩破千斤，借力把人摔。

此意乃指借力使力和順勢借力，而非以四兩能撥千斤。

16. 長怕抱腰，短怕孱，胖子就怕三轉搖。

身高怕抱腰摔，身矮怕提起摔，胖子耐力差就怕對手亂拉扯，左右擰轉。

17. 三年套路，不敵一年角。

此意說實戰的重要性。

18. 拿不如打，打不如摔。

與對手搏鬥時，盡可能以摔制伏之。

19. 摔角功夫是摔出來的

實摔才能出功夫。

20. 摔角技術使用，吃一不吃二。

就是一招取勝後，再用同招往往就不靈了，要多變換。

21. 挾敵脖，後撤步，拉臂轉體頂臀部。

與對方交手時先挾其脖子，然後撤步轉體突臀，形成一齊摔倒對手。

22. 拳加角，武藝高。

此諺在說明拳角相合之重要。曾有諺語二則：「八卦掌加摔角神鬼都會怕」、「太極拳加摔角神鬼都會驚」，旨在說明拳角相合之重要。

23. **摔角二十訣**

搵、蹩、挑、拉、踢、撿、扣、揣、撳、摟、抱、削、頂、勾、纏、彈、擰、撕、崩、捅。

24. **誰走在裡頭誰就贏**

在與對手互揪搶把時，一定要主動，搶把時，我方的手一定要在對方手臂裡面，切不可走外面，另外要設法抓住得力的部位，才能出招使絆，如搶不到好把，或對手抓住我方的把，可以撕手、崩手、捅手，解開後再出手。

25. **一觸即摔，沾手即跌。**

與對手一搭上手，即刻施術摔。

26. **絆三角，方知天高地厚。**

被人摔三角，才知天外有天，能人背後有能人。

27. **打人容易摔人難，摔人容易放人難，放人首重定。**

放為摔、扔對方的手段，定為控制對方的能力，放人時不可傷人。

28. **摔角有三怕**

老人、小孩子、婦女為三怕。蓋勝不武，摔傷、死要賠錢坐牢。

29. **寧練筋長一寸，不練肉厚三分。**

摔角講究身體要靈活，速度要快，摔角重視柔軟性，初學基礎功時，先拉肌腱（韌帶），俗語講，筋長了力大，肉厚了身沉。

30. **手似蛇形，眼似電，腰似磨盤，腳似鑽。**

手、眼要快而亮，腰要圓活有力，突發攻守腰是非常重要的，掌握重心要靠腳步的輕快，落地要穩定。

31. **手似兩扇門，全憑腿贏人。**

摔角的手法就像開門一樣，門開才能入，也就是抓好了把位，才能出腿絆人、摔人。

32. **角賭頭一下**

是強調第一角的重要，因勝了頭一角，可帶動決定勝負的作用。

33. **摔角一把手**

中國式摔角強調手法，只要手抓到有利部位，勝利可期，所謂寧可輸角不輸手。此諺是強調底手。

34. **摔角不練功，老來一場空。**

為了提高摔角技術水準，必須要在基本功方面下工夫。所謂基本功就是單人與雙人的各種技術動作的操練，以及各種輔助器材的操練，基本功的操練，亦可強身健體延年益壽。

35. 一力降十會

摔角亦名角力，顧名思義就是力的較量，因此力量的訓練很重要，增加力量的訓練方式很多，除了中國式摔角固有的輔助器材外，更可透過各種器材的重量訓練加強之。

36. 以巧破千斤

摔角講究用巧力，實戰中用較小的力，把對方摔倒，多半是借力使力、借勁使勁，以巧力摔倒對方。

37. 要學驚人藝，須下苦工夫。

摔角的技術動作和功法，多屬單動作操練，尤其單人基本功會了，不等於實戰功夫，必須在雙人操練，尤其多在實戰中，磨練才能練出摔角的真本領。

38. 遠了踢、近了搓，不遠不近用得合。

摔角實戰中使用技術要依據雙方所處的距離位置，而靈活應變。

39. 摔角重角德，寧輸十角不傷一人。

無論練習切磋技術或實戰時，切不可傷害對手。

40. 摔角要六合歸一

摔角技術能發揮，必須要六合歸一，內三合：心、氣、胆，外三合，手、步、眼，心要狠、氣要平、膽要壯，手與步合，手到腳到，眼與手合，眼到手到，看準了下絆，全部身心投入，才能達到六合歸一，摔倒對手。

41. 摔角要三盤合一

摔角將身體結構分成上、中、下、三盤，上盤為手、手法講究抓、揪、借手，防對方掙脫。中盤為腰，腰講究剛柔相濟，運用自如，鬆而不散，使力不僵。下盤為腿，腿講究抽、撤靈活，盤環自如，三盤合一就是全身整體配合。

42. 踏呼栽，抓呼準，摶倒看肚臍。

這是一句閩南語俗語，其意就是當你不小心摔倒時候，你要記得看「肚臍」，人體最脆弱的部位在後腦杓，手腳可以裹石膏，腹背可以貼藥膏，而後腦杓一碰，不死也去半條命。此俗諺與前述「滾翻一個蛋，倒地一條線」的摔角護身法含義相同。而此兩句諺語不僅適合於專練摔角者，也適用不慎摔跤的人。

43. 打中有拿，拿中有摔，摔中有打。

此諺乃指打、摔、拿三種武技不是各行其事，應審時、度勢、機動靈活運用，才能發揮三者統合的戰力。

44. 無搭不伸腿

手沒有抓住對方，不可出腿。所謂上羈下絆就是摔角最基本的觀念。

45. 取勝在變臉

變臉在摔角技術是一個關鍵動作，所謂鳥無頭不飛，摔角術中頭的擺動，可以帶動整個身體，變臉就是頭向左右或向上向下轉動，練習變臉的動作，除了在基本功中練習外，還可以透過輔助運動如抖帶、擰棒子等，亦可訓練之。

46. 摔角重智角

摔角大王常東昇常講中國摔角是智與力的運動，也就是說摔角不靠蠻力，要以智取勝，所謂智角，乃是戰術的意識，具體而言，就是以假動作欺騙對手，誘使其暴露其戰術，而自己不露真實形跡，使對方捉摸不定，其次就是要將主動權操之在我。

47. 知己知彼，百戰百勝。

此一諺語是兵法至理名言，摔角亦不例外。所謂知人者智，自知者明，勝人者有力，自勝者強，這些都是說明知己知彼的深意。這些話語中蘊涵著摔角實戰的廣度與深度，所謂廣度乃指對各種摔角的了解，所謂深度乃指對各種摔角的優、缺點的了解，其次乃對對手的了解，如身材的高、矮及其所用技術，然後以己之長攻其短，知其長而避之。

48. 攻其不備，出其不意。

不意者是無準備，徒具優勢而無準備，則優勢無，也沒有主動，劣勢而準備，常可戰勝優勝者。武術取勝之道，均在對方戒備鬆懈，意想不及的情況之下獲得勝利。

附記：保定快角貢獻人員（圖 2）

▲ 圖 2 對保定快角貢獻人員前排左起： 潘文斗大師、常東昇大師、吳文忠博士。後排左起：郭慎、郭斌道、林鈞福、湛金濤諸國術界前輩（民國七十八年）

叁・常大師中國式摔角活動照片

◀圖 3 民國二十二年，高中「武狀元」，所留下唯一紀念性照片。

▲ 圖 4 常東昇應「新加坡國術總會」之邀，表演保定快跤。
常大師與林起愷

▲ 圖 5 常大師與林起愷示範踢的動作

▲ 圖 6 民國 58 年，大專摔角比賽於文大，常大師與林起愷示範表演。

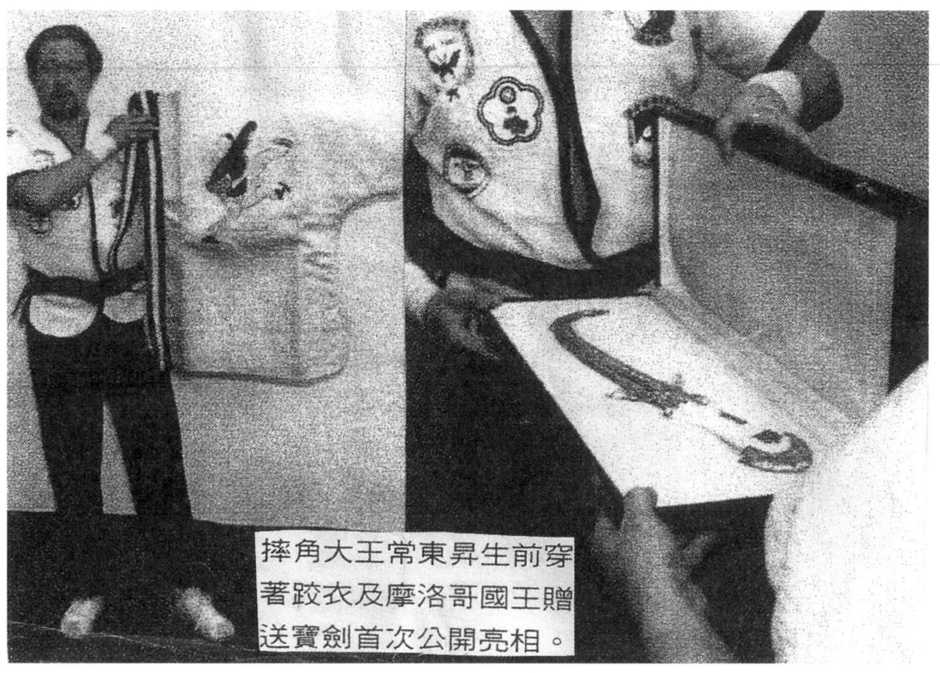

▲圖 7 由常大師長孫常達偉展示

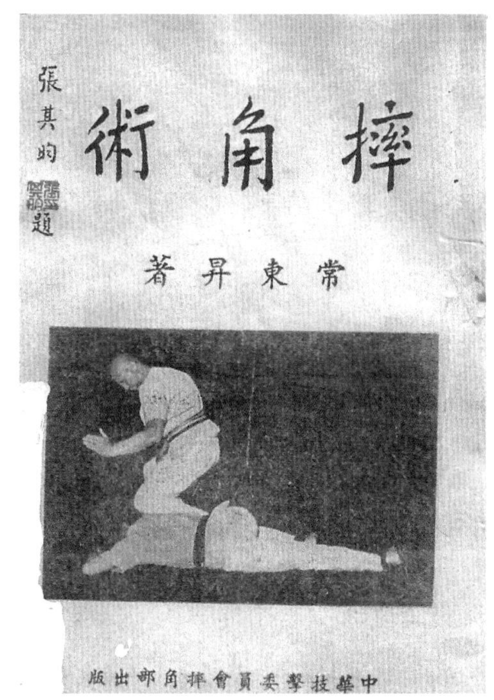

▲圖 8 常大師著作

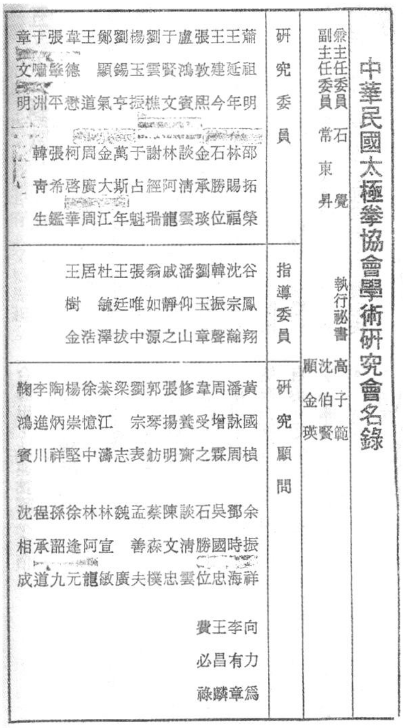

中華民國太極拳協會學術研究會名錄

主任委員 石覺
副主任委員 常東昇
執行祕書 高子範 沈伯賢 顧金瑛

研究委員
蕭祖明 王延年 王建今 張敦熙 盧鴻賓 于賢文 劉雲樵 楊玉振 劉錫亨 鄭顯氣 王道 韋德懋 張肇平 于嘯洲 章文明
邵拓榮 林賜福 石勝位 金承琰 談清雲 林阿龍 謝經瑞 于占魁 萬斯年 金大江 周廣周 柯啓華 張希鑑 韓青生

指導委員
谷鳳翔 沈宗瀚 韓振聲 劉玉章 潘仰山 戚靜之 翁如源 張唯中 王廷拔 杜鐈澤 居浩 王樹金

研究顧問
黃國楨 潘詠周 周增霖 韋受之 修養齋 張揚明 郭琴舫 劉宗表 梁志 秦江濤 徐憶中 楊崇堅 陶炳祥 李進川 鞠鴻賓
余振祥 鄧時海 吳國忠 石勝位 談清雲 陳文忠 蔡森樸 孟善夫 魏廣 林宣敏 林阿龍 徐逢元 孫詔九 程承道 沈相成
向力爲 李有章 王昌麟 費必祿

▲圖 9 常大師任太極拳協會副主任委員（摘自中華民國太極拳協會，印行《太極拳圖解》。）

22. 參與 2005 年第一屆台灣武術文化節暨全國傳統武術錦標賽感想

奉林總幹事志昌先生的指示，參與由中華台灣國術會暨台灣省國術會主辦，宜蘭縣體育會國術委員會，宜蘭縣武術協會，台灣省國術會宜蘭辦事處承辦，於 2005 年 7 月 15 日至 17 日在宜蘭運動公園及蘭陽女中舉辦的武術文化活動與武術比賽。這是動員各級組織、人事及項目最多的一次活動。

此次活動乃銜接台灣省國術會成立五十四年，自民國五十九年舉辦全省國術錦標賽以來至今民國九十四年共達三十九次。如此持續高頻率的舉辦大型錦標賽可說是罕見的，對於響應中華文化復興運動，提倡國術運動，宏揚我中華固有優良的民族傳統體育（國術、武術、太極拳）有立竿見影與深耕、普及之效。台灣省國術會這個歷史最悠久的體育組織，可說功不可沒。茲將此屆活動簡述如后：

一、競賽項目方面：本屆共有四項

1. 傳統國術比賽有：
   (1) 徒手散打比賽：男子組與女子組。
   (2) 套路比賽：有社會組、高中組、國中、國小組，男、女分組比賽。在比賽項目方面分：南拳、北拳、長兵、短兵、奇兵、拳術對練與兵器對練。
2. 武術比賽以各種套路賽為主。男、女分組比賽有：社會組（含大專）、高中、國中、國小組。在競賽項目方面可以說涵蓋各種徒手套路與器械套路，其項目之多，不僅外行人看來眼花撩亂，就連習武、練武的所謂內行人也無法盡窺各項目的堂奧。中華武術真可為博大精深。
3. 國際武術邀請賽中有日本、美國、愛沙尼亞選手參加，其中日本有兩個隊參加，一個是日本散打隊，另一是西日本分會隊，兩個隊的領隊同為栗崎佳子，教練是赤川裕實。栗崎佳子小姐熱愛中華文化，尤其對中華武術用功良多，他亦是日本楊家太極拳的權威領導者，我國太極拳協會每次舉辦國際錦標賽，栗崎佳子小姐均率隊參賽。筆者與栗崎佳子小姐結識二一年，她人很甜美，性情溫和婉約、善解人意、體貼，與我武術界人士交往甚頻，對我中華武術在日本的推廣有很大的助益。
4. 太極拳：在競賽項目方面有套路個人賽與團體賽，器械個人賽與器械團體賽，在分組方面除了有國小、國中、高中、社會組以外，另增長青組。在推手賽方面分定步推手與活步推手。

由於比賽項眾多，無法一一參與，本次參與賽會，筆者以太極拳比賽為主要，主要原因乃因最近筆者在編寫太極拳防身術教材與太極拳論文的撰述，希望藉參觀太極拳的實際競賽，更多一點瞭解太極拳。有關參觀太極拳個人所見略述於後：

⑴ 太極拳賽程的編排進行非常順暢，此歸功於裁判長張伯夷先生的策劃與領導與全體裁判的負責盡職，合作無間。

⑵ 在比賽場地方面似乎窄小了點，加上沒有童子軍或大會場地管理幹事人員的維持，顯的有些亂。

⑶ 在開始比賽的初期比賽場內燈光沒有打開（可能是停電或是負責管理人未能即早到場），耽誤了不少時間。

⑷ 比賽四週牆壁上佈置很多太極的經典語錄如：五字訣：心靜、身靈、氣斂、整功、神聚。太極拳論：人剛我柔謂之走，我順人背謂之黏。動急則急應，動緩則緩隨。太極拳經：其根在腳發於腿，主宰於腰，形之於手指。由腳而腿而腰，總須完成一氣。太極拳十要：外三合，手與足合，肘與膝合，肩與跨合。內三合：神與意合，意與氣合，氣與勁合。太極拳理：意動氣從，氣動身從，圓順鬆柔，一動全動，刻刻留心在腰間，腹內鬆淨氣勝然，尾閭中正神貫頂，滿身輕利頂頭懸。身似行雲，打手要用手，渾身是手手非手，但須方寸隨時守所守（筆者在現場抄錄或有錯誤尚祈見諒）。

太極拳為我中華民族先哲根據易理演化，以太極為中心，納八卦五行之理於拳法申，剛柔並濟，動靜雙修，體用兼備，是由技藝入道的一種高超的武術，太極拳乃哲學、兵學、科學、藝術之溶合體，博大精深為我中華文化之瑰寶。從上述的經典語錄中可深深體會到太極拳的精義之所在。上述語錄主旨在說明太極拳的用法，但有易懂也有難解者，如能以簡短文字註釋更會收到效果。如渾身似（是）手手非手（此句可能指的是防守時，除了手以外，其他頭、肩、肘、胯、膝、足均為有利的武器。運用時要隨機應變，能夠做到運用之妙，存乎一心，則更能發揮周身技術而無敵不摧。）

二、武術文化學術研討會：

武術文化學術研討會，是本屆最特殊而重要的一個活動，學術與技術相結合是任何一項運動不可缺少的，多年來台灣省國術會非常重視，也經常在舉辦的各種講習與活動時倡導國術理論的重要性以及與技術的整體性，此次舉辦武術文化學術研討會，其實就是希望更進一步落實，因此邀約學有專精，且關懷武術文化的先進同道來參與研討，共襄盛舉，使我中華武術在台灣省國術會的領導發揚廣大。本屆研討的課題計有：

1. 中國武術的身體觀。
2. 一段行將淹沒的武藝史——吳錦園之程高八卦。
3. 中國摔角傳統器械輔助訓練研究。
4. 國術 30/VR 電腦輔助教學——以忠義拳為例。
5. 男子武術南拳有無發聲對發力效果影響之比較。
6. 國術升段制度之研究——以宜蘭縣為例。
7. 不同轉體角度旋風腳運動學分析。
8. 運動俱樂部武術養生主題課程研究。
9. 太極拳應用之力學。
10. 國術打與推動作之生物力學分析。
11. 國術選手打擊不同目標物之生物力學分析。

以上十一篇論文都是學者、專家們精心傑作，每篇論文對今後推展國術均有莫大的影響。

結語

2005 年第一屆台灣武術文化節暨全國傳統武術錦標賽，歷經三天激烈的競爭，除了提升技術水準，更掀起了青年人學習國術的熱潮。武術學術研討會也在全體與會的專家、學者們的全心投入下在觀念與技術方面，取得多方向的發展，相信對國術的推廣、發展有正面的價值。

國民體育法開宗明義揭示：國民體育之實施，以鍛鍊國民健全體格，培養國民道德，發揚民族精神及充實國民生活為宗旨。唯有提倡推廣民族傳統國術，才能完全實現此一宗旨。國民體育強調，對我國固有之優良體育活動，應加以倡導及推廣。我國固有之優良體育，傳統國術當之無愧，深切盼望主管體育的相關單位，特別是體育委員會更應全力資助，不可因循，不可忘本，視野要廣，看看奧運會中的柔道、跆拳道，甚至於角力，那一項不是從我中華國術中脫胎的，而我國祇能抱著禮失諸野而求之野的屈辱去參與，這是多麼使國人蒙羞的事。今後我國術界同仁務必奮發圖強，讓我們國術衝出亞洲，走向世界。

23. 應邀參觀新唐人亞太電視台第二屆新唐人全世界華人傳統武術大賽追記

前言

▲圖 1 李有甫大師

得知『新唐人亞太電視台全世界華人武術大賽』。是在去年（2008）秋季，當時，因個人公、私俱忙，至未能親自拜會欣賞，致使失去一次非常難得的機緣，遺憾不已！

今年（2009），得悉新唐人全球系列大賽，又假台灣舉辦第二屆新唐人全世界華人武術大賽，正在滿懷盼望，欲親赴大會與眾武友共享盛會，就在 7 月 23 日（週四）晚間，亞太電視台記者李健豪、許基東二位帥哥蒞臨寒舍，邀約筆者參與大會盛會，並請筆者擔任大會裁判委員會顧問，之後，又寄通告，請筆者參加 7 月 29 日下午 14 時至 17 時，假台北市博愛路 25 號 201 室，分享世界級武術大師李有甫先生（圖 1）的專題演講「分別從運動、武術、氣功與中醫的角度與你一同探索養生之道」。

這是一個非常深奧、嚴肅的題目，我是抱著虔誠、謙卑的心情去聆聽大師的啟示，但因演講時間太短，且缺少輔助教具（如圖表、影帶），李大師雖然也點出些重點，但無法盡悉其堂奧。

筆者也把握難得的機會提出了三個問題：一、甚麼是傳統武術。二、傳統武術的特點。三、傳統武術為何強調武德。雖然李大師也做了些啟示，但仍然無法獲得具體結論，只有期待爾後機緣了！

參與此次大會，筆者從始至終均全神貫注，茲就記憶所及，摘要提出第二屆新唐人全世界華人武術大賽的重點，及一己之拙見，就教於愛好關心中華傳統武術的前輩及武林同道，更深切的建議，真正傳揚中華傳統武術及文化近一甲子，不遺餘力，克服萬難的——台灣省國術會諸位德高望重的武壇先賢，能正視新唐人亞太電視台，歷屆新唐人全世界華人武術大賽的具體成就，做為我台灣省國術會的參考！現以條列方式陳述之。

壹・賽會宗旨

大會章程中特別註明：「全世界華人武術大賽，以繼承中華傳統武術精華，促進交流，弘揚中華神傳文化，提高武術技藝和武德為目的，透過中華傳統武術比賽，展現中華文、武道德的傳統理念。」

此一賽會所揭示的重大意義，就是喚醒華人，回歸中華傳統文化的根源，復興中華傳統武術文化。

中華歷經滄桑，自 1949 年中共統治大陸以來，對真正的中華傳統文化，進行了前所未有的改革；先是 1966 年，中國開啟了為期十年的文化大革命，1968 年四人幫，對國家體委進行軍事管制，批評國家體委是脫離黨的領導，脫離無產階級，對武術運動者進行迫害，習武者被扣上夫帽子，進行批鬥，導致眾多拳師相繼去世。武術運動消聲匿跡，許多珍貴的武術書籍、拳譜，也在所謂「破四舊」運動中遭到銷毀、破壞。更甚者將武術套上帽子，如批評少林拳、羅漢拳是宣揚迷信，批評醉拳是宣揚醉漢主義，批評太極拳為資產階級活命的哲學工具。對準備習武者，認定為準備打架的份子，此一動亂造成了中華武術運動的大災難、大活動！

1990 年，北京亞洲運動會增設了「中國國術」，中共稱之謂「競技武術」，我中華民國國術界，認為大陸所推展的「競技武術」是「樣板武術」，不是中華正統的傳統武術。

1990 年，中國主辦北京亞洲運動會時，選擇了長拳、南拳與太極拳等三種武術比賽，而此三種拳術，係從多種拳術重新組合而產生。如長拳，是以北派查拳、華拳等拳種組合而產生競賽套路。比賽又分為拳術、刀、槍、劍、棍。取一長及一短，稱之為長拳三項。而南拳套路，又重組了南派數家拳種成為一種。太極拳，則將陳式、楊式等多種太極拳，組合成所謂的「24」、「42」、「48」、「88」式太極拳。

另外，中共官方在全球武壇，積極推廣所謂新派武術，此屆新唐人全世界華人武術大賽組委會，傳統武術界前輩—孫岳峰先生說：「中國大陸把傳統武術，把長拳，尤其像查拳，把它其中的一些動作拿出來，改編成了新武術，查拳裡面有跳的動作，那麼它就抽出了這些跳的動作，再加上一些體操的動作與現代舞蹈的動作，這樣好像看起來好看，但是它的那個跳，跳起來，就和原來傳統的完全不一樣。你看它那些新武術，它滿場跑，但跑的時候得靠助跑，就像體操一樣，奔跑一下，才能跳的很高。」

「真正的傳統武術是一套很完整的技擊方法，既能攻、防又能養生。技法在歷史上，比如說過去的一門長拳，拿查拳來說，有那些動作，有他的翻騰、跳躍，就比如他的這個跳，要起如猿，落如雀，就是你身體起來的時候，像猿一樣，落下的時候很輕，就像雀一樣。」

總括以上「樣板武術」，以拳術、體操與舞蹈組合所謂「新武術」，如何能稱得上，是中華傳統武術呢！

中華武術，首重「武德」，中華武術諺語云：「未曾學藝先學禮，未曾習武先習德」辭海註釋：「德者正直善良的修養。」

中華武術乃國之瑰寶，故被尊為「國術」，武德是武術的靈魂。崇尚武德，是我中華武術界，幾千年的優良傳統，也是我中華武術歷經「政治動亂」永不衰退的根源，武德乃武人本色，容端體正，溫文爾雅，氣宇軒昂，切磋武藝，爭也君子。

所謂「文以評心，武以觀德」，文與武皆能反映人的心理活動和道德觀念，文與武在哲理上，有許多相通相同之處。武以觀德，就是處處以武德為本，要講口德，不說狂話，講公德，不說有損害人的話；講手德，不可傷人，不可自誇；武諺有云：「天大的驚人功夫，值不得一句自誇。」有本領的人不外露，外露的人沒本領。所謂聽其言，可知其行，觀其拳，可知其德，武德之與武者大矣，能不尊貴，慎乎！

貳・比賽項目及要求

一、項　目

1. 拳術組（分男女）：包括長拳類（查、花、炮、紅、華、少林等）、綿拳、通臂、蛙螂、翻子、入極等，外家拳法和八卦、形意等內家拳法。
2. 南方拳術組：包括洪、劉、蔡、李、莫、佛、鶴、詠春等拳。
3. 器械組（分男女）：包括刀、槍、劍、棍等外家器械和形意槍、刀、劍以及鴛鴦城、乾坤圈等內家器械。

二、要　求

1. 新派武術比賽用的軟金屬刀、劍不合比賽規格。
2. 內家拳、內家器械須在三分鐘之內完成。通常須在套路中包括四十五個以上的完整動作，並包括該拳法中多數主要傳統技法。
3. 外家拳、外家器械須在兩分鐘之內完成。最短不得少於一分鐘，通常須在套路中，包括五十五個以上的完整動作。並包括該拳法中多數主要傳統技法。

4. 在時間和動作要求以外的參賽項目，應事先提出申請。
5. 參賽者須精通所報傳統武術的項目（武術初學者請勿報名）。
6. 參賽年齡 10～60 歲，如在此年齡範圍之外，可在申請說明武術經歷和身體狀況，評委會將酌情考慮。
7. 參賽者只可選定一個比賽項目參賽。
8.參賽選手至少須有一半華人血統。

參・評分標準

一、任何比賽套路，必須符合該拳種傳統武術特點。

二、評委將根據具體比賽項目的特點評判：

內家拳、器械評分標準：包括動作規格、內容、勁力、協調、結構、佈局、風格、精神和節奏。

外家拳、器械評分標準：姿勢正確、動作協調、方法清楚、氣力順達、內容充實、風格獨特、精神貫注、節奏鮮明。

參賽項目中，長拳類及器械需要包含，三種不同的跳躍（如單、雙飛腳、箭彈等）、翻轉（空翻或騰空旋轉，如擺蓮或旋風腳、旋子等）。傳統技法中無騰翻特點拳種（如八極、通臂等）則無此要求。

三、禮　節

參賽選手在表演前後，均應向觀眾行禮（如抱拳、合十、鞠躬等）。參賽者應本著武德第一，秉傳統文明禮儀，在參賽時如有失文明行為則取消參賽資格。

四、時　間

參賽選手，須在比賽規定（或預先申請）時間內完成動作。超時或少時者則酌情扣分。

五、最終解釋權

大賽評委會擁有對本次比賽規則的最終解釋權。

有關大賽評分，大賽評委會主委李大師有甫表示，今年評委們，會參照傳統武術中的一些特點，來評定參賽選手的表現。李主席同時強調：「傳統武術中的

手、眼、身、法、步、精、神、氣、力、功，以及內三合、外三合。」這都是我們評分裁判委員要考慮的。

李有甫大師在評分上，所強調的手、眼、身、法、步，與精、神、氣、力、功。此即中國文、武雙修的一康戈武術大師，在其闡述武諺中的一段文章，可盡悉其意：「外練手眼身腰馬，內練心神意氣力」。外重手眼身法步，內修心神意念足，都是，強調武術訓練既要注重練人體外形，又要注重人體內意和內部器官，以求內壯外強。

其中「外練」的要素包括：手法、眼法、身法（主要由腰來傳現）、步法（南拳將步型、步法稱為扎馬、走馬）。

「內練」的要素包括：屬於神經系統的心（指思維器官）、精神、意念。屬於呼吸系統的氣息與內氣（內呼吸），屬於運動系統的力與功。

外部要素須協調一致，內部要素也要協調一致，並做到內外要素協調一致，即所謂的：「內外合一，形神兼備」。另外也提到了「內三合與外三合」，所謂內三合乃指「心與意合」、「意與氣合」、「氣與力合」，以及「骨與筋合」、「皮與肉合」、「肺與身合」。而外三合乃指「肩與胯合」、「肘與膝合」、「手與足合」，以及「頭與手合」、「手與身合」、「身與足合」。

真正的中華傳統武術，必須具備前述手眼身法步，精神氣力功與內三合、外三合，而能充分的表現出來。因此，在大賽章程中，特別規定參賽者，須精通所報武術項目，武術初學者請勿報名。同時又在個人參賽資料中，明示報名參賽者，要填寫並提交個人武術經歷表（包括個人主要武術經歷、師承，以及所獲獎項），附於報名表後，供評委會參考，對於所獲獎項，需提供影印件以資證明。

由以上所述，確可證明大賽設計是非常的嚴謹，而真能達到以上要求的選手可說很難。

此屆新唐人全世界華人武術大賽，除了重傳統、崇武德外，更闡述了傳統武術裡面的文化是相當深遂的。

武術和文化結合的很緊密，代表性的古人：李白詩集中有百分之十是論劍，而李白本是劍客。漢朝大將李廣著有《射法》三篇，明朝抗倭名將戚繼光寫有《紀效新書》……，精通武藝的清初者，教育家顏元曾有：「文武缺一豈道乎」的高論。直至近代，秉筆成書，闡幽發微，以啟來者的文武全才大有人在。

文人習武的事例甚豐：唐朝李白自述，十五好劍術。杜甫有「一舞劍器動四方」的詩篇。賈島苦吟「十年磨一劍」。陸游則直吐「君子不可一日無劍」的心聲。清代技擊術出眾的學者亦很多，如黃宗義、顧炎武等。另明末時代武術大師陳元贇先生，是將中華傳統武術（國術）傳予日本的第一人，元贇不但身懷驚人技能（踢打摔拿點，是日本柔道之啟導者）其書法、詩、詞、陶器藝術膾炙人口。中華民主革命的偉大先驅　國父孫中山先生，非常重視武術強種、強國的功能，1979 年「精武體育會」成立十週年時，　國父孫中山先生親筆為該會題寫了「尚武精神」的匾額，並為該會出版的刊物「精武末紀」作序。

由以上證明，所謂「文人不武，武人不文」的說法是有失公允。今後，吾人必須確實消除所謂「武人不文，文人不武」、「文人相輕，武夫相傾」這些不正確意識形態，讓我們的年輕一代，代代相傳，代代互相扶持，願大家都能夠成為文武雙全，德術兼備的中華好國民。

謹就以上賽會宗旨，比賽內容及要求，評分標準三項。提出筆者一己之拙見。下文所述及者，乃本文之重點所在，亦可歸類為本文下列第參小節。

肆・甚麼是中華傳統武術

學武多年，始終對「中華傳統武術」心存感恩、尊崇。參賽、擔任教練，奉派出任裁判工作。2007 年由台灣省國術會會長蔡崇源、秘書長林志昌，率領參加馬來西亞、檳城州政府舉辦的「國際傳統武術群英會」及今年「2009 年第二屆新唐人全世界華人武術大賽」，受邀忝列大會裁判委員會顧問。同時，今年六月份，又接獲中國武術界友人，寄來第六屆浙江國際傳統武術錦標賽規程，並約請去參觀。而以上兩種所舉辦的，國際傳統武術錦標賽，其內容均為我中華傳統武術。而近一甲子的台灣省國術會，每年均殫精竭慮舉辦，皆為中華傳統武術。

但以上，三種賽會傳統武術項目均有所不同，尤以「新唐人全世界華人武術大賽」與「第六屆浙江國際傳統武術錦標賽」項目方面，評分標準方面均有所不同。而台灣省國術會因沒有遭受大陸十年文化大革命，及所謂的四人幫的迫害，而更重要的是國府播遷台灣後，將中國各省國術館菁英帶進台灣，包括南京中央國術館、河南省國術館、青島國術館、山東省國術館、浙江省國術館等。

而中央政府為了維持中華正統的傳統武術地位，由黨國元老于右任、中央國術館副館長鈕水建、陳泮嶺。各省市國術館負責人，先後籌組了「中華國術進修會」、「台灣省國術會」、「台北市國術會」等國術組織。真正的中華傳統國術才得以保存、發揚。

能夠在台灣成長、茁壯、發展。應歸功於「中華民國台灣省國術會」，該會成立歷時近一甲子，每年均有大型賽會、教練、裁判講習，損傷接骨技術研習會。僅今年，2 月 2 日國際洪拳大師劉家輝與大聖劈掛周強師傅來訪活動。2 月 24 日與國立體育大學共同舉辦台灣客家武術文化學術研討會。3 月 28 日參與彰化二林廣懿宮要座大典武術表演。9 月 12 日、13 日又要舉辦第五屆台灣武術文化節暨全國體委盃國術錦標賽。

而更難能可貴的是，創設了「國術之光」這本讓中華傳統武術界的同仁們，能暢所欲言，發表對武術的研究心得，同時也傳達同仁們的心聲。而更重要的是讓同仁們隨時可獲得台灣省國術會，每年各時段，所推展會務詳情。

「國術之光」會刊，從民國 75 年 7 月一日創刊迄今 98 年 5 月 1 日，已歷時近四分之一世紀，共出版 118 期。在經費拮据，慘淡經營，仍堅持出刊，這都是歷屆理事長英明領導；而林秘書長　志昌先生的執著，與全體國術會同仁的努力，是功勞亦是德政。

有關國術雜誌、期刊，在台灣光復後數十年的時間，政府教育機關、學校、社團，以及私人的國術界研究處所，先後創刊了，年刊、季刊、月刊，可說不下二十多種，但均陸續停刊，就連領導中華民國國術界的龍頭的「中華國術會」於 1990 年 5 月 10 日創刊的「力與美」雜誌，至 2000 年 11 月 15 日停刊（出刊至一二七期）。如今只有「台灣省國術會」所出版的「國術之光」，碩果僅存。我輩武術界同仁殷切盼望，「國術之光」能長長久久發光發熱，繼續為台灣的傳統武術發揮振聾瞶的功效，引導傳統國術邁向正統的坦莊大道。

有關中國武術的定義有兩種詮釋：

一、唐戈武大師在其巨著《中國武術實用大全》中給武術的定義

「武術是以中國傳統文化為理論基礎，以徒手和器材的攻防動作為主要鍛鍊內容，兼有功法運動、套路運動、格鬥運動三種運動形成的體育項目」。

中國傳統文化強調「天人合一」的宇宙觀，並以此處理內與外的關係，在武術理論中，武術技法原理強調「內外合一」，武術教學原則強調「內外兼修」，武術訓練原則強調「內外互導」，在具體的拳械動作標準中，講究「三尖相照」、「內外六合」、「五合三催」等，使笍作體現出外形和諧、內意充實、形神兼備的形態。

總合以上所述，中國傳統文化的所謂：天人合一、內外合一、內外兼修、內外互導、三尖相照、內外六合、五合三催。確實塑造，強化了中國武術。筆者認為中華傳統武術，所應遵循的規範是學禮與習德。武術是國之「瑰寶」，被尊為「國術」，武德是武術之靈魂，崇尚武德是武術界數千年的傳統，何其重要！

有關中國傳統拳種流派方面，康戈武大師在其巨著《中國武術實用大全》中列出了：少林、武當、峨眉、內家拳、太極、八卦、心意、形意、自然門、長拳、彈腿、三皇炮拳、岳氏連拳、戳腳、通臂拳、入極拳、翻子拳、南拳、字門拳、象形拳（螳螂、猴、蛇、鷹爪、鴨拳）……等一百多種。

唐戈武大師著作中，所講的中國武術，從未提及中華傳統武術。而每屆中國大陸舉辦的武術比賽，均標明為國際傳統武術比賽，如今 2009 年第六屆浙江國際傳統武術錦標賽，稱謂仍相同。筆者不敏難解疑惑。

事實上有關傳統的釋義，據辭海所示，傳：由歷史沿傳而來的風俗、習慣、道德、信仰、思想……而統者，乃指事物的頭緒、系統、統一、綜合。亦即指將學術界的思想定於一。歸根究柢就是在中華傳統文化裡，武術的統一；中華傳統武術大賽，就是回歸中國傳統文化。

二、萬籟聲（文武雙全，術德兼修的傳統武術大師）

在其所著《武術匯宗》書中所述，武術，乃指中華民族一切武術而言。武術分拳術、器械與特殊基功，拳術又分為內、外兩家、內家宗張三豐、外家宗達摩……。器械除十八般器械相同外，其餘各家所發明的長、短兵器更不闡述。萬氏著中華傳統武術宗派、拳種、兵器，特別「萬」著中所提及，各家所發明的長、短兵器以及暗器，更是繁多而複雜。

伍・結論與建言

一、筆者有幸參與了旅美中華傳統武術界舉辦的「第二屆新唐人全世界華人傳統武術大賽」，茲將以上一己之愚見提供我台灣省國術界先進，同仁參考、指教。

二、有關中華傳統國術其內容究竟包括哪些項目，我台灣省國術會可邀請國內、外國術先進、學者、專家齊集一堂共同研討，做為爾後推展的依據以利我中華正統國術的發揚。

三、將中華傳統國術有關，拳譜、劍譜、刀譜等書籍蒐集、整理出版，如無法蒐集齊全，亦應由門派負責人編印成冊，以利各門派推展。《古拳藝初步》曾云：昔之學習技擊者，多椎魯不文之人，認為「篳路藍縷」者（駕著柴車，穿著破舊衣服）才學武。《角力記》中也說：角力人多不識字而性強。《拳經》還挖苦拳師：口不能言，筆難達意，等侮辱武者的話語。昔日習武者祇能口耳相傳，且口耳相傳又會受南腔、北調、方言、俚語甚至粗話，而影響傳承之功效。但今日我傳統國術界大多俱為智識份子，一定能將各門派、拳種及各種兵器譜，彙整釋出，進而可將各門派師傅，口耳相傳的各種武術套路編撰成，圖、文並茂的教材或專書，而完整、順利的傳承於後代子孫，則我台灣省國術會功勞大矣！

24. 新唐人第五屆全世界華人武術大賽追記

新唐人電視台，自2008年起舉辦「全世界華人武術大賽」，已進入第五屆，筆者，承蒙總經理張瑞蘭女士暨領導團隊的青睞，連續參加過亞太賽區初賽三屆，是莫大的榮譽，也心存感銘，參加如此重大的中華民族武術界盛事，學到很多，也領悟更深，謹以此拙文略述愚得。

壹・行政工作有條理、有系統

使大賽能圓滿成功，乃得力於團隊，對武術行政工作的嫻熟，行政是政策的執行與理論的實踐，美國學者——威廉姆司氏，認為「行政」的定義是：「以優秀卓越的領導能力去完成一項既定的方案，並根據方案的精神，訂定合理的政策和程序，使方案的執行經濟有效」，「世界華人武術大賽」之所以成功，完全基於唐人電視台的領導及團隊熟悉「武術行政」的精義所在。

本屆，2016年第五屆全世界華人武術大賽，亞太地區初賽大會手冊中，未將武術比賽評分標準與評分重點列入，可能是因已有多次初賽，亞太地區的參加者已經知道了，以致未列入之故，事實上仍有新參賽的教練、選手對評分標準，評分重點缺少認知，會影響比賽的心理與實力。

筆者，將前次世界華人傳統武術比賽評分標準，與台灣省國術會的套路比賽評分標準，暨中華全民運動會國術器械比賽評分表三者列出，提供我武術界同仁，與熱愛中華傳統武術人士參考：

一、世界華人傳統武術比賽評分標準

1. 任何比賽套路必須符合該拳種傳統武術特點。
2. 評委將根據具體比賽項目的特點評判。
   - ◆ 內家拳、器械評分標準：包括動作規格、內容、勁力、協調、結構、佈局、風格、精神和節奏。
   - ◆ 外家拳、器械評分標準：姿勢正確、動作協調、方法清楚、氣力順達、內容充實、風格獨特、精神貫注、節奏鮮明。

◆ 參賽項目中，長拳類及器械，須包含該門派傳統技法的跳躍（如單、雙飛腳、箭彈等），翻轉（空翻或騰空旋轉，如擺蓮或旋風腳、旋子等）。傳統技法中無騰翻特點的拳種（如八極、通臂等）則無此要求。

3. 禮節：參賽選手在表演前後，均應向評委行禮（如抱拳、合十、鞠躬等）。參賽者，應本著武德第一、秉傳統文明禮儀，在參賽中如有失文明行為則取消參賽資格。
4. 參賽選手須在比賽規定（或預先申請）時間內完成動作，超時或少時者將酌情扣分。
5. 大賽評委會擁有對本次比賽規則的最終解釋權。

二、台灣省國術會套路比賽評分標準：

分精神與技能兩項。

（一）精神方面：40%

1. 服裝：**個人服裝之整潔。10%**

說明：個人服裝要求整潔，必須扣紮穩固，結束妥當，不得在頭上包紮布巾，或於衣外紮色帶，赤膊赤足等。

2. 守時：**出場及退場準時。10%**

說明：個人出場及退場，在聽到唱名，立即出場到達表演位置，在規定之比賽時間內，結束表演退出表演場。（聽到停止鈴聲時，應立即作收式結束比賽）

3. 禮節：**出場及退場表現之禮節。10%**

說明：「個人出場退場之禮節」，比賽「開始」與「終了」，均須按照規定向司令台上之評判員，行鞠躬禮，充分表現國術傳統武道精神。

4. 儀態：**表演時儀態及運動精神表現。10%**

說明：「個人儀態」要求謹敬莊嚴，安和愉快，表現敦品勵行，注重修養之國術崇高武德。

（二）技能方面：60%

1. 手眼身法步之協調。15%

說明：所謂手眼身法步，並非如拳法中之「五要一體」訣法中，所指之手眼肩腰步。所謂「手」乃指「手法」而言；「眼」指「眼法」而言；「身」指「身法」而言；「法」指「藝法」而言；「步」指「步法」而言；用以觀察藝業修養之程度。所謂藝業，注重於中國拳法中藝術及健身兩類，與搏擊類則只是有關係而已。

(1) 手法：注重「取勢」之「蓄張」、「取標」之「手法」。
(2) 眼法：注重攝、誘、惑、激四法之運用。
(3) 身法：注重正斜、俯仰、吞吐、浮沉之運用。
(4) 藝法：注重抑揚頓挫，往復轉迴之旋律。
(5) 步法：注重順逆迴旋及樁馬之變換。

2、式招交代清楚。15%

說明：「式」的立與展，注重「旗門」嚴緊，「鋒衛」序。「招」的演與化，注重有「問」有「遞」，有「消」有「發」。

3、勁氣之運用。15%

說明：「勁」注重於「骨發」與「筋發」的運用，「骨發」看撐、插、掠、帶各訣，「筋發」看彈、射、抖、拋各訣之運用。

「氣」注重呼吸與動作的配合，肉控制之運用，「吐氣」與「開聲」運用之時機。

4、熟練程度。15%

說明：注重換式取勢之間之圓順，出招連招之間之段落分明。

附記：兵器表演成績之評定，除重視前述「技能方面」四項條件，更須重視下列各項：

(1) 重視兵器運用，符合「短有長覺，長有短覺」之原則。
(2) 重視刃口之運用，不能失去或違背其特性。
(3) 重視握把「靈固」手頭之「尺寸」。
(4) 兵器不得於「花勢」與「換把」中誤觸地面（算半失手）。
(5) 兵器不得脫手落地（算全失手）。

5、成績評定：

(1) 選手比賽之成績，以精神及技能兩種分數，按百分比計算，相對所得之總分評定之。
(2) 精神或技能之分數，以評判員數人評定之分數，剔除最高及最低之評分，以中間數人，評定之分數相加平均，為該選手該項得分。

三、九十五年全民運動會，中華國術器械比賽評分表

▼九十五年全民運動會中華國術器械比賽評分表

RATING TABLE FOR APPARATUS CONTEST

<table>
<tr><td>單位
Unit</td><td colspan="2">男 Male
女 Female</td><td>子組第
Section</td><td>級
Category</td></tr>
<tr><td>姓名
Name</td><td colspan="2">性別
Sex</td><td>男
M</td><td>女
F</td></tr>
<tr><td colspan="2">評分項目
Items</td><td>自選器械（50分）
Optional</td><td>指定器械（50分）
Compulsory</td><td>附　註
Remark</td></tr>
<tr><td rowspan="4">動作招式
（15分）
Actions （15 points each for opt & Comp）</td><td>手眼身法步協調
Coordination among hands, eyes, body and steps</td><td colspan="3" rowspan="4">「型」與法、「招」與「式」、「攻」與「防」……
(1)遺忘 (2)器械服裝影響動作
(3)器械變形、觸地、掉地、折斷……
例(1)劍無纏頭戟無花 (2)戟有一條龍 (3)槍不留把
(4)大刀看刃，手不離盤，大刀看定手</td></tr>
<tr><td>熟練程度
Efficiency</td></tr>
<tr><td>器械使用方法
Way of apparatus</td></tr>
<tr><td>得分小計
Sub-total</td></tr>
<tr><td rowspan="4">勁力協調
（15分）
Strength（15 points each for opt & Comp）</td><td>平衡穩定度
Balance</td><td colspan="3" rowspan="4">失衡：幌動、移動、跳動、支撐、倒地……
看器械路線、定點、力點、需心力、發力、著力統一
例(1)寶劍看訣 (2)單刀看手，雙刀看步走
(3)鉤不入肘 (4)槍是纏腰鎖
(5)比劍看指，走刀看掌……</td></tr>
<tr><td>發勁順暢
Smoothness of force</td></tr>
<tr><td>手眼身法步協調
Coordination among hands, eyes, body and steps</td></tr>
<tr><td>得分小計
Sub-total</td></tr>
<tr><td rowspan="4">精神內涵
（15分）
Spirit
（15 points each for opt & Comp）</td><td>韻律節奏
Rhythm</td><td colspan="3" rowspan="4">刀如猛虎／劍如飛鳳／槍似游龍棍若雨。
例(1)槍扎一線，槍扎一點。
(2)棍打一片。
(3)鞭掄一面，「以神領身，身械合一」
（鞭舞一堵牆）……</td></tr>
<tr><td>器械特色之發揮
Development of apparatus characteristics</td></tr>
<tr><td>精神
Spirit</td></tr>
<tr><td>得分小計
Sub-total</td></tr>
</table>

武 德 （5分） Martial Ethics （5 points each for opt & Comp）	服裝 Dress	公正—依據規則，掌握"評分項目"…… 公平—器械種類屬性不同，避免…… 公開—現場避免不當接觸，…… 評分(1) 整體比較，綜合判斷，臨場記錄 (2) 一貫性，避免「前緊後鬆」或是「前鬆後緊」現象，避免爭議 (3) 不要過多的「重複」分數
	儀容 Apperance	
	禮節 Courtesy	
	得分小計 Sub-total	
得　分　合　計 Total		

主任裁判　　　　　　評分裁判　　　　　　日期

中華武術比賽評分方面，更重要的，是有關傳統武術高難度的技法如：跳躍（單、雙飛腳、箭彈等）、翻轉（空翻、騰空旋轉）以及擺蓮腿、旋風腳、旋子等，應在賽前由大會評審主委詳加闡示，並請俱有上述技藝精湛者，示範或以錄影方式播放，如此，一方面使參賽者深切瞭解，大會評分的標準與重點，更能彰顯中華武術技藝，精深絕妙之所在；其次，以上跳躍、翻轉等技術，應有中華武術獨特高超的技藝，決不可與西方體操運動技術混雜難以分辨。

貳・武術大賽重在武德

傳統武術競賽要重視武德，就如同醫師講醫德、生意人講商業道德、政界講政德。德者正直的行為、善良的品性，中華古人對武術比賽有云：「君子無所爭，必也射乎，揖讓而升，下而飲，其爭也君子。」、「勝不驕、敗不餒」、「勝固欣然、敗亦可喜」。此乃武德之極致表徵，武者應當心領神會篤行之，武者人人都能將上述武德俱體表現，則定可收風行草偃，德教感化之效，而提升社會道德之果。

武術德行諺語

我中華武術源遠流長，其內涵功用博大精深，武術中的諺語（民間流傳通用的武術俗語），孔子云，有文事必有武備，自原始樸野進化至文明，每一時代都有武備，小自保家大至衛國，武術不可忽視，武術中的武諺，是千百年來酷愛武者以心力、血汗、生命所獲得智慧結晶。學武先教育武德，茲將筆者蒐集的武德諺語提供參考：

1. 未曾學藝先學禮，未曾學武先明德（禮是人類行為的規範，禮是待人恭敬的態度，禮是學武者第一要務，不但尊師還要禮賢下士，德者眾所遵行的理法，和合於理法的行為）。

2. 文以評心，武以觀德：（文與武，均能反映人的心理活動和道德觀念，從文章內容，可以評定為文者的用心，是善是惡，武者的一切行為，可以了解其武德的行為。）
3. 道德一體，道者功，修德可以育精、氣、神，道德能合為一體，乃練武者最高的境界。
4. 無拳無勇，無德無拳：（不會武術的一定沒有勇氣，缺少德性的人，如果會武，則會作亂社會，因此，無德者最好不要習武，以免傷人害已。）
5. 嚴師出高徒，師嚴則道尊：（不論學文，練武老師要嚴格，徒要重道，嚴師才能使徒弟嚴守武德，才能使徒弟由技而進藝，由藝而得道，只有重道之人方能尊敬師父，方能嚴守武德，才能傳承老師所教的知道技藝。）
6. 徒弟武藝高，莫忘師父恩：（青出於藍而勝於藍，徒弟武藝高過師父，武術才藝方能發揚廣大，徒弟要飲水思源，感謝師父的恩情。）

參・武術與中醫養生

武術與中醫養生的內涵，是 2016 年新唐人電視台，第五屆全世界華人武術大賽中的重要講題，李有甫大師精湛，深厚、廣博的中華武術修為根基、與擔任洛杉磯仁愛中醫大學教授、暨榮獲美國加州中醫執照，可說是中華武、醫雙修，識達古今，見識淵博。

李有甫大師講述武術與中醫養生議題中，僅說明道德的重要性、人類道德的歷史，以及老子對道德的論說等，筆者，綜合為下述兩點：

一、道德是中醫養生與武術一切文化的起源：德即道德（是大眾所應遵循的理法及合於倫理的行為），正如李大師在其論文所說：「放下自己的慾望，去體悟天地宇宙萬物的規律，就是道德，人要真正了解天地宇宙、萬物的大道，你得把自己放下。」、「道德不僅是養生的起源，也是中醫、武術的源頭」、「醫德產生了中醫的靈魂」，「中華武術的產生，也是基於武德（指道德），是為了止惡揚善」、「道德不是說教，產生了我們一切的東西，比如中醫、武術、氣功修煉，還有藝術、文化、文明，也產生了聖人、先知、覺者」。所謂「厚德載物」（是否厚德載福，按辭海釋其義是：只有深厚德行的人才能承受福澤）。

二、論文中又提及：人類道德的歷史，老子對道德的論述，人類道德與生存的矛盾，以及人類免毀滅，就要明白道德與養生的關係。

以上諸多論述立論正確，內容平順，但僅能讓普羅大眾知其重要，卻沒有方

法去實踐，中醫養生與武術養生，大師是否可以具體的方式，將中醫與武術養生的方法，詳示以釋疑惑。

其次，論文中曾提及所謂「法輪功」，修煉法輪功，可以展現心靈力量，法輪功煉功後，可使不治症痊癒，有人自殺喝農藥，被救回來，「煉功身體有能量，能量是有靈性的，知道怎樣排毒。」法輪功為什麼被江澤民元凶迫害，現在法輪功仍然被大陸禁止？修煉法輪功有二十年的李有甫大師，一定深知其緣由，定可將筆者所提一些疑難，一併示教則功德無量。

筆者，連續三次參加過由唐人電視台，舉辦的「全世界華人武術大賽」，深切體會到，唐人電視台領導暨全體同仁與海外中華遊子們，對中華民族博大精深的武術、中醫濃濃的情義、熱忱的倡導，讓在台灣寶島，以復興中華民族傳統文化的國人，深感欽敬，讓我們炎黃子孫，拳拳服膺，將中華民族博大精深的民族瑰寶武術、中醫發揚廣大，造福世界。

25. 中醫「拔罐」在巴西里約奧運會登場

中華民族古早的中醫民俗療法「拔罐」，能登上巴西里約奧運會，是個很大的新聞；更由於俄國總統普丁誣告，向奧會提出「拔罐」違反公平競賽的抗議（因俄國田徑選手服食禁藥，多位選手被禁賽）。事實上，「拔罐」既非藥物性，亦非侵入性的行為，更非普丁所言神祕性的物理作用。

有關「拔罐」的醫療理論說法，《民俗療法大成》一書（談清雲著），談到：「一般醫家認為『拔罐』的物理作用，乃利用『變質作用』，先使毛細血管淋巴管破裂，血液溢出管外，再被毛細管吸收，可能外溢的血液與淋巴發生變質，再被吸收後，所發生之效果。」

另中醫師公會說：「拔罐」是利用負壓，促使毛細血管擴張，加速血液循環，促進身體健康及體能的提昇。以上兩種說法，能否盡悉「拔罐」的醫理，則應有更進一步的驗證，但「拔罐」有益身體是定論。

巴西里約奧運會，使用「拔罐」的高知名選手，是曾在 2008 年北京奧運會，榮獲八面金牌的游泳帥哥（飛魚）麥可・菲爾普斯（Michael. phelps），他在巴西里約奧運會，游泳錦標賽又獲得更多金牌，總計共獲得二十三塊獎牌，只有一百公尺蝶泳為銀牌。菲爾普斯可說是天才型的游泳運動員，根據媒體的資料顯示，他的肺活量是一萬五千毫升（正常人的四倍），激烈運動後，一般選手需要休息一小時才能恢復，菲爾普斯只需要二十分鐘，以如此資質特佳的運動員，再輔以「拔罐」的神效（消勞、增體力、強信心、振士氣）其屢創奇蹟，是理所當然。茲附菲氏奧運參賽身上出現「拔罐」印記照片兩幀參證。（圖 1）、（圖 2）

▲圖 1

▲圖 2

由於巴西里的約奧運動游泳選手麥可·菲爾普斯（飛魚），使用中醫「拔罐」，令筆者，憶及我國中研院院士王唯工（美國約翰霍浦金斯大學、生物物理博士），在其所著《氣的樂章》，提及：「物理治療是巡戈飛彈，發揮最精準的打擊力量。」所謂物理治療，就是我中華民族古早的所謂「民俗療法或稱民間療法」，推拿、按摩、針灸、拔罐、刮痧、指壓、氣功點血、整脊。書中強調任何跌打損傷，如堵塞很嚴重的話，祇心臟能量治療、效果比較慢，例如治扁桃腺發炎，以按摩或推拿手法，就立刻打通血路就有效，因此治療外傷，一定要先用物理治療，再施以藥物和運動。如此內外兼治，復原快速。

中醫民俗療法，是我中華民族在醫療科學上的驕傲，經過巴西里約奧運會期間「拔罐」聲名大噪，不但給我中醫界打了強心針，更讓國際人士瞭解，特別是給運動動界增強信心。2017 年，台北世大運明年登場，對選手們的醫療項目，已確定加入中醫的「拔罐」、針灸。事實上，2015 年世大運在韓國光州舉行時，拔罐、針灸等物理治療項目早已列入大會，只是我國中醫界蒐集資訊遲緩，直到柯文哲市長參訪光州世大運才得悉，而且還感覺新奇？做為多年台大醫院的主治大夫，對中醫的民俗療法沒有知識，也缺少常識，令人難解。這亦是中醫被蒙蔽不彰的原故。

中醫民俗療法，不但是外傷（跌、打、損傷）的治療良方，更是中華民族庶民日常活動的健身方法，當人們身體活動不順暢時，可以透過以上民俗療法的按摩、推拿、拔罐等，促進血液循環，疏緩肌肉、筋、骨，誘發身體能量、預防疾病的發生，可以說民俗療法，具有預防與治療雙重效果，對人類貢獻良多。

中華民俗療法已有近兩千年的歷史，可說與中華民族博大精深的武術相伴而生，武術界人士受惠於民俗療法多多，但此傳統民俗療法卻妾身未定。文化部、衛生福利部已先後成立，也正式納入傳統民間療法，但迄今都沒有主動進行認證。

多年來，為傳統民間療法爭取認證的吳長新（台灣非物質文化遺產發起召集人）指出：「國際各項運動，在科學數據支持下，建立復健師（推拿師）制度，也證實傳承多年的傳統推拿可確實有效於賽前、賽後幫助運動員，放鬆肌肉，降低運動員傷害，因而期待政府應順勢而為，主動進行驗證傳統民間推拿之有效性，以系統化、制度化，教學推廣到國際，為中華民族創造有感、驚人的文化經濟產值。

2017 年世大運在台北市舉辦，中醫師公會決定在競賽期間，有近五十位中醫師支援，承此時機去推展傳統民間療法可說最佳時機，刻不容緩，事在人為深盼政府與中醫師公會，同心合力做妥萬全的準備，尤以台北市長柯文哲乃台灣頂尖的權威大夫，能領導同仁，將此傳統的中華民間療法，在世大運期推廣開來，造福世人、名垂青史！

26. 一場深具教育的武術賽會

民國 105 年 12 月 17 日，中華北少林長拳武術推展協會暨台北市士林區體育會主辦，台北政府體育局、中華台灣國術會、中華武術總會的指導下及眾多社會、學校國術團體、國際獅子會 300G1 等協辦單位共同贊助下，舉辦了一場深具教育意義的武術賽會，在台北市立石牌國中活動中心展開。

筆者有幸與德高望重的國術大師唐克杰，領導中華北少林長拳武術推展協會，成績斐然的大會榮譽會長廖國正先生共負大會仲裁委員之神聖職責，內心深感誠惶誠恐。

遵從大會規定按時報到，當服務人員送予大會秩序冊，首先映入眼簾的是封面上的國術大師姜長庚的玉照。氣宇軒昂，英姿煥發的帥哥形象，當下亦呈現出姜大師往日叱吒武壇的英雄氣概，矯健身手，教藝傳武，因材施教及姜大師對武德的遵行與對晚輩們在武德上的期許，即武諺所示：「未學藝先識禮，未學武先明德」。武德要講求：心德、口德、手德。姜大師的風範、言行，我輩永誌不忘，戳力傳承。

在秩序冊又讀到大會特刊系列：龍躍心得（慈濟大學國術社長涂杏穎同學著）；習武心得（合一武術高于惠同學著）；看賽程之前（台大少林拳社孫尚水同學著）。

同學們的三篇文章，平實流暢，文從字順。三篇文章對推行國術提出了各自的心得，僅以筆者粗淺的認知奢言三篇文章重點：

一、龍躍心得：

1. 有趣。2. 辛苦但覺得很值得。3. 能與伙伴一齊奮鬥互相激勵。4. 能參與到龍躍真是太好了。

二、習武心得：

1. 基本功奠基，體能為後盾。2. 一直要突破自己。3. 對於練習建立實踐基礎。4. 溫故知新，天天練習才會熟能生巧，巧能達用。5. 興趣為苦練的動能。6. 練拳要一生一世。

三、賽程之前：

1. 協會杯讓大家聚在一堂，是興趣，是緣份，要珍惜。2. 兵器對練，是最感興趣的也是實戰的基礎。3. 練武要把膽練出來，所謂一膽、二力、三功夫是武術必具備的條件。4. 比賽不是名次，重點是獲得了甚麼。5. 練武術的人絕不是壞人。6. 一個弱不禁風、才藝欠缺的小鬼，變得不一樣了。壯了，醒了。

大會未開始前，整個廣場充滿了與賽者們的切磋、練習的身影與各參賽隊教練的殷殷叮嚀再叮嚀，未開賽前場內就熱力四射，這不是臨陣磨槍，而是武者們精益求精的精神態度，更是中華武術的魅力所在。

在大會會長楊明哲大師致詞揭示本次賽會的宗旨並勉勵後由大會總指揮李若文裁判長的指揮下，司儀的引導中，行禮如儀，莊嚴、肅穆的國歌聲後，由大會榮譽會長廖國正大師（圖 1）率領武者們展開團體六合拳，剛健、雄壯的演出，揭開了序幕。

▲圖 1 榮譽會長　廖國正先生

接著依序傳統武術表演，繼之競賽項目：

一、個人組：拳術、器械（短兵）、器械（長兵）、楊氏太極拳、雜兵。

二、對練：拳術、器械。三、團練：拳術、器械（短兵）、器械（長兵）、楊氏太極、雜兵。

以上個人組的比賽：手、眼、身、法、步的協調方面、型與法、招與式、攻與防在協調、熟練程度，均有優異的表現。

勁力方面：平衡穩定、茂勁順暢尚可，少數選手動作有停頓、器械觸地、掉地情景。

對練方面：儀態、運動精神表現佳。

技術方面：身法運用未將正斜、俯仰明顯表出。

團練方面：缺失處是動作不純熟、欠明顯節奏感。

器械方面：難達到以神領身、身械合一的境界。

武諺有云：拳打千遍、身法自然、拳打萬遍、神意自現，武者應深體會。

武術大會秩序冊內列有「習武心得」，是一項創舉。筆者一生參與武術和體育運動競技，國內各種類型的競賽，國外：亞洲杯、亞運會、世界杯、奧林匹克運動大會以及大陸舉辦的國術比賽。從來沒有看到秩序冊中列入撰述心得。此乃廖國正大師、陳明哲大師在武術教育上的用心。筆者深覺此一措施，對習武者而言，非常適當而重要，難能可貴。

武術諺語「文以靜心，武以觀德」。文與武均能反映出人的心理情愫和道德觀念，從文章內容可以評出為文者的用心，是善是惡，從武者一切行為，可以了解其武德的修為。廖國正、陳明哲二位大師此一創舉，也可以說是定見，冀望我國武術界同仁，不可有武諺中所述「文人相輕，武人相傾」不正確的心態與觀念。即所謂文章是自己的好，文人互不尊重。學武的互爭高下，抬高自己，貶抑他人，均為不正當的行為。

二位大師冀望中華北少林長拳武術推展協會，所陶冶培養的武者是文、武兼備，術德兼修。用心何止良苦，後人應效法，今人則應拳拳服膺，使我博大精深的中華武術文化發揚廣大，弘揚於世。

近九小時賽會在和諧的氣氛中進行，與賽武者不管競賽如何的激烈，技術動作如何剛猛，俱皆專一心志將技術表現到盡善盡美。而全體武者均表現出君子之爭的氣度，即所謂「勝不驕，敗不餒」的運動精神。大會聘請的貴賓群賢畢至，擔任傳統武術示範的大師與傑出青壯武師，更提早暖身，令後生晚輩肅然起敬。

筆者奉廖榮譽會長國正的指示，有幸參與中華北少林長拳武術推展協會的武術大賽活動三次，內心深有所感。

廖、陳二位大師在工作繁忙之中，每年出錢、出力舉辦如此盛大的競爭賽會，所表現的忠、孝雙全。忠：是傳承我中華民族博大精深的國之寶，武術文化。孔子曰：「有文事必有武備」。武術一事大可保國衛民，小可健身、自衛。孝：孝為百行之米。武諺「師徒如父子，情親深似海」。「徒訪師三年，師訪徒三年」。學武、教武都要慎選師父與慎選徒弟，內家拳法有六不傳：心險、好鬥、狂酒、輕露、骨柔、質鈍者，均不傳授武術。「為師者目空一切，唯我獨尊，觀念有限，思想束縛者不是好老師」。

廖、陳二位大師與姜大師長庚結緣成為師徒，正是上述武諺的最佳詮釋，師徒坦誠相知、相識後才結緣一生一世。二位大師用心良苦，忠、孝雙全，我武界萬人敬仰。105 年以「苦」字代表，但中華北少林長拳武術推展協會舉辦武大賽，激發國人克服「苦」的旺盛鬥志，在歲末之際，以此短文祝福二位大師政躬康泰，協會諸事順遂，中華民國國泰民安。

27. 如何發揚國軍體能與戰技訓練

壹・前言

所謂體能與戰技，乃指與敵人作戰時所運用的體能與戰鬥技術而言。戰技是訓練國軍官、兵最基本、最具體而實用的項目。體能與戰技的訓練，不但能奠定國軍官、兵優良的體能與純熟的戰鬥技術，以遂行戰鬥任務，而達到消滅敵人的使命，更重要的是培養國軍官、兵，勇猛、機制與艱苦卓越的戰鬥精神。

貳・回顧

體能與戰技訓練，自國軍建軍開始，即成為訓練的主要項目。自民國三十八年國軍轉進來台之後，更持續而積極的加強。有關國軍體能與戰技訓練的概況可分為四個時期：

第一時期（民國三十八至四十五年），民國三十八年國軍甫由大陸全面轉進至台灣整訓，直至民國四十五年。此一時期的國軍體育訓練，以當時的訓練目標、項目、方式而言，可以說是以戰技為主的訓練。當時所採用的體育教材，是以「美國陸軍體育教範」為藍本，其訓練意義及內容可分為以下三個階段：

一、初期體育訓練：本階段訓練的對象是入伍的士兵，這些入伍的士兵來自各個不同的地方，有不同的生活領域與不同的職業，有的來自工廠、有的來自農村、有的出生商賈、有的是來自學校，有的因為缺乏適當的運動、身體羸弱、有的因為擔負粗笨的工作，其動作迂緩、呆滯、缺乏靈活的身手與反應。而來自學校的學生，大部份沒有充分的體力和耐力。如果馬上讓他們接受艱苦的軍事訓練，一定難以勝任，甚至會有不良的後果，唯一補救的辦法，就把富有趣味的體育活動，作為軍事訓練的啟蒙，其訓練目的的主要在改正戰士們身體不正常的發育，鍛鍊並培養堅強的體魄、機警的習性、靈活的動作與持久耐勞的精神。本階段的訓練項目計有：一、體操 二、戰地運動 三、草坪運動 四、枕木運動 五、爭

鬥運動 六、持槍運動 七、跑的運動 八、行軍 九、爬竿 十、遊戲 等。

二、正期體育訓練：本期訓練的對象是經過接受初期體育訓練的國軍官、士、兵。他們在體力、耐力及機敏反應各方面都有了相當的基礎。近一步可以接受應用戰鬥技能的訓練，也就是訓練國軍官、士、兵近戰時（白刃戰）的各種應用技術。現代的戰爭雖是以火力為主，但是到了最後階段，仍是人與人的接觸，其實一旦白刃相搏，一切武器均已失掉其效用時，則要靠戰技的優良與否來決定勝負。本階段訓練項目有：一、超越障礙 二、手榴彈投擲 三、美式劈刺 四、拳擊 五、器械體操 六、水上運動（武裝游泳） 七、搏鬥技術（踢、打、摔、拿）。

三、後期體育訓練：本期訓練的對象是曾接受過艱苦正期體育訓練的官兵。所實施的項目是一般體育，主要在調劑身心、維護健康。

第二時期（民國四十六年至五十三年），鑑於第一時期國軍所採用的美國陸軍體育教範訓練效果甚佳，而唯一缺點是眾多訓練項目中，缺少能代表我中華民國固有而威效很大的武術項目。國防部總政治部為針對當時的敵情加強國軍戰力，特於民國四十六年聘請國內國術專家、學者與國軍資深優秀的戰技教官，並配合國防部作戰訓練部門的主管與參謀，共同研究編撰教材（即戰鬥體育教材第一集）。

同時舉辦第一期體育幹部訓練，當時所調訓之幹部，以現職體育教官與連、營級軍政幹部為主。集訓時間為十二週，畢業之後返回建制單位協助部隊長，訓練官、兵戰技。本時期所使用之戰鬥體育教材，其主要內容有：一、機巧運動 二、美式劈刺（近戰時用步槍和卡柄槍上刺刀，刺殺敵人、砍劈敵人的一種技術） 三、綜合應用動作（即以摔角對付敵人之刺殺，以擒拿、拳術、短棒對付敵人之刺殺） 四、國術（拳術） 五、空手戰鬥法（以空手奪取敵人的刺刀與步槍）。

第三時期（民國五十四年至六十三年），從民國五十四年起，國軍戰技訓練項目又做了一次變更，其主要內容為武裝跑、武裝超越障礙、武裝游泳、手榴彈投擲、國術（八趟拳、擒拿、摔角）、刺槍術。本時期最大的改變是將原美式劈刺修編為新刺槍術。新刺槍術之修編著眼在針對敵情加強技術部分之威力，並以能適合我國軍官、兵使用為主。新刺槍術採用我國國術之打、摔、擒拿等簡單實用動作融合而成。新刺槍術之修編乃由李元智先生（國術專家）、張鏡宇先生（日式刺槍術專家）、王煥琪先生（擅長美式劈刺），與筆者共同策劃，並由筆者親自帶領士兵及政戰學校體育系學生，經一年時間的演練（本人負責美式刺劈部分），再經陸軍作戰發展司令部三十多位將軍評鑑討論通過後，呈報國防部令頒實施。

第四時期（民國六十四年至七十三年），自民國六十四年起，國軍體育運動項目又有變更，除取消短棒與國術外，其主要內容是陸、海、空三軍及聯勤、警備等單位，自本時期起均將「莒拳」一項（即韓國跆拳道）列為必修項目。

莒拳訓練至七十年六月，整個教材內容按照國際跆拳道聯盟規定又作改變，其新的名稱，除基本步法、基本動作外，將以前的型完全取消改為「場」。由第一場至第八場。另又增列：高麗型、金剛型、太白型、平原型、以及十進型。

自民國七十三年起在戰技方面求精簡、全國軍均以五項戰技（射擊、手榴彈投擲、五千公尺徒手跑步、五百公尺超越障礙、刺槍術）為主，此可說是**第五期**。

在此特別將所謂所編刺槍術之產生做一簡單的說明：

國軍目前所採用的刺槍術，乃於民國五十三年由國防部派張鏡宇先生（原任職於南京中央軍校的專任日式刺槍術教官），與筆者（負責美式劈刺部份之訓練）。經過近一年的時間，先後在林口陸軍作戰發展司令部與北投政戰學校，召訓教育程度不同的戰事與學生分別進行日式刺槍術與美式劈刺的訓練。而最重要的是將以上兩種不同的刺槍術，擇其實用而合乎國軍使用者混合編成所謂「新編刺槍術」，也就是目前國軍所採用者（本刺槍術包括：美式劈刺之「托擊」與「基本姿勢」之優點，日式刺槍術之踏步與刺法之特長，並融合和我國固有槍法之刺，防優良技術而成）。當時曾以一再實驗，並由陸軍作戰發展司令部全體審查委員通過，報請國防部通令國軍普遍實施至今。

一、陸軍訓練司令部體幹班時期及國軍部隊學校體育訓練教材內容表（民國三十八年至四十八年）

區分	課目內容	要求事項
初期體育	一、初步運動 二、戰地運動 三、草坪運動 四、爭鬥運動 五、持槍運動 六、爬竿 七、遊戲 八、角力 九、跑的訓練	國軍各部隊於入伍期間，應實施此種訓練，每日至少兩小時，最多四小時。初期體育訓練最少實施六週，每次課程編配，應將上列課目平均分配，各部隊下級幹部於訓練戰前，應先集中訓練，以統一教材法，各營級以下幹部應實際領導，營級或營級以上之長官應隨時督導。
正期體育	一、拳擊 二、摔角 三、投手榴彈 四、超越障障 五、劈刺 六、空手戰鬥法	國軍各部隊於正期教育期間，應實施此種訓練每週至少十二小時，最少十六週。每週使用編配妥的同一教材以增效果。初期體育各種活動，用做輔助教材，利用空閒或晨間多加複習，集中幹部加以訓練，以統一教材教法。營級幹部以下幹部應實際領導並參加訓練，營級以上長官應隨時督導。

後期體育	一、拳擊 二、摔角 三、投手榴彈 四、超越障礙 五、劈刺 六、空手戰鬥法	國軍各部隊於正期體育訓練完畢後，駐防期間應實施此種訓練。本期訓練目的，在促進官兵身心健康、戰鬥精神旺盛與生活愉快。本期訓練時間、環境均無法預計，實施應依照以下五點：一、依照季節、環境擬定項目。二、訓練以普遍為主。三、每人每日至少有一個小時活動。四、定期舉辦比賽。五、各級長官督導並參與活動。
附註	一、各學校體育正課訓練除初期體育、後期體育為必修之課目外，在養成教育之學校，另增援軍中體育概論一項，內容包括體育史、體育教材法與體育價值。 二、在實施原則方面：① 訂定正課計畫。② 體育時間應佔全教育時間百分之五～十二。三使學生熟悉部隊中訓練項目，並具備教的功能。	

二、國防部體育學校時期（民國四十六年至五十三年）所採用的教材，名稱為：國軍戰鬥體育第一輯，本教材乃針對以往缺點而改進，本教材之編撰，曾邀請國內國術專家：陳伴嶺、常東昇、潘文斗、李元智先生共同執筆，親自示範動作，其詳細內容如下表：

國軍戰鬥體育教材內容表		
區分	課目	
劈　刺	一、基本姿勢與運動 三、刺靶 五、劈刺聯合攻擊法	二、教練竿 四、空手戰鬥法
拳　術	一、基本姿勢與要領	二、應用動作
短　棒	一、短棒基本姿勢	二、使用方法
摔　角	一、基本動作 三、護身倒法	二、對摔法
擒　拿	一、基本動作 三、解脫法	二、擒拿法 四、反擒法
機　巧	一、墊上運動 三、雙槓	二、單槓 四、木馬
綜合應用動作	一、拳術對劈刺進攻法 三、摔角對劈刺進攻法	二、短棒對劈刺進攻法 四、擒拿對劈刺進攻法

三、陸軍步兵學校體育幹部訓練班時期（民國五十四年至七十年），本時期的體育幹部訓練班教材分兩個階段：先是台北縣林口鄉苦苓林陸軍訓練司令部時，曾舉辦兩期體育幹部訓練（筆者曾擔任第一期的刺槍教官），以及爾後該班奉令遷往高雄鳳山陸軍步兵學校時，先後使用之教材如下表：

▼陸軍步兵學校體育幹部訓練班教材

區分	課目內容	
陸軍訓練作戰發展司令部時	一、武裝跑 二、武裝游泳 三、國術 四、武裝超越障礙 五、手榴彈投擲 六、刺槍術	一、國術項目包括：拳術、擒拿、摔角三項。 二、武裝游泳因無場所未實施。 三、刺槍術（新編） 註：此教材乃台北縣林口鄉陸軍訓練作戰發展司令部研發。
陸軍步兵學校時	一、器械操 二、摔角 三、擒拿 四、刺槍術 五、莒拳道 六、超越障礙 七、手榴彈投擲 八、球類觸動（橄欖球） 九、游泳	一、本階段增加教材是莒拳道，也是國軍軍體幹部學習韓國拳的開始。 二、本階段又增學橄欖球。

其次是刺槍術功力測試器：

1. 概說：國軍刺槍術的訓練由來已久，惟自民國七十三年恢復舉行國軍運動會後，才將刺槍術列入錦標項目，此後經歷七十四年連續二屆國軍運動大會的舉辦，使國軍刺槍術的競賽，由團體的基本刺槍術掀起高潮，至團體的第一、第二教習刺的完成，刺激引發了個人對刺競賽的產生，而個人對刺競賽在國軍運動會連續舉行三屆以後（76、77、78），在各部隊產生了濃厚的興趣，興趣為學習的原動力，亦為學習成功的保證，對我國軍戰力之增加顯有立竿見影之效。於是國防部主管訓練，作戰部門在審度國軍對刺槍術的訓練與比賽的形勢，有了更近一層的提升，故在七十八年五月份通令，所屬國防部政戰學校、憲兵學校、陸軍步校、海軍陸戰隊、空軍警衛指揮部等單位全力研發「刺槍術功力測試器」，以提升刺槍術的功能。

2. 研發主要目的：

① 精進國軍、官兵近戰格鬥技能，更能符合實戰要求。國軍以往所實施的個人對刺方面，無法確知刺殺與托擊之功力，是否能真正符合實戰要求，能否發揮勇、猛、頑強之戰鬥精神，達到一刺、一擊就能重創或消滅敵人。

② 使刺槍術之對刺比賽達到公正、公平、公道之目的，亦為刺槍術功力測試器研發之重要目的，功力測試器之製作乃明確之數據，作為評鑑之依據（以玻璃纖維製槍及槍托、刺刀。刺、擊、砍劈測試器之各種目標，藉感應器之感應，轉換訊號傳送至電腦控制箱，送至螢光幕顯示賽者每刺、擊所得分數）。本項器材除了測試功力外，更能促使與賽者的動作確實、機敏、準確、穩健、技術熟練度。

3. 刺、擊、砍劈動作要領與比賽順序：

① 刺槍術功力測試器所用之測、擊、砍劈，其動作要領完全與基本動作之要求相同。

② 刺、擊、砍劈之順序：前進刺、原地刺、防右刺、防左刺、防下刺、上擊、橫擊、衝擊、砍劈、退後、跺步刺。平日訓練時，亦可單獨訓練任何一項刺或托擊當然亦可隨心所欲練習各種自己組合的刺、擊法。

③ 比賽程序：

A. 開始：比賽先經主任裁判宣告就位口令，再看測試器，顯露空隙之後，方得開始刺、擊、砍。

B. 比賽中：主任裁判宣告停時，應立即停止。

C. 比賽終了：電腦控制箱會發出聲響，受試者聽到聲響時，應即刻停止操作。

D. 分數計算法：與賽者所刺、擊、砍之磅數與得分計算法，測試器以受設者每刺、擊、砍之動作所顯示出之力道（磅數）大、小由電腦直接換算給予應得之分數，其換算法如下附表：

磅數	得分	附註
100 磅以上	10	一、刺擊順序為左胸部五次、下襠部、頭右側、臉部、左肩、左胸部共十次。 二、刺擊必須在五十磅以上之功力才予計分，十次刺擊總計六十分為及格，一百分滿分。
90-99 磅	9	
80-89 磅	8	
70-79 磅	7	
60-69 磅	6	
50-59 磅	5	
49 磅以下	不計分	

參・瞻望

國軍以往推行的戰技訓練，先後歷經五個時期，但總覺得缺少一貫性，且項目繁多，而主張作戰訓練部門又常常做些不妥的改變，且近年來兵役役期逐漸縮短，致使教學雙方均難接受消化，筆者認為應將前述五個時期的不同項目，擇其簡單實用者加強即可。

一、在體能項目方面：應將前文提及第一時期所實施的美國陸軍體育教範中的戰地運動、草坪運動、爭鬥運動、持槍運動四項納入體能訓練中，以上項目只要認真操練，一定會使體能增強（美國陸軍體育教範負責設計、編排的體育、醫學學者、專家就有三十多位）。

二、戰鬥技術方面：手榴彈投擲、五百公尺障礙超越、五千公尺徒手跑步是不可缺少的項目。而更重要是刺槍術的加強，刺槍術自五十四年始，國軍幹部體育訓練班奉國防部令由陸軍步兵學校負責接訓，迄今已逾四十餘年，所訓練出來的幹部遍佈國軍各部隊、學校，績效卓著。特別是現任步兵學校體育組組長張博智上校，為刺槍術的訓練殫精竭慮，貢獻良多，在國軍中奠定穩定的基礎，今後在刺槍術方面要加強的重點是實戰的要求：

第一　聯合攻擊法

1. 當進行白刃戰時，雖然是一個人對一個人的戰鬥，但是每個人應該首先了解，他的戰鬥不是為他自己，而是為了屬於他的團體，當一個士兵為與敵人交手時，他不會知道，他將和哪一個敵人接觸，並且在戰場上也從不會知道。忽然間，會有幾個敵人攻擊他自己，或者他自己和那幾個友軍攻擊一個敵人，在這種瞬息萬變的情況下，誰能迅速發揮團體戰技能、意識、技巧，誰就能得到勝利。
2. 如果兩個士兵同時攻擊一個敵人，很可能立即把敵人消滅，再行進攻其他敵人。當進入白刃戰最初的一瞬間，即運用這種攻擊的方法，當可以減弱敵人的抵抗力量，隨後也很容易將剩餘的敵人消滅。如果士兵缺少這種相互協助攻擊方法，一個敵人很可能抵住兩個自己的人，隨後他的同伴馬上前來協助他，以致敵人造成兩個對一個的有利情形。攻擊的方法必須簡捷，並且要有伸縮性，因為敵人未曾來到面前，誰都不知道確實情形，交戰時動作迅速的變化，不容易解說明白，怎樣去進行才是完全協調的攻擊，要以自己平時練習的經驗再加上當機立斷的果敢精神來決定。

第二　各種地形的對刺法

戰場上的地形可說多樣化，如：山地、森林、戰壕內、牆角，以上這些不同的地形，平日必須多加練習，一旦置身其中，才能施展，克敵制勝。

第三　空手戰鬥法

此槍所指的空手戰鬥法，乃是空手奪敵人的步槍與刺刀。新編刺槍術中所設計的綜合應用動作中有：托擊防攻法、拳打足踢法、閃踹奮槍法等克制敵人的技術，更設計以工作器具（步兵攜帶的圓鍬、十字鎬）與敵人格鬥的技術。有關空手奪刀法，以往在國軍部隊中實施過的（亦是步兵學校所教過的）有：上手捆臂、奪刀法、上手捲拿奪刀法、下手壓肘奪刀法、下手捲拿奪刀法。以上所列空手奪刀法在國軍部隊中實施多年，簡單實用，應該納入加強訓練，以應戰場需要。

肆・結語

一、軍以戰鬥為主，戰鬥以克敵制勝為目的，戰略、戰術之能否貫徹、成功，最終必須落實在戰鬥上，而戰鬥應以體能和戰鬥技術為主。戰場為最現實、亦為最殘酷之場所，你不能消滅敵人，敵人就會消滅你。因此首要的條件，我們必須在體能條件上比敵人強，比敵人跑的快、走的遠、熬的住、撐的久。在戰鬥技能上比敵人技高一等，比敵人近戰格鬥技藝精湛。二次世界大戰中，美國巴頓將軍，他在戰場上對於戰術之運用，不拘泥於一定的原則，常常突破一般軍事專家的想法與做法，而獲致全面性的勝利。其關鍵繫於巴頓將軍對其接受良好體能與戰技訓練的部隊信心上，而美軍在戰力上突出的表現，實乃奠基於其優異的體能素質與熟練的戰鬥技術上。

二、從嚴、從苦、實在、徹底：

在體能戰技的訓練上必須從嚴、從苦、實在、徹底。因為精實的體能戰技的獲得，全靠平時的千錘百鍊，然後才能在任何情況下運用自如，得心應手。從個人技能的專精、純熟、人器合一，進而使得團體的整體行動齊一配合，已達神乎其技的境界，以奠定堅實的戰力基礎，如果訓練時投機、取巧、虛浮不實、只求表面、不重實際，一定無法承受戰場上的嚴格考驗，終將招致失敗、滅亡的後果。一個運動員在運動場上一次的失敗，還有下次再參加的機會，但一個戰鬥員或一個部隊在戰場上失敗了，不僅是失去個人的生命，再也沒有活過來的機會，而且將使整個國家的命運受到危難。因此我們的訓練，不可以有心存應付或是虛驕自滿，而應和敵人做客觀的比較，把敵人做反面的教材（以敵為師）和正面的標靶，講求超越敵人、戰勝敵人，此乃勝兵先勝而後求戰的道理。記得總統經國先生，在第四十一次軍事會議（民國六十九年度）指示：

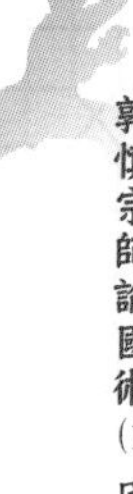

「應克服困難，加強體能戰技訓練」，其訓練目的在鍛鍊堅強之體魄，敏捷之身手，激發蓬勃朝氣，並培養：「耐寒暑、耐勞苦、耐飢餓」之毅力，以奠定良好之基礎，此段訓示及為從嚴、從苦、實在、徹底，最好的註腳。

三、加強徒手散打搏擊術：

散打就是我中華武術所指的遠踼、近打、貼身摔拿。此項武術對國軍官、兵更重要，步兵學校自民國九十六年始，在體育組組長張博智上校的策劃下，聘請中華民國散打搏擊協會理事長張恩煌先生指導訓練，已有良好的表現。散打搏擊與國際武壇所風行的巴西柔術（是我國明朝武術家陳元斌，傳入日本再傳入巴西），桑勃（是俄羅斯的傳統武術），截拳道（中國武術家李小龍所創），自由搏擊亦稱之謂：踼拳，是李小龍在美國所創，以及日本的柔道、空手道，韓國的跆拳道，泰國拳以及即將在 2009 年於我國高雄市，舉辦的世界運動會中的：國際柔術比賽（由踼、打、摔角、擒拿組合而成），以上武術可說都與我中華武術有密切的關係。中國武術源遠流長博大精深，運動競賽可以武會友，實戰則凶狠慘忍可致人於死，散打搏擊術能普及於國軍各部隊中，不但能提升戰力，更能參與國際競賽為國爭光，但散打搏擊缺少擒拿技術為美中不足，似應研究加強。

四、定期舉辦運動會，國軍各級部隊舉行運動會的主要目的有四：（一）檢討推行體育的成果。（二）發揚部隊的團隊精神。（三）啟發部隊官、士、兵對團體的榮譽感與進取心。（四）表彰部隊官士兵從體育活動中所表現的勇敢、奮鬥、犧牲與互助合作的精神，以及熟練、精美的運動技藝。

精實強大的國軍包括海、陸、空、聯勤、警備。各級部隊與各軍事院校歷年在戰備訓練上均有多方面的成就，而運動會的舉行就是這些成就的表達方式之一，馳騁在運動場上的國軍健兒，不僅代表了國軍教育與訓練的結晶，也是反攻復國保國衛兵的一種英雄形象，他們的英勇、奮鬥、犧牲的形象，藉著運動會廣泛地展示給全國同胞一個了解的機會。精銳的國軍在平時不是忙於戰備勤務，就是忙於教育訓練，部隊與部隊之間，學校與學校之間，很少有機會在一起聯歡，而運動會就是彼此欣賞與歡樂的時刻，更是切磋琢磨的時機。為了籌備運動會，準備參加運動會，要動員很多人力、物力和花費許多金錢，但是一個運動會的收穫是無法估計的。勝利是多方面的因素所促成的，從體育的觀點觀看，運動會也是促成勝利的因素之一。同時軍中體育訓練與舉辦運動會，更直接與社會體育發生相輔相成的功效，而使我國全民體育的推動更有輝煌的成就。

基於以上的說明，今後國軍應將舉辦運動會列為重要工作，特別是要定期的舉辦國軍聯合運動大會。國軍自民國八十二年在高雄縣鳳山市舉行過國軍運動會之後，迄今（民國九十七年）將近十五年時間再沒舉辦，僅於去年 96 年 2 月 2 日至 2 月 12 日，由步兵學校承辦在步兵學校舉行國軍第一屆「金湯杯」刺槍術對刺競賽。邀請六、八、十軍團指揮部，金門、馬祖、澎湖、花東指揮部航特部、陸官校、陸軍專科學校及步校體幹部與友軍（後令部、陸戰隊、憲令部等單位）參賽。雖然步兵學校體育組策劃周詳，與比賽單位全力支持，選手們認真拼搏，但畢竟僅僅一項競賽，對國軍整體戰力提升有限，如此對國軍戰技訓練、戰力提升一定有不利的影響。

五、本論文茲在提供加強國軍今後體能、戰技訓練的雛見，如能收拋磚引玉之效，則幸甚矣。

參考文獻

一、郭慎著—國軍體育發展之研究（復興崗覺園出版社—民國 77 年 5 月）。

二、國軍戰鬥體育教材（國防部總政治部印行—民國 47 年 10 月）。

三、郭慎著—我敵雙方軍中體育之比較對策之研究（復興崗覺園出版社—民國 71 年 10 月）。

四、趙鋏譯—美國陸軍體教範（國防部總政戰部印發—民國 44 年 6 月）。

五、國軍體育訓練（國防部作戰參謀次長室印—民國 59 年 5 月）。

六、刺槍術訓練教材（國防部總政治作戰部印行—民國 54 年 10 月）。

七、郭慎研究主持人—軍中體育發展之研究「體育白皮書」（行政院體育委員會編印—民國 88 年 6 月）。

28. 德國體育運動行政組織體系

壹・前言

有幸能隨同教育部體育司暨全國體育運動總會的長官與十二位單項協會的秘書長一同去德國取經，對個人而言這確是個難得的機會，能去運動先進國家研習有關體育行政領導與管理的課程，這對從事社會體育工作三十五年的我而言真是如獲至寶，懷著激動的心踏上征途，內心深切的期盼滿載而歸。

雖然短短二十天的時間，但也深深體會到古人所說的「讀萬卷書不如行萬里路」的真義，說實在的，在德國取經的日子中，每天都在拼命的吃，吃的非常的飽，雖然因馬齒徒增一度耽心消化會有問題，所幸胃腸依然功能不減，目前已逐漸消化了，所學業已陸續整理完畢，下一步就是如何將我服務的角力協會運動行銷企劃開展。

按往例每次出國進修人員必須要寫一篇專題報告，此次筆者與彭劍勇、隋滌秋二位秘書長共同撰寫的題目是「德國運動協會組織體系」此題目一目了然，就是德國的單項協會。

事實上，我去德國取經最迫切要了解的就是德國各單項協會的組織架構、運作，特別是各單項協會對所謂「運動行銷」方面的方法、技巧盼望能深入了解。但由於德國體總給我們安排的課目太豐富了，時間當然很緊湊，再加上德國每年七、八兩月為休閒假期，因此儘管德國體總所屬的五十四個國家單項協會，還有十二個特種運動協會，竟然緣慳一面未能訪談，其實內心最大的期望就是想和單項協會的工作人員談談他們的會務運作與成功之道。

既然無法談德國各單項協會的情況，只有擴大範疇談談德國聯邦體育運動行政組織體系。

從歷史上我們知道第一次世界大戰，德國戰敗，凡爾賽和約對德國之限制，只准有十萬名警察來維持全國治安，不准有軍備。然而日爾曼民族是世界上優秀民族之一，他們認為復興國家民族，體育是最好的途徑，乃下決心有計劃提倡體育，並以體育代替軍事訓練，以體育來培養國民軍事潛力，當時德國體育之目標是標準化、軍事化，也可以說是納粹化。

德國鐵血宰相俾斯麥曾說:「青年的胸膛,就是國家的屏障。」此段話語可從以往的歷史中得到證明,不管是希臘的黃金時期,羅馬的強盛時期,以及日爾曼民族的崛起與歷經兩次世界大戰的失敗而仍能復興,體育實佔非常重要的地位。因此,德國全體國民均認為體育是救國教育,尤其歷經兩次世界大戰的考驗,全德國上下都深切體認國民體格之強弱與國家盛衰之密切關係,因此重視體育,提倡體育運動,加強國民體格之訓練,久之養成國民一種全民良好的運動風氣。

本團此次親身考察得悉德國人民有三分之二均從事各種運動,有三分之一的人皆加入各地方運動俱樂部,即為鐵證。

德國國民認為體育是救國教育,雖然以往兩次世界大戰的時代背景不同,但德國舉國上下對推行貫徹體育運動的決心是一致的,而德國對於推動體育運動的行政工作更是非常重視的,此可從德國體總特別成立的——柏林體育運動行政領導與管理學院得到證明,尤其從體育行政的組織系統上看,可以說是系統條理,架構嚴密。

再從德國多年推行體育運動的績效而言,更可了解其組織的確發揮其應有的功效,據此說明德國體育運動行政組織非常健全。

「行政」是理論的實踐、政策和政令的執行,「體育行政」就是把體育的理論實踐,把體育的政令付諸執行,而組織更是智慧、力量的集中。我們知道德國是一個非常重視參謀作業的國家,以往德國軍隊曾有過輝煌的戰果,德軍之所以能打勝仗主要在其優良緊密的參謀作業,也就是良好的行政組織系統,德軍在參謀組織運用方面,真可以說是已做到所謂「運籌帷幄、決勝千里」的境地。

相同的現在德國體育運動行政組織的幕僚作業,由於以往經驗的累積,東西德統一整合,更較之往日積極有效率,此可自近年來德國在國內外運動方面的表現得悉。

茲將德國戰前、後一、二次世界大戰的體育行政組織系統表列說明於後以供參考、指正。

貳・德國的體育行政體系

一、戰前的體育行政組織架構(第二次世界大戰前):該時期是採中央集中制,德國政府與黨(社會黨)是密切配合實施,其中央體育行政組織系統如下表:

▼戰前德國體育行政組織系統表

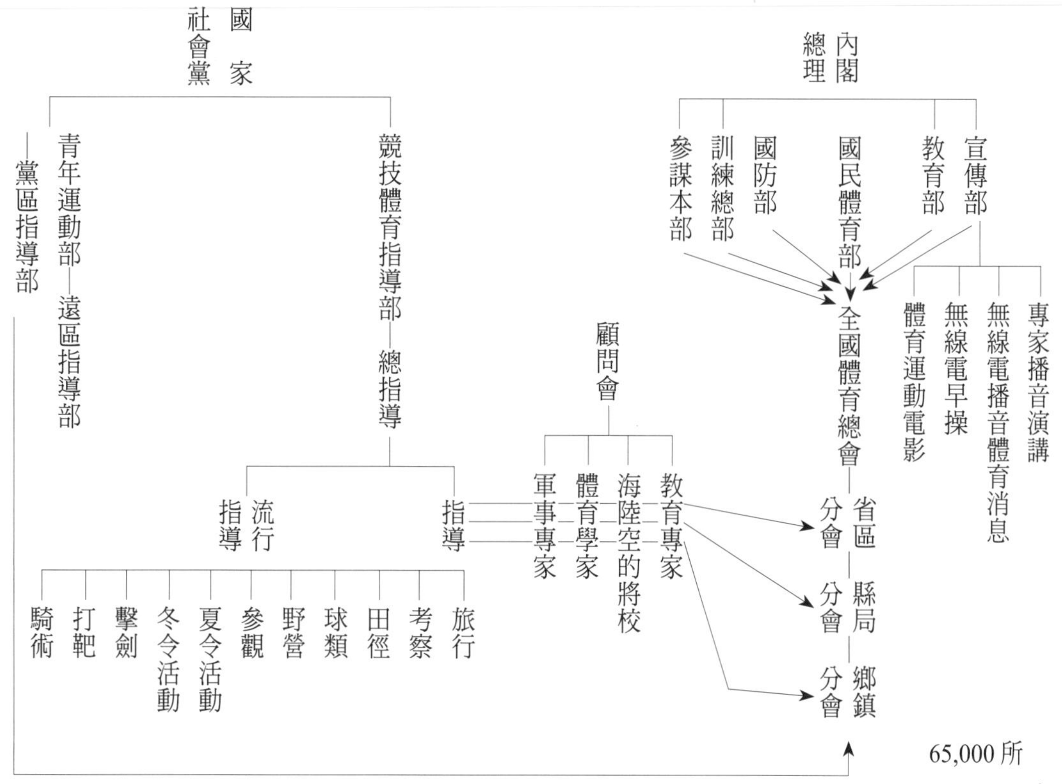

註：此表摘自史雲岫、趙國慶先生所著：《體育行政》一書中。

二、戰前的體育行政組織架構（第二次世界大戰後）；本時期的行政組織體系由於東、西德的政治體制不同，故其組織體系當然亦不同，西德屬民主、自由的，東德則採中央極權的，分別列表下：

▼西德體育組織架構簡圖

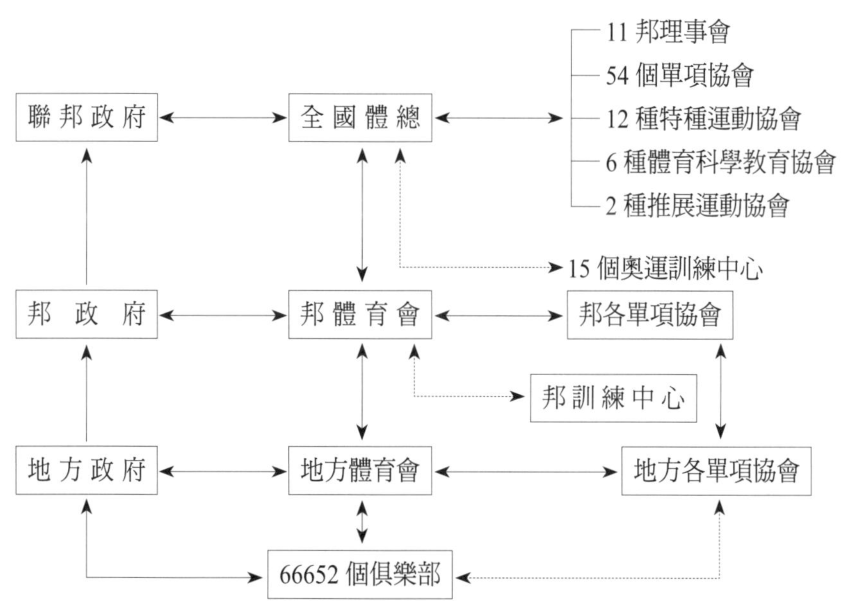

▼東德體育組織架構簡圖

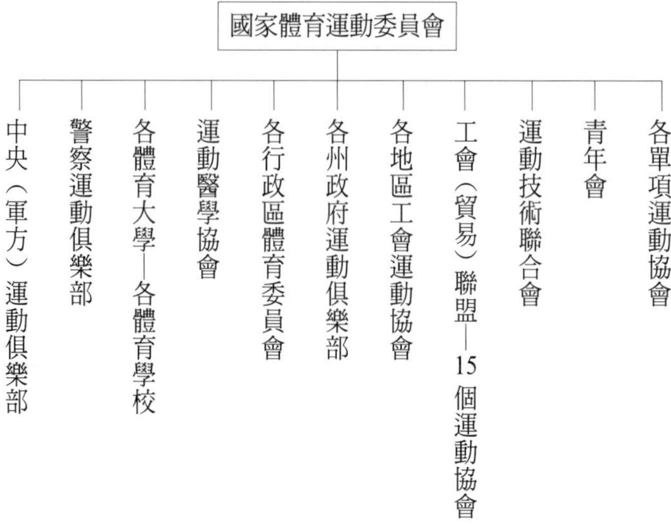

註：以上兩表摘自張朝琴君「德國統一後體育運動之發展」一文中（張君為社會體育行政人員赴西德進修第二期團員）

三、統一後的體育行政組織架構（1990 年 10 月 3 日東西德統一）

下表即為德國統一後的體育行政組織系統表。

▼德國體育行政組織系統表

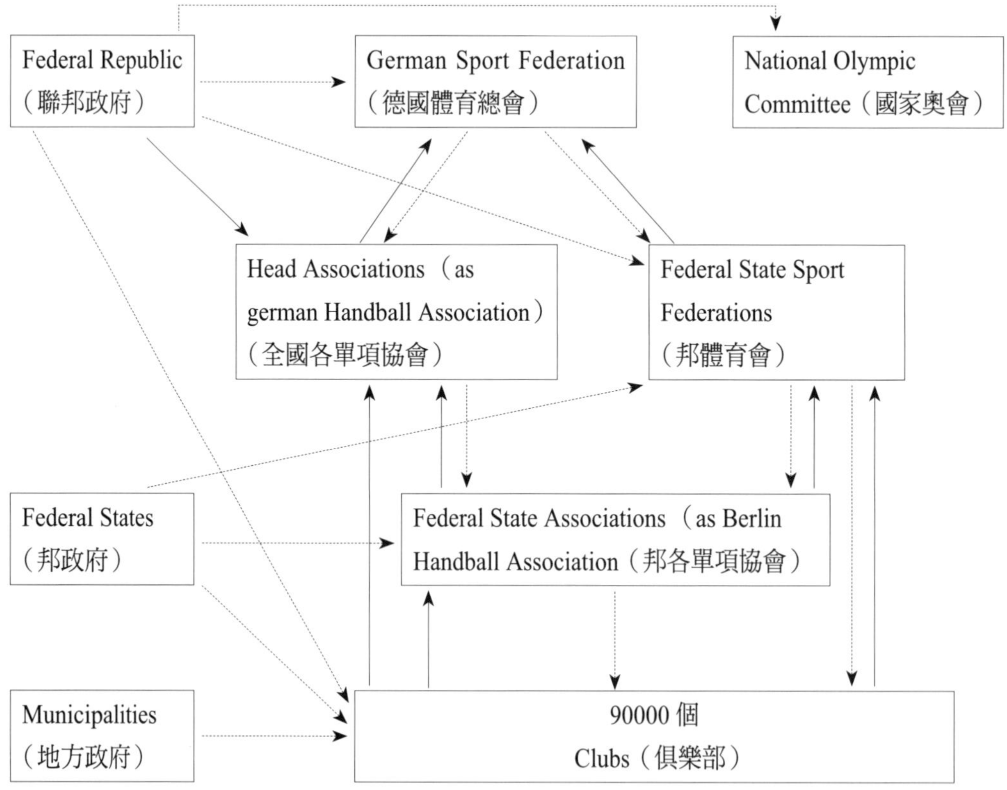

以上所列者乃一簡表，事實上目前德國聯邦體育運動組織系統，可以說是非常龐雜，此可從柏林運動領導與管理學院院長——普瑞辛在給本期學員講授德國運動組織架構及其面臨的問題一課中所說的幾段話中得悉。

一、如果我們可以用「簡便」兩個字來說明德國體育組織體系表的話，那麼這就是目前德國的體育組織體系表（附德意志聯邦共和國運動組織體系表見P212）。

接著他又說，為何如此繁雜，主要在適應民主政治的運作，爾後將作簡化以求更有效果，同時他更補充說：由於你們一再提出討論這個題目，我將更會注意。相信下年度去受訓的同仁將會得到更詳細的有關德國體育運動組織體系方面的資料，甚至於各層次組織如何運作，編制有多少人，各種職位的工作是甚麼，均會獲得回答，如此對我國各單項協會一定有很大的助益。

筆者深盼明年度去受訓的同仁將有關單項協會的全盤情況深入了解，並取得有詳細的全部資料。

以上乃有關德國聯邦的體育運動組織系統簡述，為了能了解德國地方體育行政組織的一般情況，特附錄德國漢堡市的體育行政組織系統如下：

▼德國漢堡市體育組織體系表

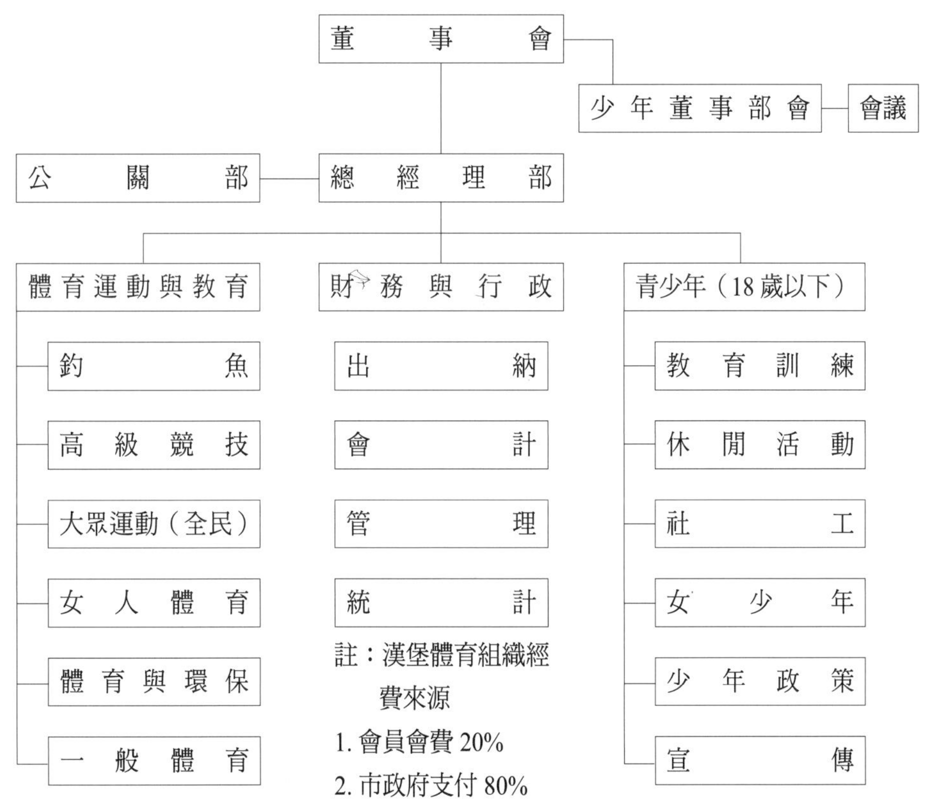

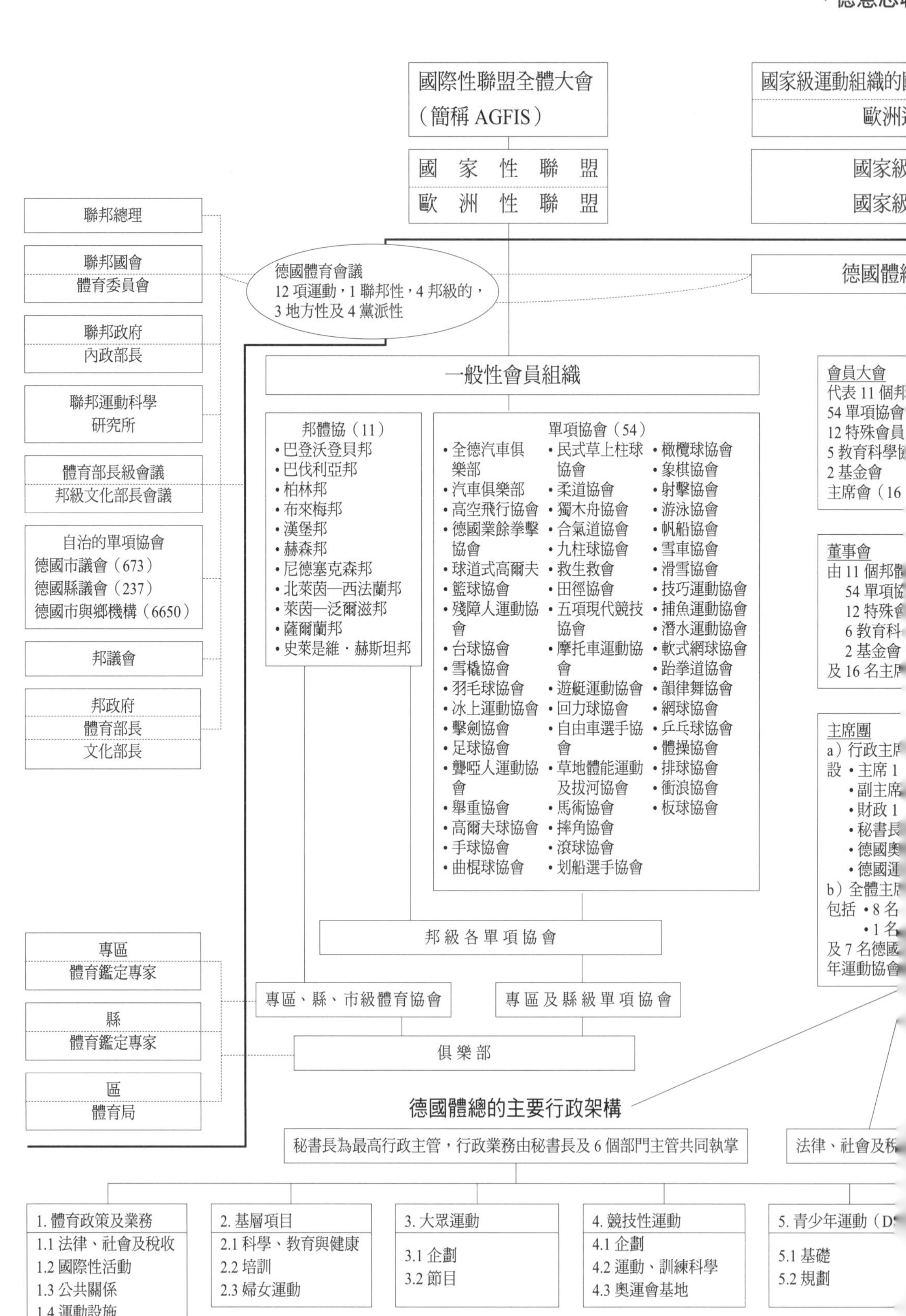
▼德意志聯
國際性聯盟全體大會
（簡稱 AGFIS）
國家級運動組織的
歐洲
國　家　性　聯　盟
歐　洲　性　聯　盟
國家級
國家級
聯邦總理
聯邦國會
體育委員會
德國體育會議
12 項運動，1 聯邦性，4 邦級的，
3 地方性及 4 黨派性
德國體
聯邦政府
內政部長
一般性會員組織
聯邦運動科學
研究所
體育部長級會議
邦級文化部長會議
自治的單項協會
德國市議會（673）
德國縣議會（237）
德國市與鄉機構（6650）
邦議會
邦政府
體育部長
文化部長
邦體協（11）
•巴登沃登貝邦
•巴伐利亞邦
•柏林邦
•布來梅邦
•漢堡邦
•赫森邦
•尼德塞克森邦
•北萊茵—西法蘭邦
•萊茵—泛爾滋邦
•薩爾蘭邦
•史萊是維・赫斯坦邦
單項協會（54）
•全德汽車俱樂部
•汽車俱樂部
•高空飛行協會
•德國業餘拳擊協會
•球道式高爾夫
•籃球協會
•殘障人運動協會
•台球協會
•雪橇協會
•羽毛球協會
•冰上運動協會
•擊劍協會
•足球協會
•聾啞人運動協會
•舉重協會
•高爾夫球協會
•手球協會
•曲棍球協會
•民式草上柱球協會
•柔道協會
•獨木舟協會
•合氣道協會
•九柱球協會
•救生救會
•田徑協會
•五項現代競技協會
•摩托車運動協會
•遊艇運動協會
•回力球協會
•自由車選手協會
•草地體能運動及拔河協會
•馬術協會
•摔角協會
•滾球協會
•划船選手協會
•橄欖球協會
•象棋協會
•射擊協會
•游泳協會
•帆船協會
•雪車協會
•滑雪協會
•技巧運動協會
•捕魚運動協會
•潛水運動協會
•軟式網球協會
•跆拳道協會
•韻律舞協會
•網球協會
•乒乓球協會
•體操協會
•排球協會
•衝浪協會
•板球協會
會員大會
代表 11 個邦
54 單項協會
12 特殊會員
5 教育科學
2 基金會
主席會（16
董事會
由 11 個邦
54 單項
12 特殊
6 教育科
2 基金會
及 16 名主
主席團
a）行政主
設 •主席 1
•副主席
•財政 1
•秘書長
•德國
•德國
b）全體主
包括 •8 名
•1 名
及 7 名德國
年運動協會
邦 級 各 單 項 協 會
專區
體育鑑定專家
專區、縣、市級體育協會
專區及縣級單項協會
縣
體育鑑定專家
俱 樂 部
區
體育局
德國體總的主要行政架構
秘書長為最高行政主管，行政業務由秘書長及 6 個部門主管共同執掌
法律、社會及稅
1. 體育政策及業務
1.1 法律、社會及稅收
1.2 國際性活動
1.3 公共關係
1.4 運動設施
2. 基層項目
2.1 科學、教育與健康
2.2 培訓
2.3 婦女運動
3. 大眾運動
3.1 企劃
3.2 節目
4. 競技性運動
4.1 企劃
4.2 運動、訓練科學
4.3 奧運會基地
5. 青少年運動（D
5.1 基礎
5.2 規劃

運動組織體系

NOS）
世界運動科學與體能教育會議（簡稱 ICSSPE）
國際奧委會（簡稱 IOC）
國際性組織
歐洲性組織
國際性運動科學組織
國家奧委會全體大會簡稱 ANOC
歐洲性國家奧委會簡稱 ENOC
德國奧委會（NOK）
主席團
奧運各單項協會的會員大會
德國運動基金會
執行委員會
評鑑委員會
監察會
特殊會員組織
12 個特殊運動協會
• 德國合氣道協會
• 全德企業界運動協會
• 全德體能訓練與檢定協會
• 德國鐵路局運動協會
• 德國天體營協會
• 全體大專運動協會
• 德國青少年體育協會
• 德國水療協會
• 德國警察運動監察會
• 德國郵政界運動協會
• 德國自行車及賽車運動員協會
6 個教育科學協會
• GEW 運動委員會
• 德國體育教練協會
• 德國運動科學協會
• 德國體育學校及體操學校協會
• 德國滑雪訓練協會
• 德國運動醫生協會
2 個基金會
• 德國奧委會法人
• 滑雪安全推廣基金會
學術顧問
培訓
大眾運動
財務
婦女運動
競技運動
科學、教育及健康
行政
內部審核

參・結論

一、德國聯邦體育運動組織體系架構雖然非常龐雜，但從其組織體系表中可看出層次分明，規劃周詳，分工精細，且各司其職，定可充分發揮各階層組織的體育行政功效。

二、德國體育運動的推展是由下而上，由點（運動俱樂部）、線（各運動協會）而面（全國）向四面八方成幅射狀的發展。

三、德國提倡大眾體育（全民體育），有其傳統的主觀民族意識——優越的日爾曼民族性與優生觀念，認為國民的體力即國力的象徵，亦即國家的強盛建築在國民的強壯體格上。同時更有其客觀的事實需要。以往我們對德國的了解，僅知道德國人被稱之謂工作的機器，德國對工作的認真較之以勤勞的我國人，更有過之而無不及。德國人以往每週工作超過 60 小時，但現在的德國人每週工作僅 38 小時，甚至還會減少。每週上班五天，同時德國晝長夜短，黑夜只有八個小時。就因為德人餘閒的時間多，如無適當的體育運動來調適其身心，則竊、盜、賊亂胡作非為之輩定會層出不窮，不但國家形象難以樹立，國力亦將衰弱不振。即使德國如此大力的提倡體育運動，我們從西柏林、東柏林、布蘭登堡、漢堡、科隆、杜茲堡、艾森、波昂而慕尼黑一路參觀而來，在以上重要城市中的街頭仍然看到眾多醉鬼（男、女皆有），衣裳破爛、髒臭的流浪漢倦伏在街上，過著餐風飲露、蓋天舖地的非人生活，甚至還有在街頭乞錢的丐幫人士，真是始料未及。

四、此行我們學習的主要課題是所謂的：「運動行銷」，通俗而言就是如何推廣我們每個單項協會的運動，「他山之石可以攻錯」，德國給予我們的啟示很多，今後我們的工作重點亦不外乎是「全民運動與競技運動」如何將此兩項工作做得好，是我們努力的方向，但首務之急還是要建立一個完整的全國體育運動組織體系，目前教育部正在全力規劃所謂：體總、奧會一元化的體育運動組織架構，深切盼望能早日實現，則我中華民國體育運動一定會有迎頭趕上德國的一天。

29. 參加2010海峽兩岸中華武術論壇建言

如何推展中華傳統武術

近年來中國大陸、中華台北、馬來西亞、日本、新加坡，先後不斷的舉辦中華傳統武術，可見中華傳統武術已經引起國際武術界與國際體壇的重視。但究竟什麼是中華傳統武術呢？應該從中華傳統武術的意義、界定方面探討：

一、傳統的意義

傳統二字依據辭海所示，傳乃由歷史沿傳而來的風俗、習慣、系統、統一、綜合，亦即指將文化學術界的思想定於一。而中華傳統武術歸根究柢就是中華傳統文化學術中的一部份，傳統武術就是指武術的統一。

有關統一應該是所有愛好珍惜中華武術的人士共同追求的目標，中華傳統武術除了共同遵守的武術靈魂——武德之外，重要的應該是指技術層面。如今大家所標榜的傳統武術究竟哪些門派所提倡的是真正的傳統武術，應是吾輩愛好者共同研討的。

二、傳統武術的界定

所謂傳統武術吾人認為，應該是以各門派所流傳下來的各種套路為主。傳統武術的各種套路是真正的骨幹，儘管口耳相傳而受地方色彩如南腔、北調、方言、俚語等的影響。

但中華武術源遠流長，千百年來各代武術先賢們千錘百鍊，以及歷代文人們不斷潤色，漸漸使各門派的武術套路奠定良好基礎與特殊功力。因此，各門派傳承下來的套路，應原封不動的流傳，確不可隨意添減，如此才是原式、原樣、原味的中華傳統武術。

近年來看到各地舉辦的中華傳統武術，竟將舞蹈動作、體操動作加入，這是大錯特錯，須知中華武術各門各派的武術與體育運動中的動作是完全不同的。僅舉「跳」的動作而言，有關「跳」的動作，在各門各派套路中可說不勝枚舉。武術中的「跳」意義不同、作用不同、韻味不同，傳統武術中的「跳」要「起如猿，落如雀」，它不是要求跳的高、跳的遠、跳的美，而是完全著重在武術應用上，它有敵情觀念與防止傷害。至於要使用中華傳統武術在實戰方面，則可擷取其他武術或體育運動方面的動作，以加強功力，則可靈活運用。

小結

筆者不敏，認為中華傳統武術各門各派的套路，就如各國傳統的偉大建築物一樣絕不可隨意更改或添減任何動作，以保持其神聖莊嚴的傳統。例如法國巴黎市的傳統建築，除了不可以隨意在其中蓋不同的建築物，即或傳統的建築物損壞了，亦要依照原有傳統樣式修復；而義大利羅馬市的街道狹窄，不利交通，但不可拓寬街道，而是製造較小的交通工具以利通行。

中華傳統武術是千百年來多少武術前輩，用汗、血、心力凝聚而成的國寶，更應全力維護原貌，才能受到國人與國際愛好者認同，我中華武術界同仁，更應恪遵傳統，一絲不苟的推行下去，則中華武術永世留傳。

30. 專題講座（通識課程）

壹・大學專題講座簡介

近年來大學都在開設「通識課程」，通識課程是多元的，涵括內容非常廣闊，各校擔任通識課程的教師們，雖然學識淵博，人生經驗閱歷深厚，但均激盪腦力，盡心編撰教材出籍，期使同學們視野放寬，眼界放長，同時又將教師們一生的經歷與課程結合傳給同學，要大家有容乃大，使同學們無論學業、事業都能有亮麗的表現。

總此大學通識課程對同學們是一大福音，深切期盼同學們把握此良機，認真的學習，虔誠的向老師請益，在道德修養上，使生命精神不斷提升，在事業、特別是在自己的專業才能和器度更上層樓。大學各科、系、所都是講求使學生成「器」，而國術學系是訓練同學們，運用國術的理論與各種武技、實戰，把自己真實的「武者」形象，內涵彰顯出來。

文化大學的通識教育理念、目標、特色與四大基本素養分述如下：

一、理念—「通識為體、專業為用」，主旨在提供廣博的知識基礎，厚植學生跨越知識整合的能力，以奠定終身學習的精神毅力，亦可說是一專多能。

二、目標—培養學生語言溝通能力，認識與理解多元文化，關懷與省思當代社會議題，且具備科學素養與應用資訊的能力。

三、特色—

（一）開設富涵中華文化課程，華岡博物館營造人文學習環境。

（二）國文、英文、電腦資訊分級教學、適性揚才。

（三）外文、體育、電腦資訊課程選項多元。

（四）本校教師自編多門通識教材書籍。

四、四大基本素養—

（一）人文素養（平日的修養）

（二）藝術素養（藝能技術）

（三）公民素養（平日的公民修養，有公權的人民、公德、公權）

（四）專業素養（專門的學業或事業，專精於一種學術或技能）

以上所涉及的相關議題，可說非常廣而深，可說難以求其全功，人生漫長的歲月中，不管你在求學、工作的過程中免不了遭受困苦，甚至摔跤，而且一定會摔跤。因此你必須做最壞的打算，最妥善的準備，然後你就會在摔跤的過程中，逐漸找到平衡，你不但能平衡，更要消除因摔跤而造成的心理傷害，如：消極、悲觀、喪失……。

人生充滿了很多的艱難，沒有一帆風順，也沒有人噩運連連，重要的是自力自強，越挫越奮，不與人比。俗語說：「人比人氣死人」，記得小學三年級讀過的一篇文章，大意是「做個好漢，滴自己的汗，吃自己的飯，靠人、靠天、靠祖上，都不算好漢」。俗語有云：「天生我材必有用」，台諺：「一株草、一滴露」，天無絕人之路，只要認真下工夫，必能學得一技之長。沒有專長沒有信心，人生是希望無窮。

容我談一下摔跤，人生就像我以前和同學們研學摔角、柔道、角力課，在練習的過程中，同學們不斷的被摔倒，但經過一段時間，你就會找到平衡，而且更重要的是，你學會護身倒法的訣竅（秘訣：事物的關鍵）。而且不會再受傷了，然後就必得心應手，邁向坦途。

以上有關文化大學的通識教育理念、目標、特色、四大基本要素，涉及範圍大而廣泛，無法在短時間內求其全功。我們必須體認學校長官的企圖，努力以赴，就技擊運動暨國術學系而言，我給同學提供的內容簡列如下文論述：

貳・技擊運動及國術學系專題講座課程項目

一、武諺與武術要訣（武術基礎理論）：我中華民族武術淵遠流長，其內涵功用可說博大精深，而武術中的武諺與武訣，是千百年來酷愛武者貢獻其心力、血汗、生命所積累的智慧結晶。武諺、武訣雖為民間所流傳的俗語，但對愛好武術者而言，是恰當有價值的指引。武諺與武訣中，不但涵融著兵法要義，更有其哲理的啟典。武諺與武訣中，述及的戰略、戰術乃至技術，均合乎兵法哲學，為諸學之首。是研究人類思維原理、原則為導向，對發展武術非常重要。哲學的含義很深，但驗證、探求與開拓應為哲學的目標。在傳承武術方面，我愛好武術者，可在閱讀、研習武諺與要訣上，能夠做到：驗證武術的價值，探求其真理，進而達到開拓中國武術的領域。

二、武術練功器材與現代重量訓練接軌：重量訓練顧名思義，就是著重力量的訓練，亦稱之為重力訓練和舉重運動。武術諺語：身大力不虧，一力壓十會，力為萬技之本，借力使力等，都在說明力的重要。武術與重量訓練的關係非常密切，中國古早時武術所使用的各種輔助器材眾多，俱在強化體力（茲略舉古早時期所用的輔助器材多種，已在專文中詳術述）亦即是重量訓練。但有關訓練的理論、方法，卻未能傳承下來，殊屬遺憾。而現代各種運動所用的輔助運動均以「重量訓練」為主，而重量訓練所產生的效果，不僅僅是限於「力量」。而廣及於：整體的體力要素如：肌力、肌耐力、瞬發力、速度、柔軟度、調整能力、機敏反應等。以上諸多要素亦是古早時期所無法兼顧的，且古早時期所用器材繁多，經濟效益與安全均與現代的重量訓練無法相提並論，有關重量訓練的詳細內容，另在專文中論述。

三、健美運動加強了「武者」的英雄體魄（以武者的形體美的相關論述之）：健美是一種強調肌肉健壯與美的運動，起源於古希臘，最初只由男性參加，以男子粗壯脖子，發達的胸肌，粗壯的雙腿為美。現代健美運動則由德國人尤金山道（Eugen Samdow）創始，負重訓練為健美的訓練元素，目的是增加肌肉量及改善線南美。另一方面控制體內脂肪比率，也是健美運動的重點。早期健美運動比賽裁判，通常由解剖與雕塑藝術家組成。現代健美比賽裁判，則由具健美協會組織專家認證的裁判組成。對於健美的評價，現代社會上有不同的看法，有不少人認為過度發達的肌肉，反而失去了均勻的美感，以及肌肉的體積豐碩會妨礙人體的靈敏與心臟的負荷（已在武者的形體美與健美運動專文論述）。

四、國軍體能訓練教材簡介（與中華武術接軌）：以專文說明自民國三十六年至三十九年國軍轉進台灣的各階段的體能訓練。

五、國軍戰技訓練教材簡介（與中華武術接軌）：以專文說明自民國三十六年至國軍三十九年轉至台灣的各階段的戰技訓練。

六、中華民族武術發展概況（另在中華國術式微原因之探討中詳細補述）。

七、武術與孫子兵法（武術與孫子兵法接軌）：本段說明中華武術的淵起與孫子兵法的相關性質，重點在論述孫子兵法如何運用在武術競賽方面。

以上所列均與技擊運動暨國術關係密切，講述內容經驗、技術並重，期使同學能將學校所學融匯貫通則受益良多。

31. 參加第四次兩岸運動術語研討會報告——舉重協會代表

舉重運動方面摘要如下：

一、參加籌備會議共三次

第一次：民國八十八年七月八日週四下午五時卅分假體育聯合大樓三樓會議室舉行，由前秘書長湯銘新主持，預定研討會時間自七月廿八日起至七月卅日止，結果因突發事件而中止。

第二次：民國九十年二月廿日週二上午十時假體育大樓二樓會議室舉行，由陳秘書長國儀主持，預定六月中旬假台北市舉行，結果大陸舉重代表身體不適而延期。

第三次：民國九十年十一月十一日週四上午惠假體育大樓二樓會議室舉行，由陳秘書長國儀主持，此次會議決定於九十年十二月三日至九日在大陸北京舉行。

二、北京研討會

（一）本次會議假北京市新僑飯店二樓會議室舉行（北京市東交民巷二號），由中國奧會秘書長屠銘德先生主持，與會人員計有兩岸舉重、拳擊、體操、曲棍球、鐵人三項、輕艇、射箭七個協會代表外，中華奧會副秘書長彭劍勇、顧問何天民、秘書陳秀蓮、中國奧會秘書長屠銘德、副秘書長劉寶利與港澳代辦幹部共同列席與指導。

（二）研討會：研討會分兩個時段舉行：第一次是十二月四日上午十一時舉行開幕儀式及綜合座談，下午二時分組討論。第二次是十二月五日上午九時分組討論，十時卅分舉行閉幕儀式。

三、舉重運動術語研討會

（一）舉重運動術語與資料：有關舉重運動術語我中華奧會英譯中文及中國奧會譯文，筆者早在民國八十八年及八十九年期間先後取得兩岸提供資料，進行研究整理共七十九個舉重運動術語，為慎重起見又查閱二〇〇一年至二〇〇四年舉重運動新規則，結果新規則中沒有新增的術語，僅有：賽程安排及審判委員共同判決兩項。

（二）研討結論：此次在北京與中國國家體育總局競技運動管理中心高子嵐（杰）女士（負責專家）共同研討獲得結果：舉重運動術語仍然為七十九個，其中四十一個兩岸譯名相同（簡、繁體字有異），三十八個譯名稍異，但經過多次研討後決定統一使用協調妥的術語名詞如附表。

四、結　語

兩岸第四次運動術語研討會筆者覺得是成功的，其因故在我與會單項運動協會代表的事先充分準備，與會的認真研討外，更重要的是我中華奧會的周詳策劃，領隊彭劍勇副秘書長的負責盡職、顧問何天民的督導，秘書陳秀蓮小姐的資料提供、行程安排、生活照顧，才能使此次任務圓滿。

▲ 民國 90 年 12 月 3 日至 9 日在中國北京奧林匹克委員會海峽兩岸運動術語研討會（附會議照片，圖中上方正中者為屠秘書長，圖左最後為筆者）。

▼參加第四次兩岸運動術語研討會團員名單

職稱	姓名	職務	備註
領隊	彭劍勇	中華台北奧會副秘書長	
顧問	何天民	中華台北奧會顧問	
團員	郭慎	中華台北舉重協會裁判	
團員	廖椿乾	中華台北拳擊協會裁判	
團員	陳嘉遠	中華台北體操協會裁判	
團員	蘇雄飛	中華台北曲棍球協會裁判	
團員	姜茂勝	中華台北鐵人三項協會副秘書長	
團員	楊明恩	中華台北輕艇協會裁判	
團員	呂惠真	中華台北射箭協會秘書	
秘書	陳秀蓮	中華台北奧會活動組組員	

附：兩岸舉重運動術語對照及建議使用名稱彙編

▼Weight-lifting 舉重

編號	英文原文	中華台北使用譯名	大陸使用譯名	建議使用譯名	備註
1	Allow (to) another attempt	允許另一次試舉	允許另一次試舉	允許另一次試舉	
2	Announcer	報告員	廣播員	報告員	
3	Attempt; lift	試舉	試舉	試舉	
4	Bar	槓軸	槓鈴杆	槓鈴杆	
5	Barbell	槓鈴	槓鈴	槓鈴	
6	Call of competitors	選手唱名	檢錄	檢錄	
7	Chief referee	裁判長	主裁判	主裁判	
8	Clean	上博	提鈴至胸	提鈴至胸	
9	Clean and jerk	挺舉	挺舉	挺舉	
10	Clean and press	推舉	推舉	推舉	
11	Collar (of the bar)	槓鎖	卡箍（杆鈴上的）	卡箍	
12	Complete extension	完全伸直	充分伸直	充分伸直	
13	Correct (to) the grip	修正握法	正確握法	正確握法	
14	Decline (to) a lift	放棄試舉	放棄最後一次試舉機會	放棄試舉	
15	Diameter of the bar	槓軸直徑	橫杆直徑	橫杆直徑	
16	Disc	鐵片	杆鈴片	槓鈴片	
17	Distance between the feet	雙腳間距離	兩足站距	兩足站距	
18	Down	放下	下	下	
19	Drawing of lots	抽籤	抽籤	抽籤	
20	Drop (to) v the bar	摔槓	摔槓	摔槓	
21	Extend (to) completely	完成伸直	充分伸展	充分伸展	
22	Extra attempt	額外試舉	附加試舉（第四次試舉）	附加試舉（第四次試舉）	
23	Failed lift	錯誤舉法（試舉失敗）	失敗的舉重動作	失敗的舉重動作	
24	Final position	最後的姿勢	結束姿勢	結束姿勢	
25	Good lift	試舉成功	試舉有效	試舉成功	
26	Grip	握法	握法	握法	
27	Hook grip	鉤握	鎖握	鉤握	
28	Increase (to) the Weight	增加重量	加重	加重	

編號	英文原文	中華台北使用譯名	大陸使用譯名	建議使用譯名	備註
29	International Weightlifting Federation	國際舉重總會	國際舉重聯合會（IWF）	國際舉重聯合會	
30	Jury	審判委員	仲裁委員會	仲裁	
31	Knee-bending	屈膝	屈膝	屈膝	
32	Last (3rd) attempt	最後一次試舉	最後一次試舉（第三次）	最後一次試舉（第三次）	
33	Leather belt	舉重皮帶	皮帶	皮帶	
34	Lift (to) the heels	試舉至最高點	提踵	提踵	
35	Loading of the bar	槓鈴加重	槓鈴加重	槓鈴加重	
36	Lunge (to)		箭步	箭步	
37	Magnesia	碳酸鎂（氧化鎂）	碳酸鎂	碳酸鎂	
38	Magnesium powder	碳酸鎂粉	鎂粉	鎂粉	
39	Men： 56kg. 62kg. 69kg. 77kg. 85kg. 94kg. 105kg. +105kg	男子量級： 56kg. 62kg. 69kg. 77kg. 85kg. 94kg. 105kg. +105kg	男子級別： 56kg. 62kg. 69kg. 77kg. 85kg. 94kg. 105kg. +105kg	男子級別： 56kg. 62kg. 69kg. 77kg. 85kg. 94kg. 105kg. +105kg	
40	Move (to) the hards along the bar	調整握舉	變換握舉	調整握舉	
41	No lift	試舉失敗	失敗	失敗	
42	Pause	暫停	停頓	暫停	
43	Platform	舉重台	舉重台	舉重台	
44	Pull	上拉	窄拉	上拉	
45	Record attempt	記錄試舉重量	破紀錄試舉	破紀錄試舉	
46	Referee	裁判	裁判（側面）	裁判（側面）	
47	Replace (to) the bar-bell	把槓鈴放下	放下槓鈴	放下槓鈴	
48	Scale	磅秤	磅秤	磅秤	
49	Score-board	計分板	紀錄板	記錄板	
50	Scorer	記錄員	記錄員	記錄員	
51	Score-sheet	成績記錄表	成績冊	成績記錄表	
52	Singlet	運動上衣	舉重服	舉重服	
53	Snatch	抓舉	抓舉	抓舉	
54	Sound signal	裁判燈聲音信號	裁判信器	裁判信器	
55	Speed of execution	裁決速度	動作速度	裁決速度	
56	Split	分腿	箭步式	箭步式	
57	Squat	下蹲	深蹲	深蹲	

編號	英文原文	中華台北使用譯名	大陸使用譯名	建議使用譯名	備註
58	Stand	站立	站立	站立	
59	Standing	站立	站立	站立	
60	Starting position	開始的姿勢	預備姿勢	開始姿勢	
61	Starting Weight	開始試舉重量	起始重量	起始重量	
62	Technical rules	技術規則	技術規則	技術規則	
63	Timekeeper	計時員	計時員	計時員	
64	Total result	總和成績	總成績	總成績	
65	Touch (to) the ground with a knee	膝蓋觸地	膝觸地	膝觸地	
66	Trunks	身體軀幹	身體軀幹	身體軀幹	
67	Two hands clean and jerk	雙手挺舉	雙手挺舉	雙手挺舉	
68	Two hands clean and press	雙手上博	雙手握舉	雙手握舉	
69	Two hands snatch	雙手抓舉	雙手抓舉	雙手抓舉	
70	Valid (or good) lift	正確舉法	成功試舉	成功試舉	
71	Validation of a record	記錄合法性	批准記錄	記錄合法性	
72	Warning	警告	警告	警告	
73	Weight classes	重量分級	重量級別	重量級別	
74	Weight increase	增加重量	增加重量	加重	
75	Weight of the bar-bell	槓鈴重量	槓鈴重量	槓鈴重量	
76	Weight-in	過磅	稱量體重	秤重	
77	Weight-lifter	舉重選手	舉重運動員	舉重運動員	
78	Weightlifter's boots	舉重鞋	舉重鞋	舉重鞋	
79	Women (as of 1998)：48kg. 53kg. 58kg. 63kg. 69kg. 75kg. + 75kg	女子量級：48kg. 53kg. 58kg. 63kg. 69kg. 75kg. +75kg	女子級別：48kg. 53kg. 58kg. 63kg. 69kg. 75kg. +75kg	女子級別：48kg. 53kg. 58kg. 63kg. 69kg. 75kg. +75kg	

中華台北奧林匹克委員會編印

2001.12.31.

32. 刺槍術之研發

國軍目前所採用之刺槍術，是 1964 年由國防部指派張鏡宇先生（曾任職於南京中央軍校的日式刺槍術教官），與郭慎（負責美式劈刺部分之訓練），經過一年的時間，先後在新北市林口區陸軍作戰發展司令部與北投政戰學校，分別教學日式刺槍術與美式劈刺；召訓教育程度不同的戰士與學生，林口教學對象是國、高中的充員戰士，政戰學校是大學部體育系三、四年級的學生。

最重要的，是將日式刺槍術與美式劈刺擇其實用的動作，編成現今所謂的「新編制刺槍術」（本刺槍術包括日式刺槍術之步法與刺法，美式劈刺之基本姿勢、托擊、砍劈等動作），並融合我國國術中固有之槍法之刺與防刺技術而成。

當時經過多次的實驗，再經陸軍作戰發展司令部，四十多位將官委員審查通過，報請國防部長官核准後，通令國軍普遍實施。僅列刺術各種應用的技法。

▲ 1964 年張鏡宇教官、郭慎教官於台北縣林口區陸軍作戰發展司令部與召訓戰士合影

一、本動作姿勢及要領

1. 徒手、預備姿勢。2. 步法。（前進、後退，前進蹋步，後退跺步）

二、基本突刺及防禦刺法

1. 用槍
2. 持槍
3. 刺：直刺、防刺。

▲ 用槍

▲ 直刺

▲ 防刺

三、托擊法

1. 橫擊
2. 上擊
3. 沖擊

▲ 橫擊

▲ 上擊

▲ 沖擊

四、刺槍術應用動作

國軍刺槍術應用動作，可分為兩種方式：1. 教學刺法。2. 綜合動作。

（一）教學刺法

前進直刺、原地防右刺、原地防左刺、前進墊踢步。

▲ 前進直刺

▲ 原地防右刺

▲ 原地防左刺

▲ 前進墊踢步

（二）綜合動作（與敵人接體時使用的動作）

托擊防攻法　拳打足踢　壓槍掛踢法　閃踹奪槍法。

▲ 托擊攻方法（一）

▲ 托擊攻方法（二）

▲ 拳打足踢法

▲ 壓槍掛踢法

▲ 閃踹奪槍法

五、刺槍術功力訓練測試器

有關國軍刺槍術功力訓練測試器之研發，自 1989 年 7 月 3 日郭慎首先完成第一代之後，直到同年底共研發出五代產品，郭慎都全程參與，並負責示範及赴各部隊訓練軍官、戰士，至 1990 年 3 月正式在國軍運動會中舉行比賽；功力測試器競賽規則亦由郭慎撰寫，歷經多次研討，經長官認可而頒布實施，因而榮獲國防部參謀總長陳燊齡空軍一級上將於 1990 年 4 月頒發獎狀（獎狀字號：吉品字第 1892 號）。

2007 年 2 月 12 日，郭慎任陸軍步兵訓練指揮部暨步兵學校，陸軍第一屆「金湯盃」刺槍術對刺技術委員召集人。（如圖示）

刺槍靶正面圖

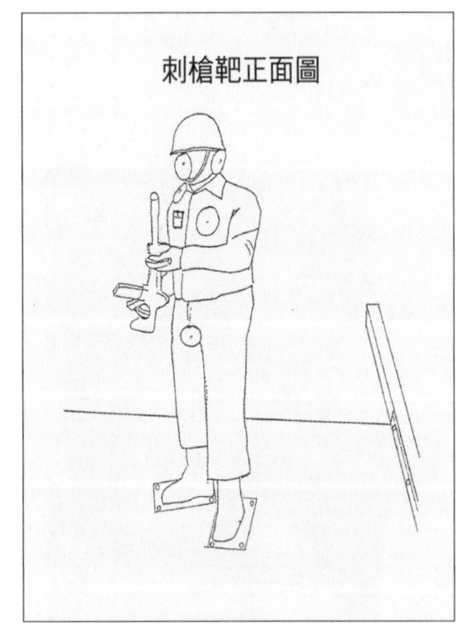

玻璃纖維訓練用模擬槍

1. 規格：模擬國軍 65 式步槍
2. 全長：126 公分
3. 重量：3.32 公斤
4. 顏色：黑色
5. 比例：1：1
6. 材料：朱子纖玻璃布+R-802 樹脂（26.9%）

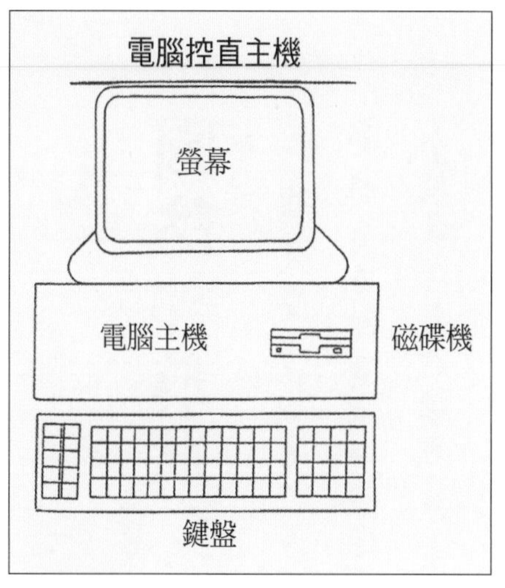

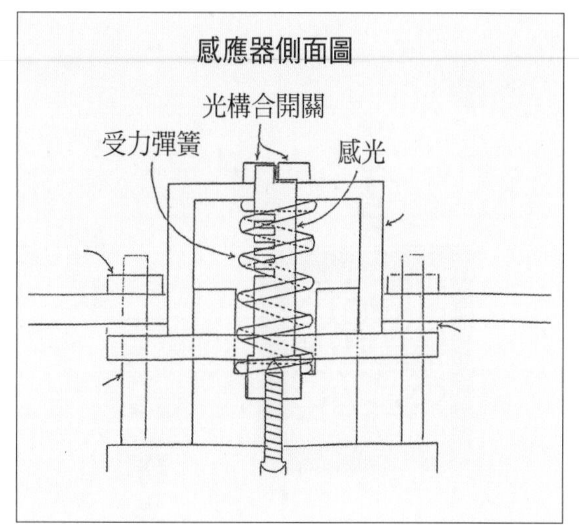

磅數	100 磅以上	90～99 磅	80～89 磅	70～79 磅	60～69 磅	50～59 磅	49 磅以下
得分	10	9	8	7	6	5	不計分
附註	一 刺擊順序為左胸部五次、下襠部、頭右側、臉部、左肩、左胸部第十次。 二 每次刺擊必須在五十磅以上之功力才予計分，十次打擊總計六十分為及格，一百分滿分。						

▲ 刺槍術功力測試器測試

▲ 郭慎教官國軍運動會擔任刺槍術裁判長

國防部獎狀 (光)吉品字第1892號

查政治作戰學校簡任六級
郭慎負責研發刺槍模擬訓練器
全般設計製作績效卓著特頒
給獎狀以示獎勵

此狀

參謀總長
空軍一級上將 陳燊齡

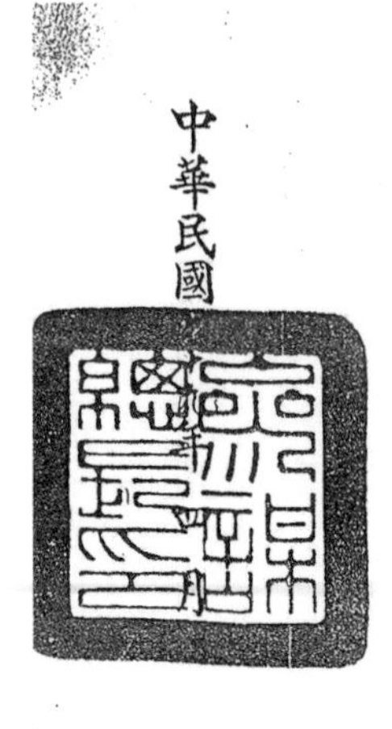

中華民國　日

六、簡介中共軍戰技訓練

1. 射擊：
2. 刺槍術：
3. 拳術（踢、打、摔、拿、團練拳術）：
4. 短刀刺殺：
5. 鐵背功：
6. 鐵頭功：

▲ 射擊

▲ 刺槍術

▲ 拳術（一）

▲ 拳術（二）

▲ 拳術（三）

▲短刀刺殺

▲ 鐵背功

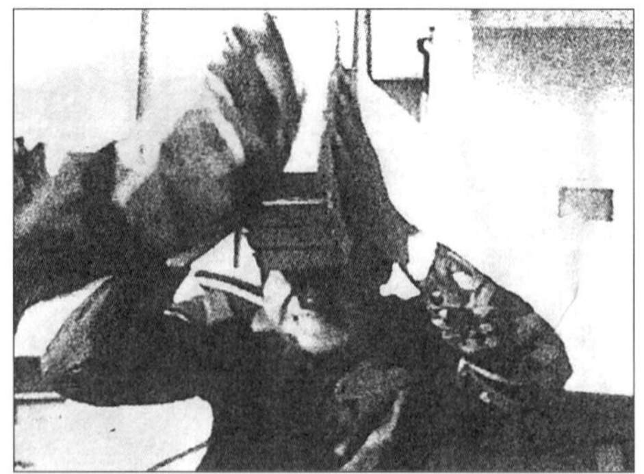

▲ 鐵頭功

33.「郭氏太極角」宗派收徒記

壹・魂牽夢縈的恩情

中華民國九十九年十二月二十五日，是我與文丕共同感恩且難以忘懷的日子。是日中午十二時正，假台北市天成飯店舉行收徒儀式（圖 1）、（圖 2）、（圖 5）、（圖 6），特懇請體育界、國術界位高名重的師長、先進蒞臨指導，承蒙撥冗出席指導，席間又蒙諄諄啟示，使我與文丕獲益良多，衷心感恩。更將諸師長、先進所賜嘉言，深印腦海永誌不忘。

▲ 圖 1　文丕敬呈拜帖於師父尊前。右 1 司儀，台灣省國術會林秘書長志昌。

▲ 圖 2　禮成，文丕與師父師母合照左郭慎師父、右譚鳳鶯師母。

貳・摔角與太極角簡介

摔角是我中華武術，起源最早的一種兇猛的搏鬥術。王寒生所著「中國武道道統概要」一文中，稱中華的角觝，發展為拳術，視為中華武術「萬拳之母」。樊正治先生，在其所著《論角觝為國術之源》文中，自名詞演變、動作分析、拳術特徵、遊戲學理及現象中，討論中華角觝與拳術之間的關係與淵源中，證明中華古代角觝為國術之源，茲將摔角的特點簡述如下：

一、摔角的種類繁多計有

北平角、天津角、保定角、山西角、少數民族角（蒙古、維吾爾族、藏族、回族、台灣原住民），方式眾多規則雖異，但摔角技術皆大同小異，且均以摔倒為主。

二、太極角者

顧名思義，即是將太極拳中，有關摔的技術與摔角相近的動作，演化為正統的摔角技術；凡武術均以制人而不受制於人為目的。

太極拳派別眾多，其名稱亦甚夥。如：仁道拳、和平拳、長命拳、文化拳、紳士拳、淑女拳，甚而稱之為哲拳，太極拳博大精深，威力強大。曾有傳說，創太極拳三十七式，五絕老人鄭曼青宗師，在抗戰時期，曾在與外國友人聚會中，將數位體型壯碩的青年人，以太極拳的功法，發出數丈之遠而傾跌，但此一傳說，可能僅有當時目觸者所知，而後來者，則人云亦云。

但常大師（摔角狀元），曾在台北市率其弟子，與太極拳翹楚切磋技術，結果摔角在實戰方面的確較太極拳稍優些。武諺云「三年的拳不敵當年的角」確為至理名言。而自此後，從來沒有看到太極拳的實戰比賽，而僅有定步推手比賽。筆者，深受摔角大師常東昇的影響，固將摔角與太極的技術融合，稱之為「太極角」，期能提升太極拳的實戰威力，亦請前輩不吝賜教。

三、摔角的特點

摔角是一種智與力的運動，其理論基礎完全以運動生物力學為主，在施術的過程中，特別強調部位、角度、速度、合力及隨機應變。摔角是一種兇猛的搏鬥技術，將摔角技術融入太極拳中，正符合「太極拳加摔角神鬼都會驚」的威力。

摔角也是一種君子之交的武術，平時切磋磨練，講求的是「以武會友點到為止」，此更切合太極拳的仁愛、和平、文化、紳士特性。

傅文丕簡介

結識文丕，是在 2002 年十二月間，文丕擔任中華太極拳總會秘書長，舉辦是年「太極拳總會 2002 年中華盃太極拳國際錦標賽」，蒙會長詹德勝大師，邀請出席參與。2003 年總會舉辦萬人太極拳齊練，我是參練中的一員，此項破金氏紀錄的大事，亦是文丕擔綱，短時間能辦出兩次大型活動，除詹會長的魄力與全方位人際關係，以及太極拳界的合作無間，而任秘書長的文丕，兼籌並顧功勞最大。我從事社會體育四十餘年，擔任角力協會、摔角協會秘書長十二年，對於承辦國內國際間的各種活動，可說深體其艱辛，因此，對於文丕的膽識能力非常欽佩。

與文丕正式交往於 2007 年，台灣省國術會組團參加「馬來西亞國際傳統武術群英會」，文丕表演程派高式八卦掌「轉掌」，我負責摔角，因我學生因故無法參加，特商請文丕協助，主要的原因是，赴馬來西亞的過程中，每天早晚及空閒時間，都會看到文丕，均利用時間練習八卦掌，武諺云「曲不離口，拳不離手」，做為一個研習武藝的武者，必須朝夕勤練，所謂「拳打千遍身法自然，拳打萬遍神意自現」，而文丕在練習時，表現的勁力，與柔軟度猶如青少年，可知其平日用功之深；而柔軟度是摔角必備的條件，因而商請文丕協助，果然在演出的二十分鐘內，順暢圓滿，除了欽佩就是感謝。

文丕多才多藝，新竹師專美勞組畢業，十六歲，劉河北先生啟蒙中西繪事、故宮文物欣賞、藝評。精造書畫，善義大利「八百年代寫實主義」油畫（圖 3），劉先生，生前譽其為門下第一人（圖 4）。國學底子深厚。

武術方面涉入亦很廣，舉凡少林、太極、八卦、形意、詠春、飛鳳、儒鶴……跆拳，南拳北腿可說無所不通，而能在多能處求一精，「易筋」與「內勢」也。其對八卦掌的苦學精研，已達理通藝精的境界，稱謂八卦掌大師可說實至名歸。文丕愛好武術可說成痴，學習武術有著旺盛的熱情與企圖心，令我欽佩之至。

▲ 圖 3 有勺子的盆花。
揉合手指、抹布技法。12F。

文丕

May the happy sounds
of Christmas
fill your life
throughout the year.

▲ 圖 4 劉河北先生致文丕書。「近來常埋怨你，但你仍是我的第一把交椅學生。」

文丕在著作上，可說已超古人所言著作等身，僅在武術方面的著作有：1. 程派高式八卦掌拳經 2. 程派高式八卦掌的身體運作思維 3. 程派高式八卦掌的分合觀 4. 程派高氏八卦掌開掌之動力鏈分析 5. 傅氏易筋經 6. 儒鶴拳八步連易筋功法 7. 王炳桂岳家門岳飛拳初探 8. 鵠拳拳譜 9. 太極鬆身五法摺疊動力鏈初探 10. 儒鶴拳上匡通識 11. 內勢論……。

另在書法的著作亦可說不勝枚舉，書法與武術的通識，其在其所著《唐楷五十四法》中，更有精闢的比較藝術論述。

文丕教職退休後，考入國立體育學院運動科學研究所力學組，獲碩士學位，深體其就讀體院不在取得學位，而在尋求武術學術化與科學實證，以探求深奧的中華武術文化，深盼文丕研有所成，以啟迪青年學子。

文丕摔角擒拿之學程

從 2007 年起，經常遠從台北縣新莊市，到我北投居所研習切磋，有關擒拿摔角方面的技術，長達一年之久。

之後，又跟隨我加入中國文化大學國術學系，所開設的「摔角」與「擒拿術」課程，實地操練三年（2007、2008、2010）。在學習期間，其認真的態度與精神，較之我文化大學國術系的同學，有過之而無不及，除了認真操練外，更勤作筆記與攝影；且在下課後，不時的與我研討有關技術的要領，而其尊師重道，每問必稱師父的情操，令我感動不已！

小結

武諺云「徒訪師三年，師訪徒三年」學武教武都要慎選師父與徒弟，內家拳法有五不傳：心險、好鬥、狂酒、輕露、骨柔質鈍者，均不傳授武術。為師者，目空一切、唯我獨尊、觀念侷限、思想束縛者，不是好師，以上武術德行諺語，與文丕共勉！

郭慎「郭氏太極角」宗派

拜師帖文

拜師人 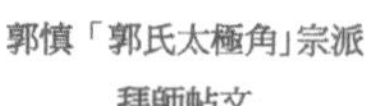

現年 60 歲，台灣省新竹市人氏。

自幼愛武，經年習藝，探賾索隱。
學向淵中尋理趣，苦覓明師解惑。
幸得　林秘書長志昌　師傅保引。
辱蒙「郭氏太極角」　郭慎　宗師，應允收為門下。
今謹備拜帖、束脩、禮物，敬呈於宗師尊前，恭行拜師禮。
此後，將終身抱存感恩之心，尊師重道，恪遵教誨，恭敬執弟子之禮，行弟子之事，悉心學習，承傳師門武學，口說無憑，謹具拜帖為證。

拜師人
生　庚 40 年 2 月 22 日 未 時生
住　址 台北縣新莊市中和里 25 鄰中和街 32 號 4 樓

介紹師 台灣省國術會蔡理事長崇源
引進師 台灣省國術會林秘書長志昌
見證師 中華民國武術損傷整復發展協會謝理事長木榮

中華民國九十九年十二月二十五日 

▲圖 5 傅文丕拜帖

▲圖 6 郭愼「郭氏太極角」宗派收傳文丕為門下生典禮來賓

前排中座左郭慎師父、右譚鳳鶯師母。

江界山（博士、中國文化大學教授、體育室主任）（前排左 3）

陳嘉遠（博士、中國文化大學教授、體育學系主任）（前排左 1）

莊榮仁（博士、中國文化大學教授、國術學系主任）（後排左 2）

莊嘉仁（中國文化大學國術學系教授）（後排左 1）

林鎮坤（雙博士、台北市立體育學院教授）（後排右 5）

洪得明（博士、國立體育大學教授、副校長）（前排左 2）

陳五洲（博士、國立體育大學教授、研發長）（前排右 1）

蔡崇源（台灣省國術會理事長、金鷹拳明師）（前排右 3）

謝木榮（中華民國武術損傷整復發展協會理事長、整復明師）（前排右 2）

林志昌（台灣省國術會秘書長、詠春拳明師）（後排右 3）

蔡文俊（台灣省國術會、中華民國武術損傷整復發展協會，傳統骨傷科講師、棍術明師）（後排右 4）

鄭 飆（新竹縣教育局長、藝術文物研究鑑賞專家）（後排左 5）

姜信淇（峨眉國小校長退休、新竹縣兩河文化協會理事長）（後排左 4）

余作輝（博士、國立新竹教育大學教授）（後排左 3）

傅俊德（國立體育大學運動科學研究所資訊組碩士、錄影攝相）（後排右 1）

文丕拜門之前，學生邱翊展、陳逸祥、呂建銘、潘欣祺，於二〇〇五年十二月二十五日，假臺北市北投區光明路 226 號「新上享飯店」，行拜師禮（圖 7），此為筆者，第一次收錄門生。當天，並成立「太極角進修協會」，盼望透過組織與愛好太極拳與摔角的同仁，集思廣益研究發展。

▲ 圖 7 門下生四人，拜師後團照。

前排右郭慎師父、左譚鳳鶯師母。
後排由左至右：潘欣祺、呂建銘、陳逸祥、邱翊展

文丕拜門之後，江立民於一〇〇年五月七日中午十二時，假臺北市劍潭青年活動中心「梅花廳」，行拜師禮儀，敦請台灣省國術會林志昌秘書長，主持拜師禮儀（圖 8）、（圖 9）、（圖 10）。筆者，前後共收門下生六子，彼等皆能尊師重道恪遵教誨，悉心學習，吾深感欣慰！

▲ 圖 8 江立民，敬成拜帖、束脩，於師父尊前。

▲ 圖 9 師父贈送江立民角衣

▲ 圖 10 郭慎「郭氏太極角」宗派收江立民為門下生典禮來賓

前排中座左郭慎師父、右譚鳳鶯師母。

蔡崇源（台灣省國術會理事長、金鷹拳明師）（前排左 4）

謝木榮（中華民國武術損傷整復發展協會理事長、整復明師）（前排左 3）

林志昌（台灣省國術會秘書長、詠春拳明師）（前排左 2）

莊嘉仁（中國文化大學國術學系教授）（前排左 1）

莊榮仁（博士、中國文化大學教授、國術學系主任）（前排右 3）

傅文丕（中華民國太極拳總會前秘書長）（前排右 2）

江界山（博士、中國文化大學教授、體育室主任）（前排右 1）

賴麗雲（中國文化大學體育學系副教授）（後排右 2）

李宜芳（博士、中國文化大學國術學系教授）（後排右 1）

附錄

「郭慎教授國術專題講座」同學心得報告

這學期上老師您的課讓我受益良多，我覺得國術除了在台灣可以發揚光大也可以延伸到國際甚至是世界，上老師的課不只是了解國術而更是學習到國術裡最深的涵養與意義，在這個課堂中我們吸收的不只是國術專長訓練的專業，而讓我們真正學習到的是老師您與我們分享的經驗。

這個經驗或許在我們這個年紀體會有點懵懂，但老師您與我們分享的這些人生道理與體悟，才是我們真正該領悟的。

國術專業固然很重要，但最重要的是做人的道理與價值觀，這些老師您與我們分享的人生經歷是我們出社會才體會到的道理，我覺得在老師您的這堂課真的學習到了很多，謝謝老師把自己寶貴的教學經驗與人生道理與我們分享，以後的日子讓我知道自己如何規劃與面對社會，未來當我有成就之時學生我一定湧泉以報，謝謝老師您這學期的細心教導，您辛苦了。

國術二 楊嘉平 A2288268

參與摔角、角力、舉重、健美國際活動

▲ 國際角力裁判、教練

▲ 國際健美裁判

▲ 韓國亞錦賽裁判（74 年）

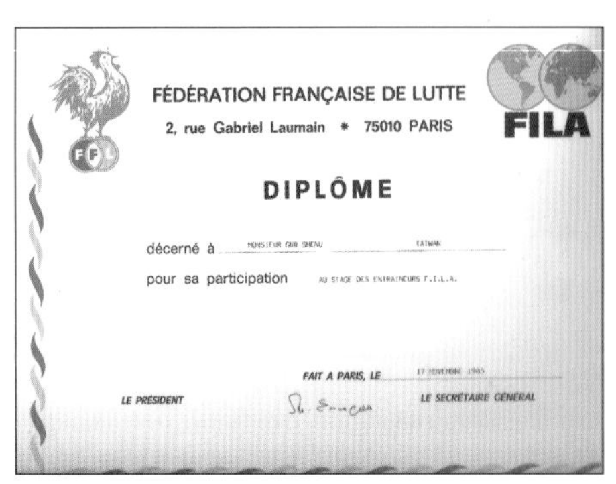

FÉDÉRATION FRANÇAISE DE LUTTE
2, rue Gabriel Laumain * 75010 PARIS
FILA

DIPLÔME

décerné à
pour sa participation

FAIT A PARIS, LE
LE PRÉSIDENT
LE SECRÉTAIRE GÉNÉRAL

▲ 參加國際角總假法國巴黎市，籌辦國際 A 級角力教練講習會，結業時，榮獲授證國際角總教練委員會主任，頒發證書。（74 年）

▲ 新加坡亞洲健美錦標賽裁判（79 年）

▲ 北京第十一屆亞洲運動會角力裁判（79 年）

▲ 十一屆亞運會角力裁判與中國角力協會遲浩天理事長（參謀總長）合影（79年）

Mr. Kuo Sen
has successfully participated in the course of the German Sports Federation

Marketing Aspects of the German Sport System

held from August 08 till August 21, 1991.

Berlin, August 21, 1991

▲ 赴德國柏林體育行政與領導管理學院、漢堡體育學校、科隆教練學院、慕尼黑運動學院，參加講習獲頒證書（普瑞辛院長頒發）80、8

▲ 日本第十九屆亞洲舉重賽會議代表（80年）

▲ 印度亞錦角力賽裁判（80年）

◀ 印度新德里亞錦角力賽裁判（80 年）

◀ 莫斯科世界女子角力賽裁判（81 年）

◀ 亞洲角力錦標賽裁判（82 年）（外蒙古）

◀ 義大利羅馬世錦角力賽裁判（83 年）

◀ 土耳其世青角力賽裁判（83 年）

◀ 亞特蘭大奧運會會議代表（85 年）

◀ 亞特蘭大奧運角力會議代表（85 年）

▲ 北京延慶中國式摔角國際邀請賽裁判（92 年）

▲ 中華摔角協會選派選手參加由中國北京舉辦的首屆國際邀請賽全體裁判合影（92 年）

▲ 日本十九屆舉重會議代表。左 1 筆者，左 2 林象賢舉協理事長（76、4、17）

▲ 政治作戰學校歡迎世界摔角協會蒞校參訪：前排左 3 鄧祖琳上將、前排右 3 世界摔角總會會長金習孔、前排右 2 蘇成第一副會長、前排左 2 劉健鷗教授、後排右 4 郭慎。

◀ 榮登臺灣身體文化學會臺灣百年體育人物誌（郭慎臺灣國防戰技專家／第七輯101.12）

證照、聘書、勳獎

一、證 照

考試院特種考試及格證書

郭 慎民國貳拾年柒月貳拾柒日出生男
性山西省五台縣人應五十四年乙等特種考試
國防部行政及技術人員考試體 育 人 員考
試經典試委員會評定中等及格依考試法第十
三條之規定合行發給及格證書此證

院 長 莫德惠
典試委員長
考選部部長 李壽雍

中華民國五十五年十一月 日

考試院特種考試及格證書民國五十四年乙等特種考試國防部行政及技術人員考試（體育人員）

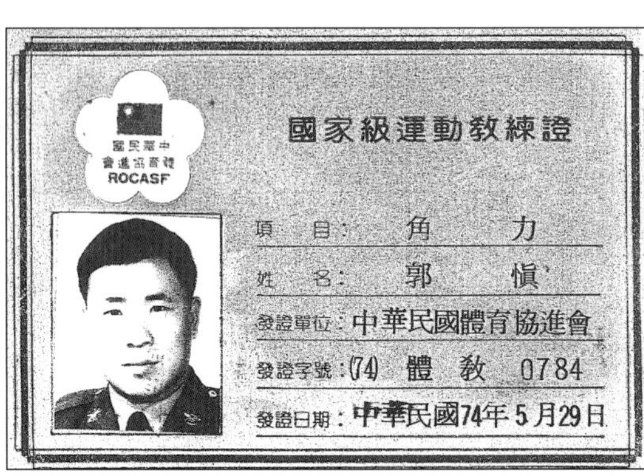

國家級運動教練證

中華民國體育協進會 ROCASF

項 目：角 力
姓 名：郭 慎
發證單位：中華民國體育協進會
發證字號：(74) 體 教 0784
發證日期：中華民國74年5月29日

1985 年角力國家級運動教練證

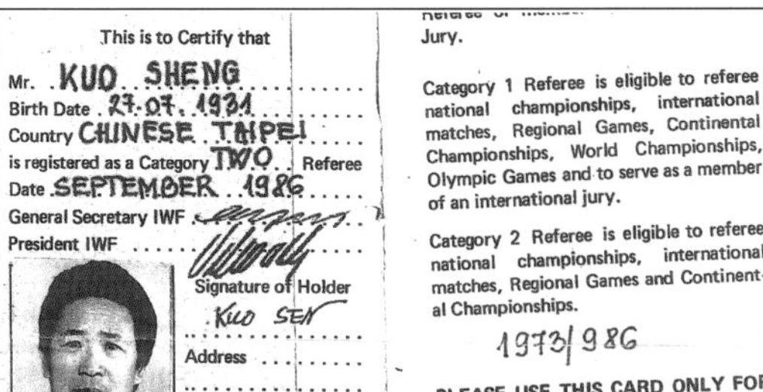

This is to Certify that
Mr. KUO SHENG
Birth Date 27.07.1931
Country CHINESE TAIPEI
is registered as a Category TWO Referee
Date SEPTEMBER 1986
General Secretary IWF
President IWF
Signature of Holder KUO SEN
Address

Referee or Member of Jury.

Category 1 Referee is eligible to referee national championships, international matches, Regional Games, Continental Championships, World Championships, Olympic Games and to serve as a member of an international jury.

Category 2 Referee is eligible to referee national championships, international matches, Regional Games and Continental Championships.

1973/1986

PLEASE USE THIS CARD ONLY FOR INTERNATIONAL EVENTS!

1986 年舉重國際級裁判證

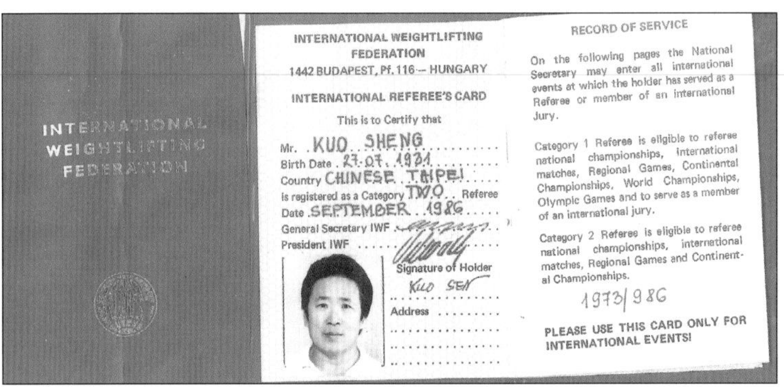

INTERNATIONAL WEIGHTLIFTING FEDERATION
1442 BUDAPEST, Pf. 116 — HUNGARY

INTERNATIONAL REFEREE'S CARD

This is to Certify that
Mr. KUO SHENG
Birth Date 27. 07. 1931
Country CHINESE TAIPEI
is registered as a Category TWO Referee
Date SEPTEMBER 1986
General Secretary IWF
President IWF
Signature of Holder KUO SEN
Address

RECORD OF SERVICE

On the following pages the National Secretary may enter all international events at which the holder has served as a Referee or member of an international Jury.

Category 1 Referee is eligible to referee national championships, International matches, Regional Games, Continental Championships, World Championships, Olympic Games and to serve as a member of an international jury.

Category 2 Referee is eligible to referee national championships, international matches, Regional Games and Continental Championships.

1973/986

PLEASE USE THIS CARD ONLY FOR INTERNATIONAL EVENTS!

▲ 1986 年舉重國際級運動裁判證

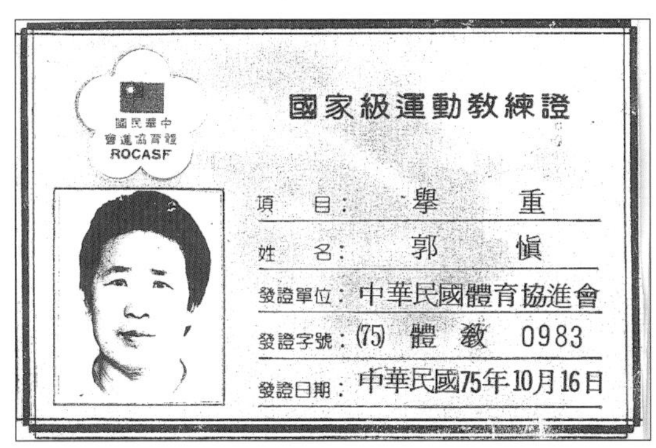

國民華中
會進協育體
ROCASF

國家級運動教練證

項　目：舉　重
姓　名：郭　慎
發證單位：中華民國體育協進會
發證字號：(75) 體 教 0983
發證日期：中華民國75年10月16日

▲ 1986 年舉重國家級運動教練證

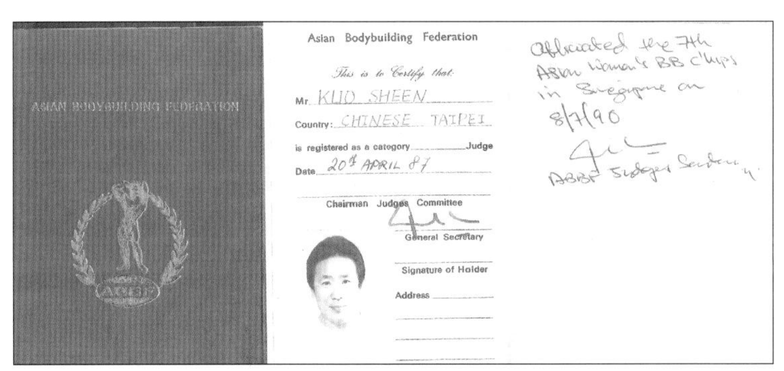

Asian Bodybuilding Federation

This is to Certify that
Mr. KUO SHEEN
Country: CHINESE TAIPEI
is registered as a category ______ Judge
Date 20th APRIL 87
Chairman Judges Committee
General Secretary
Signature of Holder
Address

Officiated the 7th Asian Women's BB Ch'ps in Singapore on 8/7/90
ABBF Judges Secretary

▲ 1987 年健美國際級裁判證

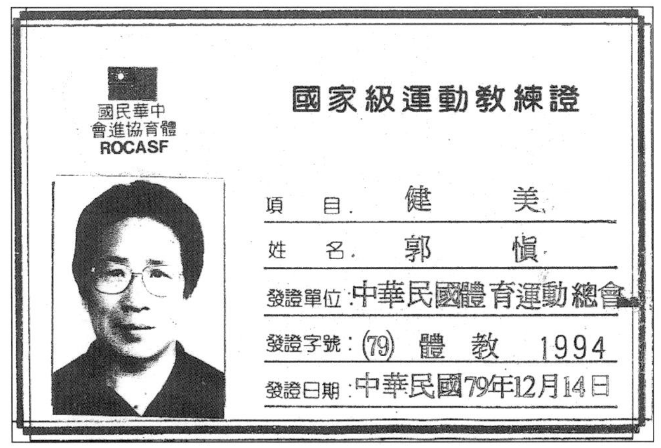

國民華中
會進協育體
ROCASF

國家級運動教練證

項　目．健　美．
姓　名．郭　慎．
發證單位：中華民國體育運動總會
發證字號：(79) 體 教 1994
發證日期：中華民國79年12月14日

▲ 1990 年健美國家級運動教練證

Family Name KUO
Given Name SEN F [X] M
Date of Birth 27/07/31
Place of Birth SHANSI/CHINA
Nationality CHINESE TAIPEI
Home Address 10, ALLEY 16, LANE 502, CHUNGHO ST., PEITOU, TAIPEI
Occupation TEACHER
Games Function (Sport) REFEREE (WRESTLING)
Issuing Organization CHINESE TAIPEI OLYMPIC COMMITTEE
We certify that information herein is correct and that the bearer of this Identity Card is the same person as shown on the photograph.
Place TAIPEI Date JULY 15, 1990
President Secretary General

Signature of Bearer
This card is valid from August 22 to October 15, 1990
Olympic Council of Asia
President
Organizing Committee of the XIth Asian Games in Beijing 1990
President 909218 Executive President

▲ 1990 年亞運角力裁判證

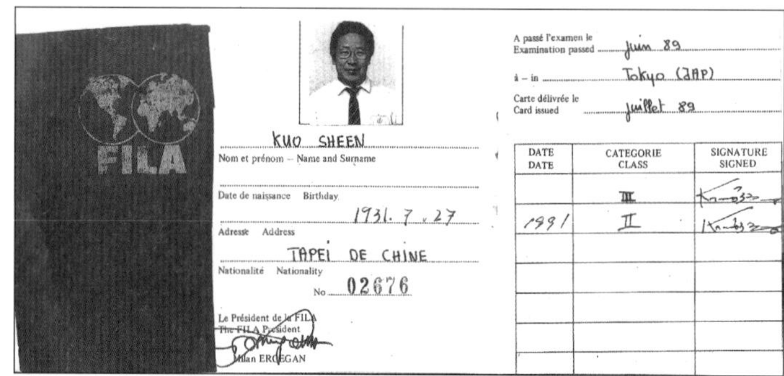

FILA
KUO SHEEN
Nom et prénom – Name and Surname
Date de naissance Birthday 1931. 7. 27
Adresse Address TAPEI DE CHINE
Nationalité Nationality
No 02676
Le Président de la FILA
The FILA President
Milan ERCEGAN

A passé l'examen le Examination passed juin 89
à – in Tokyo (JAP)
Carte délivrée le Card issued juillet 89

DATE DATE	CATEGORIE CLASS	SIGNATURE SIGNED
	III	
1991	II	

▲ 1991 年角力國際級裁判證

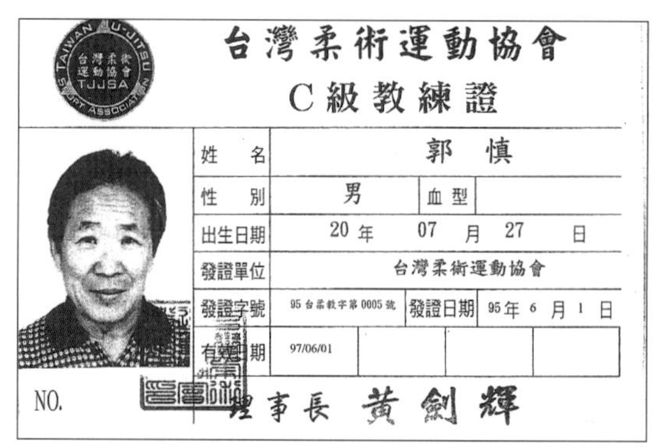

台灣柔術運動協會
C級教練證

姓名	郭慎		
性別	男	血型	
出生日期	20 年 07 月 27 日		
發證單位	台灣柔術運動協會		
發證字號	95 台柔教字第 0005 號	發證日期	95 年 6 月 1 日
有效日期	97/06/01		

NO.
理事長 黃劍輝

▲ 台灣柔術運動協會 C 級教練證

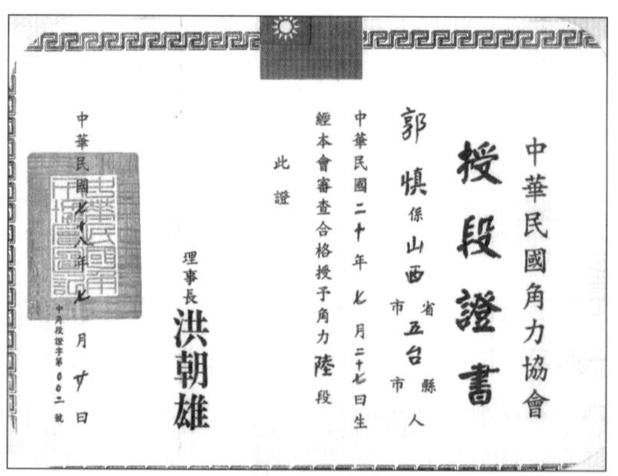

中華民國角力協會
授段證書
郭慎 係山西省五台縣人
中華民國二十年七月二十七日生
經本會審查合格授予角力陸段
此證
理事長 洪朝雄
中華民國七八年七月廿日
中角段證字第 00二 號

▲ 中華民國角力協會授段證書（六段）

世界摔角協會等階證明書　世摔國字第　號

郭慎 君公元一九三一年七月廿七日生 係中華民國山西省（縣市）人經本協會國際等階評審委員會審查通過實授玖等（階）金帶。特此證明

會長 [illegible]
第一副會長 蘇成

公元一九九六年七月一日

International Shuai Chiao Association
International Ranking Committee
Certificate

On this date Jul. 01, 1996 Mr./Mrs. Kuo Sen born Chinese has successfully Completed the requirements of the Shuai Chiao Promotional Test conducted by this Association and has been promoted to the Rank of 9th Deng Gold Belt.

for Gene L. Chicoine
President

▲世界摔角協會等階證明書（九等）

二、聘　書

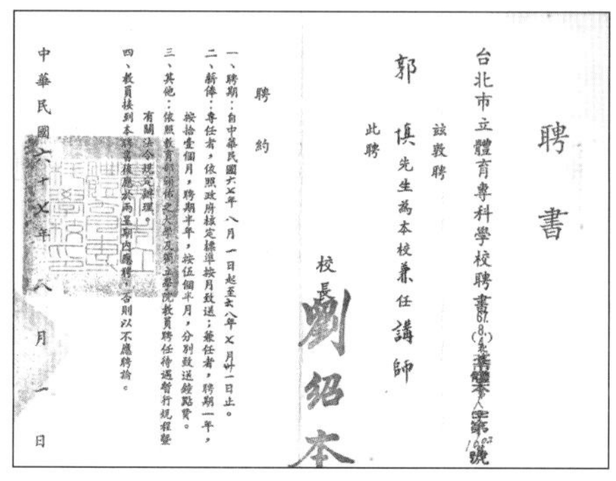

聘書

台北市立體育專科學校聘書 (67.8.4)北市體專人字第1607號

茲敦聘
郭慎 先生為本校兼任講師
此聘

校長 劉紹本

聘約

一、聘期：自中華民國六七年八月一日起至六八年七月卅一日止。
二、薪俸：專任者，依照政府核定標準按月致送；兼任者，聘期一年，按拾壹個月，聘期半年，按伍個半月，分別致送鐘點費。
三、其他：依照教育部頒佈之大學及獨立學院教員聘任待遇暫行規程暨有關法令規定辦理。
四、教員接到本聘書後應於兩星期內應聘，否則以不應聘論。

中華民國六十七年八月一日

◀台北市立體育專科學校聘書（67.8.4）

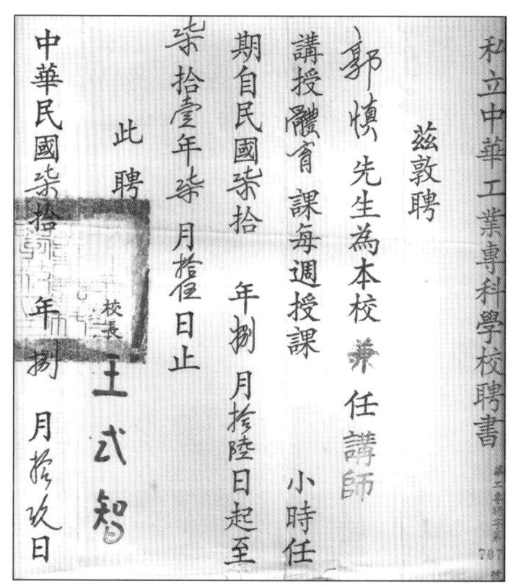

私立中華工業專科學校聘書

茲敦聘
郭慎 先生為本校兼任講師
講授體育課每週授課　小時任
期自民國柒拾年捌月拾陸日起至
柒拾壹年柒月[illegible]日止
此聘

校長 王式智

中華民國柒拾年捌月拾玖日

◀私立中華工業專科學校聘書（70.8.16）

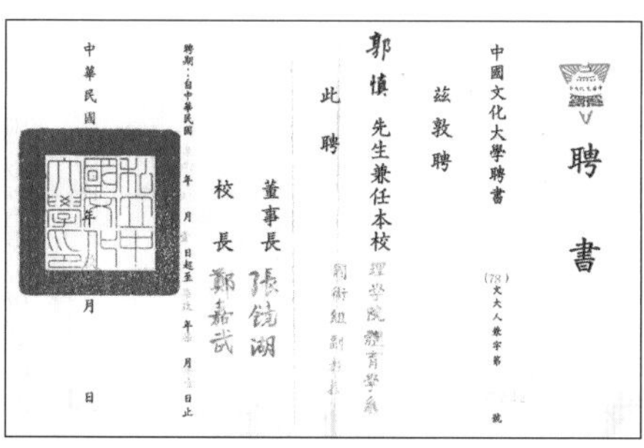

聘書

中國文化大學聘書 (78)文大人聘字第　號

茲敦聘
郭慎 先生兼任本校理學院體育學系術科組副教授
此聘

董事長 張鏡湖
校長 鄭嘉武

聘期：自中華民國　年　月　日起至　年　月　日止

中華民國　年　月　日

◀中國文化大學聘書（78.8.1）

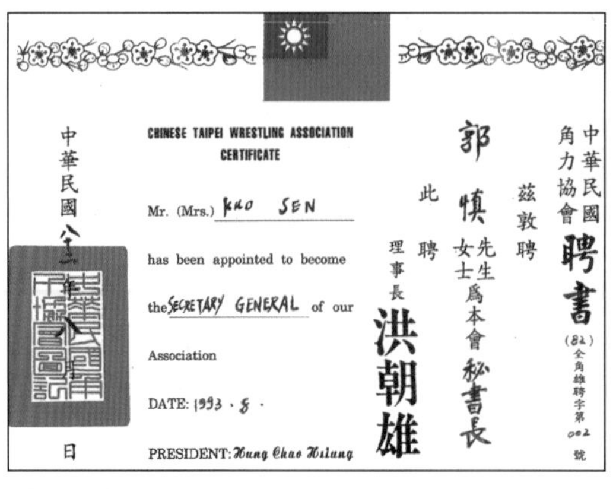

中華民國角力協會聘書
(82)全角雄聘字第002號

茲敦聘

郭 慎 先生/女士 為本會秘書長

此 聘

理事長 洪朝雄

中華民國八十二年八月 日

CHINESE TAIPEI WRESTLING ASSOCIATION CERTIFICATE

Mr. (Mrs.) KUO SEN

has been appointed to become

the SECRETARY GENERAL of our

Association

DATE: 1993 · 8 ·

PRESIDENT: Hung Chao Hsiung

◀中華民國角力協會聘書（本會秘書長。）82、8

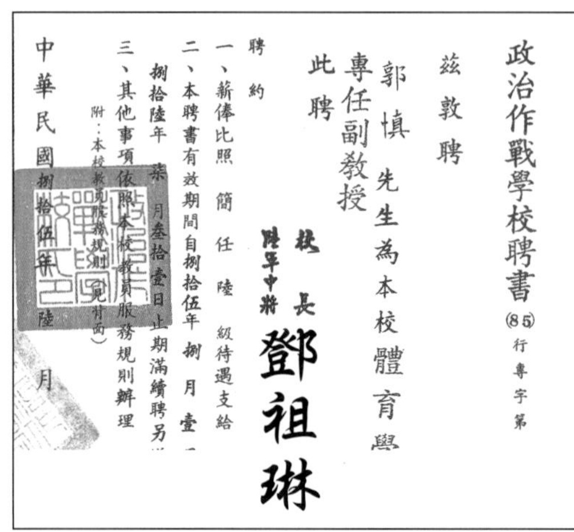

政治作戰學校聘書

(85)行專字第

茲敦聘

郭 慎 先生為本校體育學

專任副教授

此聘

校長 陸軍中將 鄧祖琳

聘約

一、薪俸比照 簡任 陸 級待遇支給

二、本聘書有效期間自捌拾伍年捌月壹日起至捌拾陸年柒月叁拾壹日止期滿續聘另

三、其他事項依照本校教員服務規則辦理

附：本校教員服務規則（見背面）

中華民國捌拾伍年陸月

◀政治作戰學校聘書（85.6）

東吳大學聘書

茲敦聘

郭 愼 先生爲本大學兼任副教授

聘期：自八十五年九月一日起至八十六年七月三十一日止

此聘

校長 劉源俊

中華民國八十五年 月 日

東人教字第 № 851235 號

▲東吳大學聘書（85.9.1）

聘書

茲敦聘

中國文化大學武術系郭慎教授擔任陸軍第一屆「金湯盃」對刺競賽技術委員召集人

此 聘

陸軍步兵訓練指揮部暨

步 兵 學 校

校 長 劉 [illegible] 鳴

中華民國 96 年 2 月 12 日

▲刺槍術「金湯盃」聘書（96.2.12）

臺北市體育總會聘書 九七北市體總字第〇五九號

茲敦聘

郭　慎先生為本會第十二屆

摔角委員會主任委員

此聘

理事長 呂盛震

中華民國九十七年五月十三日

◀ 臺北市體育總會聘書（第十二屆摔角委員會主任委員。）97、5、13

三、勳　獎

勳章證書

茲以陸軍政戰少校郭　慎

忠誠勤敏卓著勳勞特頒

昭懋賞此證

總統 蔣中正

行政院長 嚴家淦

國防部部長 蔣經國

中華民國五十七年一月一日

◀ 忠勤勳章（57 年）

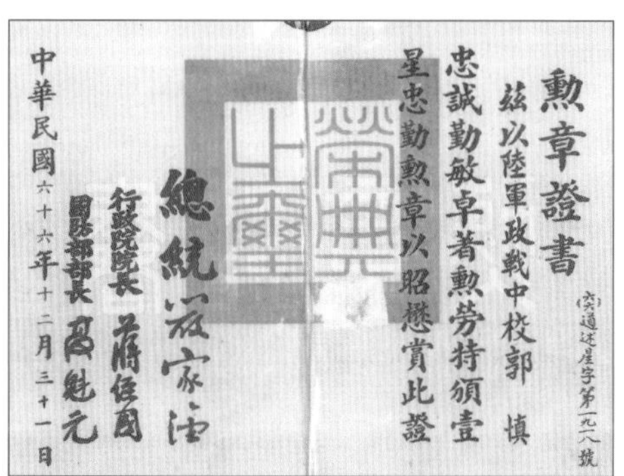

勳章證書

茲以陸軍政戰中校郭　慎

忠誠勤敏卓著勳勞特頒壹

星忠勤勳章以昭懋賞此證

總統 嚴家淦

行政院長 蔣經國

國防部部長 高魁元

中華民國六十六年十二月三十一日

◀ 壹星忠勤勳章（66 年）

◀ 軍旅生涯獲得 16 面獎章

獎狀
查學生郭慎參加本
校第三屆校慶運動
會普通組推鉛球名列
第一特發給獎狀以
資鼓勵
中華民國四十四年月六日

參加政戰學校第三屆校慶運動會獎狀（普通組推鉛球第一名）44 年

臺灣省第十六屆全省運動會
台十六運獎字第0412號
獎狀
查高雄縣選手郭慎
參加本省第十六屆全
省運動會舉重中重級決賽
列第貳名成績優異合
給獎狀藉資鼓勵
此狀
會長周至柔
副會長黃朝琴
劉真
中華民國五十年十月三十一日

台灣省第十六屆全省運動會獎狀（舉重中重級決賽第二名）50 年

獎狀
查郭慎參加
臺灣省第十八屆
全省運動會獲得
男子部舉重輕重量級
競賽第三名合給
獎狀藉資鼓勵
此狀
臺灣省第十八屆全省運動會
會長黃杰
副會長謝東閔
吳兆棠
中華民國五十二年十月十四日

台灣省第十八屆全省運動會獎狀（男子部舉重輕重量級競賽第三名）52 年

政治作戰學校優良教官校長王昇將軍頒獎（58 年）

政治作戰學校優良教官　校長陳守山將軍頒獎（64 年）

國軍軍事院校優良教官　宋長志將軍頒獎（76 年）

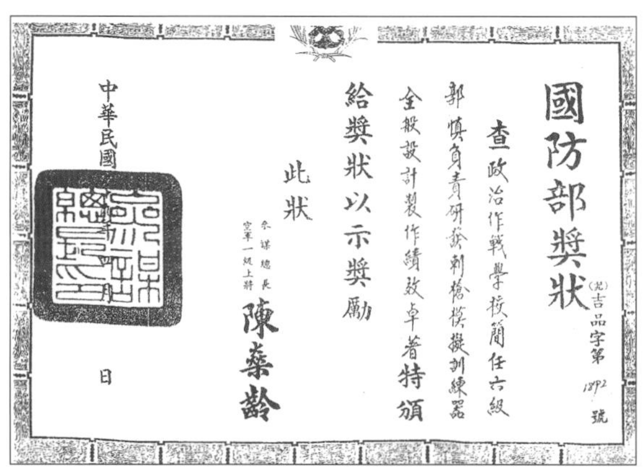

（光）吉品字第 1892 號

國防部獎狀

查政治作戰學校簡任六級
郭慎負責研發刺槍模擬訓練器
全般設計製作績效卓著特頒
給獎狀以示獎勵

此狀

參謀總長
空軍一級上將 陳燊齡

中華民國　　日

郭慎負責研發刺槍模擬訓練器全般設計製作績效卓著獲獎狀（79、4）

國軍軍事院校優良教官　參謀總長陳燊齡將軍頒獎（80 年）

◀ 國軍軍事院校優良教官（軍事著作金像獎）參謀總長劉和謙將軍頒獎（84 年）

感謝狀

郭 慎教授 於民國97年4月17日參加本校「97年體能戰技學術研討會」，並提供寶貴的研究成果，促進軍、民間體育資訊交流，特頒感謝狀申謝表彰

陸軍步兵訓練指揮部暨步兵學校
指揮官兼校長陸軍中將 朱玉書

中華民國 97年 04 月 17 日

◀ 陸軍步兵訓練指揮部暨步兵學校感謝狀（參加 97 年體能戰技學術研討會，並提供寶貴的研究成果，促進軍、民間體育資訊交流。）97、4、17

◀ 臺北市體育會第十一屆摔角委員會成立大會
郭慎先生擔任主任委員（92、10）

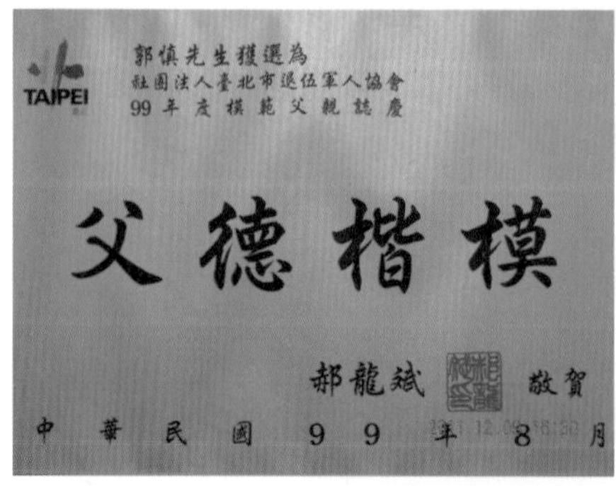

郭慎先生獲選為
社團法人臺北市退伍軍人協會
99 年度模範父親誌慶

父德楷模

郭龍斌 敬賀

中華民國 99 年 8 月

◀ 模範父親（99.8）

編後語

筆者，希望藉由拙作之闡述，提供「技擊運動暨國術學系」學子，與後來者，廣博的通識基礎，充實國術知能，以增強鑑識國術之深度與廣度。為此，檢擇歷年來，教學中國文化大學國術學系「國術專題講座」、發表於台灣省國術會「國術之光」，以及應邀相關國術體育活動感想，共散文33篇，用以表達衷心所期望者。

在拙作付梓前夕，要向門下生傅文丕致謝，這幾年來，協助文書處理，之前已出版的《武術諺語與武術要訣手冊》，近期《簡易太極角》完稿也即將出版。同時，長期幫忙筆者發表期刊在：台灣省國術會「國術之光」、臺灣身體文化學會臺灣「百年體育人物誌」，也處理文大學程「國術專題講座」繕打編校。

傅君，耽溺於傳統武術五十餘載，長年多師，其努力將傳統武術學術化、科學化，是一位優秀武術學者。而自民國九十九年拜門後，更用功以找出「自己的極致」。從師徒二人編校時，傅君只要發現有不解處，即細心求教，即知其好學之精神，數十年如一日。

筆者，心存拋磚引玉，難免有掛漏，內心不安，末了還是要說，敬請諸位方家先進，多多斧正！

「張之江武學思想研討會」暨紀念中央國術館兩岸武術交流大會感想

2017 年 4 月 22～25 日，在台北市舉辦的——「張之江武學思想研討會」暨紀念中央國術館兩岸武術交流大會，乃是繼續去年在上海體育學院，成功舉辦張之江將軍武學思想研討會的第二屆盛大會議。

主要目的，乃是兩岸要將此屆武林大會，舉辦成 1949 年以來，兩岸最大規模的武林盛會，邀請海峽兩岸武林各界，各門派碩彥共襄盛舉，切磋技藝，研悉張之江將軍的武學思想。

本屆大會，由台灣武術總會與中國文化大學共襄盛舉，分兩部份進行； 4 月 22 日上午，在台北市體育館，舉行歡迎儀式和開幕典禮，並觀看台灣青少年武術表演，並請中國大陸武術名家屆時亦將進行表演；下午移師中國文化大學進行兩岸武術交流，召開張之江將軍武學思想研討會。本文報導論述在中國文化大學的兩場活動如下：

壹、「張之江武學思想研討會」第一階段論文發表，海峽兩岸武術碩彥發表其論文，以發表次序分別列出：一、張之江的體育思想：徐元民（台灣，國立體育大學教授）。二、論明清少林武術文獻：周偉良（杭州師範大學教授）。三、中央國術館初期創館歷史初探：莊嘉仁（台灣，中國文化大學副教授）。四、亟待保護的重慶北碚中央國術館遺存建築：陳寶強（西南大學體育學院副教授）。五、中央國術館在台灣傳承武術初探：楊正隆（台灣，中國文化大學助理教授）。六、中央國術館館刊研究：吉燦忠（河南師範大學中原體育文化傳承與發展研究中心主任教授）。七、中央國術館范之孝先生之生平與武術：白以文（台灣，政治大學博士）、李志明（台灣，中國文化大學教授）。八、對八卦掌技術源流的探究：郭會坡（上海燕青武藝館館長，燕青拳傳人）。九、張之江將軍軍事武學思想實踐論：唐洪森（浙江海洋學院教授）。

上述九篇論文的論述，均有其各自的內涵，但因受時間的制約，未能留下論文，可說是述而不作，但亦留給與會者明晰的印象。

貳、「武術表演」第二階段，海峽兩岸以武會友，是切磋技藝不可缺少的重要項目，海峽兩岸表演的武術項目，就有 42 項。各門、各派、拳術、器械、單人、雙人，可說是滿漢全席，參與表演者雖然有年歲、性別之異，但俱皆氣宇軒昂，神采飛揚，技藝出眾。此次演出可說是武藝經典之作。

在武術表演部份，中國大陸表演項目中標名為傳人的有：1、燕青拳：郭會坡大師是燕青傳人。2、唐手拳之「猛禽唐手」：彭碧波大師，是第十五代傳人。3、螳螂達摩劍：李啟玉大師是中國螳螂劍傳承人。4、龍鷹四門：劉春興大師是龍鷹四門第九代傳人。5、唐手拳之「迎戰」：彭派，蘇州唐手武術文化研究會第十六代傳人。

代表團組成部分：綿拳國家級非遺保護項目，代表性傳承人，方國平大師。根據大會手冊，此次大陸團成員都是各個門派掌門人或傳人。本文所摘錄的門派傳人，是依據大會手冊上註記的，共有六位大師是傳承人。

本文提出武術門派傳承人，主要是質疑毛澤東主席，在大陸推展所謂的文化大革命，除四舊，已把中華民族的武術消滅了。正如，曾任中華民國太極總秘書長的隋大師滌秋，在其巨著《隋滌秋詩文集》中所載有二：

其一，自從民國三十八年大陸淪陷後，毛澤東為箝制人民思想，壓制人民的反抗，對中國武術採取極度摧殘的手段，規定人民不得有私自集會的活動，不准練習武術，把武術列為反動的項目。武技遊藝是封建的一環，絕對禁止人民習武。各地原有武術社團，一律解散，把習武的人，編入集體農場或人民公社，再把教武術的人送到外地去勞改，在短短的一兩年內，武術團體總根瓦解，身懷武術施技的人，也不敢再露身手，隱技息影了，歷來藏身於武當、少林、峨嵋、崑崙等處之輩，都被下放從軍，勞改鳥散了。

其二，四十年前，大陸淪陷時，毛澤東主席為易予統治，消除武力，將民間的武術技藝，列為封建行為，一律取締，少林、武當寺廟僧眾，關進集中營進行勞改。抗美援朝時，人民公社、集體農場，實施軍訓，在人民反抗軍訓之際，武術又趁機起來，旋又被認為有助長鬥爭抗力的風氣，隨即壓制。另一種說法是僅留下具有和平，可健身而無傷害的太極拳，作為強身之術。事實上，大陸各地喜歡太極拳的愛好者，為了怕遭受迫害，而將太極拳撰編為太極操，來操練，都受到關注而無法實施。

基於以上所述，在毛澤東主席文化大革命時，好像已經徹底把中華武術消滅了，但此屆武術表演，大陸團隊武術大師們如何有那麼多所謂幾代幾代武術傳人？！這就是中華民族歷史悠久，博大精深武術的玄奧所在。中華武術文化生根在廣濶的民間，可說是根深蒂固。在秦始皇時代，雖然用狠毒的焚書坑儒（武術書藉與武術碩彥一併消滅）。偶語棄市（封殺人民的言論），銷鋒鑄鐻（把民間的武器及生產的金屬用具鎔鑄成十二座金人），以防人民的反抗。但終被吳廣、陳勝揭竿而起（用竹木造的兵器）滅秦。

毛澤東主席雖然利用更狠毒的文化大革命，亦未能消滅中華民族的武術，實乃應驗了一句古諺：「野火燒不燼，春風吹又生。」春風，就是中華兒女維護中華武術文化壯濶的心聲。文化大革命的野火再狂，也燒不盡生根在廣大中華兒女心中，自古保鄉衛國的國寶——中華武術。

當廣大人民覺悟了此剷除中華武術根苗的文化大革命，實乃消滅中華武術文化，這是何等慘烈的大浩劫。孔老夫子曾言：「有文事必有武備」，此乃中華民族各朝代立國必備的條件。於是廣大的中華兒女發出不平之鳴，就像春風吹醒了中華兒女要復興中華武術的魂。當然，眾多武壇賢達們的引導，促使中華武術在遭劫後，逐漸茁莊而重振聲威。進而在 2015 年、2016 年連續兩年舉辦「張之江武學思想研討會」暨紀念中央國術館兩岸武術交流大會。

兩岸舉辦的張之江將軍武學思想研討會暨武術表演，一屆較一屆論述精深，演出節目由技精而達藝術境界，兩岸武壇同宗，親愛精誠，為鑄造舉世無雙，獨一無二的中華民族瑰寶武術，共同全力奮鬥，開創更輝煌的正術文化造福全人類。

參、結論：2015 年暨 2016 年 7 月發起的大型張之將軍武學思想研討會，已經分別在上海、台灣隆重舉辦兩屆，此一活動對兩岸推武術影響巨大。已奠定兩岸長期交流的機制，任何一項大型活動，均應有其重要的主旨，筆者建議下次舉辦，應以將中華武術進入奧林匹克運動會為標的。中華武術俱有強身、防身、修身、養性等眾多優點。較之現代奧運會的眾多運動項目有過之而無不及處，為何我們不爭取呢？！網路經常看到大陸武術界愛好同仁，發表過多種希望將中華武術，早日推薦進入奧林匹克運動會的文章。而亞運會及今 2017 年在台灣舉辦的世界大學運動會，均已將中華武術列為錦標項目。且武術「南拳、南棍全能」台灣國手許凱貴獲得冠軍，另得三銀兩銅。而各國參與中華武術比賽的選手，得冠、亞、季軍的在亞運會、世大運、世運會，多有所見。足證中華武術受到舉世青年青睞，兩岸領導中華武術的領袖，應多所運思策劃，早日達成進入奧運會的願望。

筆者早在 2008 年，中國舉辦奧運會之前，在中國北京奧林匹克委員會，藉研討兩岸運動術語會中，向時任中國奧會秘書長——屠銘德先生，提出將中華武術（當時建議的中國式摔角），在 2008 年奧運大會中能有表演的機會（此乃新的項目，欲進入奧會之前的一項規定），經與會人員認可後，屠銘德秘書長請筆者撰寫文章，提供中國奧會參考，筆者，以一萬餘字撰妥後，寄給屠秘書長，但未能引起重視，可能是各門各派意見紛岐之故，但卻失掉一次難得的機會，今藉張之江將軍武學思想研討暨紀念中央國術館兩岸武術交流大會之便，再次提出建言，深切企盼，我中華武術界重視此一重大的舉措，早日使我中華武術項目，繼亞運會、世運會、世大運會，堂堂正正成為奧林匹克運動會。請參閱，常東昇中國式摔角的論述（筆者於 2003 年，參加第四屆兩岸運動術語統一會議，以此文，建議中國奧會秘書長——屠銘德先生，將中國摔角，加入 2008 年奧運會表演項目的論述。請我中華武術界先賢們參考指導。

最後筆者，深覺 2008 年在中國舉辦的奧運會，未能將中華博大精深，舉世無雙，影響人類武術文化至深且鉅的武術項目，列入奧運會表演項目。深表遺憾與痛惜！

「張之江武學思想研討會」暨紀念中央國術館兩岸武術交流壯舉，是中華民族武術復興的契機，更要發揮鍥而不捨的精神，以求貫徹，早日進入奧林匹克大會，是我中華民族武術界共同的心聲。至於如何向奧林匹克運動大會進軍，則可借鏡日本柔道與大韓民國跆拳道進入奧林匹克運動大會的例證，更要發揮我中華體育界，武術界的智慧，爭取友我的國際體壇及政壇友邦的全力支助，而運用之妙存乎一心，讓我武術早日成為奧林匹克動會的項目。

參考文獻

一、張之江武學思想研討會暨紀念中央國術館兩岸交流大會資料（2016 年 7 月 16 日上海，2017 年 4 月 22～25 日台灣）。

二、隋滌秋詩文集（1998 年 9 月 2 日）。

郭慎生平年表

西元	民國	年齡	重要記事
1931 年	20 年		出生於山西省五台縣豆村鎮小南坡村。
1936 年	25 年	5 歲	隨外祖父東雲公與大舅李西芳，學習拳術與家鄉的山西摔角。
1937 年	26 年	6 歲	父親仙逝。
1938 年	27 年	7 歲	入學。
1944 年	33 年	13 歲	母親仙逝。
1946 年	35 年	15 歲	就讀山西省立華靈中學初中。
1947 年	36 年	16 歲	投考青年軍 208 師（1947～1948 年）。
1950 年	39 年	19 歲	隨軍隊（87 軍 10 師）來臺。
1954 年	43 年	23 歲	考取政工幹校體育組（補修學分成為體育系）。 師事劉木森學十字拳、查拳、小洪拳、氣功。 師事黃滄浪學柔道。
1956 年	45 年	25 歲	畢業時獲政戰學校四期體育組第一名，分派至陸軍工兵學校政戰部體育教官室，任少尉助教～上尉教官（1956～1960 年）。
1958 年	46 年	26 歲	跟隨常東昇學習保定快跤、常氏太極拳。
1960 年	49 年	29 歲	陸軍步兵學校劈刺組上尉教官（1960～1962 年）。
1961 年	50 年	30 歲	調至陸軍步兵學校體育組。 參加臺灣省第十六屆全省運動會獲舉重中重級決賽第二名。

1963年	52年	32歲	參加臺灣省第十八屆全省運動會獎狀獲男子部舉重輕重量級競賽第三名。 國防部政治作戰學校體育學系少校～中校教官（1963～1972年）。 從是年起至1979年跟隨常東昇擔任助教。
1964年	53年	33歲	與張鏡宇先生研究完成國軍目前所採用之「新編制刺槍術」。
1965年	54年	34歲	參加臺灣省第二十屆全省運動會獲男子摔角重量級競賽第壹名。 乙等特種考試及格（國防部行政及技術人員考試、體育人員）。 參加臺灣省第二十屆全省運動會獲男子舉重中重量級競賽第三名。
1966年	55年	35歲	學習剛柔流、系東流空手道。
1967年	56年	36歲	12月25日與譚鳳鶯女士結褵。
1968年	57年	37歲	晉升中校教官。 獲頒忠勤勳章。
1969年	58年	38歲	獲政治作戰學校優良教官（校長王昇將軍頒獎）。 習跆拳道。
1973年	62年	42歲	任國防部政治作戰學校體育學系文職、助教、講師、副教授（1973～1996年）。
1975年	64年	44歲	獲政治作戰學校優良教官（校長陳守山將軍頒獎）、改敘文職助教。
1977年	66年	46歲	獲頒壹星忠勤勳章。 向美國角力名師邊寧佳習西洋角力。
1978年	67年	47歲	8月1日受聘臺北市立體育專科學校兼任講師。
1981年	70年	50歲	8月16日受聘私立中華工業專科學校兼任講師。
1982年	71年	51歲	晉升副教授。
1983年	72年	52歲	軍職退。
1985年	74年	54歲	國際角總教練講習（法國巴黎市），獲角力國家級運動教練證。 任夏威夷角力邀請賽領隊（夏威夷）。

1986 年	75 年	55 歲	獲舉重國際級運動教練證、裁判證。 獲舉重國家級運動教練證。
1987 年	76 年	56 歲	1 月赴韓國任角力邀請賽裁判（漢城）。 獲國軍軍事院校優良教官（宋長志將軍頒獎）。 獲健美國際級教練證、裁判證。
1988 年	77 年	57 歲	中國文化大學國術學系兼任摔角擒拿課副教授 24 年（1988～2011 年）。 任中華臺北女子健美邀請賽裁判（台北市）。
1989 年	78 年	58 歲	8 月 1 日受聘中國文化大學兼任理學院體育學系國術組副教授。 任第六屆亞洲角力錦標賽裁判及中華臺北領隊（日本）。 獲中華民國角力協會授段證書（六段）。 完成第一代至第五代刺槍術功力訓練測試器，榮獲國防部頒發獎狀。
1990 年	79 年	59 歲	研發刺槍模擬訓練器全般設計製作績效卓著，獲國防部參謀總長陳燊齡空軍一級上將獎狀（79 年 4 月吉品字第 1892 號）。任世界角力錦標賽裁判（莫斯科）。任亞洲健美賽裁判（新加坡）。任第十一屆亞洲運動會角力裁判（北京）。獲健美國家級運動教練證。
1991 年	80 年	60 歲	獲國軍軍事院校優良教官（參謀總長陳燊齡將軍頒獎）。 代表摔角單位赴德國進行中華民國社會體育行政人員進修。 獲角力國際級教練證、裁判證。 任第十九屆亞洲舉重賽會議代表（日本）。 任第七屆亞洲角力錦標賽裁判（印度新德里）。
1992 年	81 年	61 歲	任第八屆亞洲角力錦標賽大會裁判（伊朗德黑蘭）。 任世界青少年角力錦標賽大會裁判（土耳其伊斯坦堡）。
1993 年	82 年	62 歲	8 月受聘中華民國角力協會秘書長。 11 月任韓國角力邀請賽領隊（漢城）。 任第九屆亞洲角力錦標賽裁判（蒙古首都烏爾巴托）。

1994年	83年	63歲	國際角總裁判講習（義大利羅馬市奧林匹克運動中心）。
1995年	84年	64歲	獲國軍軍事院校優良教官（羅本立將軍頒獎）。
1996年	85年	65歲	8月1日受聘政治作戰學校體育學系專任副教授。 9月受聘東吳大學兼任副教授。 任亞特蘭大奧運會角力會議代表（美國亞特蘭大）。 文職中校退伍。
1997年	86年	66歲	任泰國角力錦標賽裁判（曼谷）。 獲國軍軍事院校優良教官（羅本立將軍頒獎）。 中華民國太極拳總會講習會A級教練講師（1997～2001年）。
1999年	88年	68歲	獲政戰學校88年校友楷模。
2001年	90年	70歲	臺灣高等法院法警班綜合武術九十年度兼任教師。
2003年	92年	72歲	任中國北京延慶中國式摔角邀請賽裁判（延慶）。 10月任臺北市體育會第十一屆摔角委員會主任委員。
2005年	94年	74歲	中華民國舉重協會紀錄審查委員（2005～2012年）。 9月29日於中國文化大學國術學系舉行新書發表會（中國式摔角）。 12月25日於臺北市北投創立「郭式太極角」宗派。
2006年	95年	75歲	中華民國摔角協會秘書長（2006～2010年）。
2007年	96年	76歲	2月12日受聘擔任陸軍步兵訓練指揮部暨步兵學校，陸軍第一屆金湯盃對刺技術委員召集人。
2008年	97年	77歲	1月20日收邱翊展、陳逸祥、呂建銘、潘欣祺四子為門下生。 5月13日受聘臺北市體育總會第十二屆摔角委員會主任委員。
2010年	99年	79歲	獲選為臺北市退伍軍人協會模範父親。 12月25日收傅文丕為門下生。
2011年	100年	80歲	中華民國搏擊散打協會名譽副理事長（2011年1月1日）。 5月7日收江立民為門下生。

2012 年	101 年	81 歲	9 月，應國術學系魏香明主任之邀，開課──「國術專題講座」，回首術科教學，將相關理論觀念，做有系列的介紹，同時撰寫教材。 12 月，榮登臺灣身體文化學會「臺灣百年體育人物誌」──臺灣國防戰技專家 郭慎。
2013 年	102 年	82 歲	應台灣省國術會林志昌秘書長之邀，撰寫「武術專欄」至今。
2014 年	103 年	83 歲	追懷常東昇，與莊嘉仁教授為文，發表「武狀元常東昇先生」一文於臺灣身體文化學會。
2015 年	104 年	84 歲	12 月 18 日，「中國文化大學技擊運動暨國術學系」魏香明主任，頒贈「國術終身成就獎」。

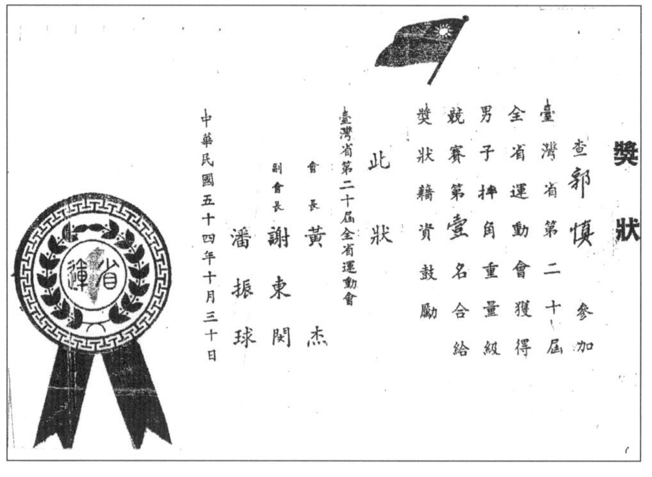

獎狀

查郭慎參加
臺灣省第二十屆
全省運動會獲得
男子摔角重量級
競賽第壹名合給
獎狀藉資鼓勵

此狀

臺灣省第二十屆全省運動會
會長 黃杰
副會長 謝東閔
潘振球

中華民國五十四年十月三十日

◀ 台灣省第二十屆全省運動會男子摔角重量級第一名

獎狀

查郭慎參加
臺灣省第二十屆
全省運動會獲得
男子舉重中重量級
競賽第叁名合給
獎狀藉資鼓勵

此狀

臺灣省第二十屆全省運動會
會長 黃杰
副會長 謝東閔
潘振球

中華民國五十四年十月三十日

◀ 台灣省第二十屆全省運動會男子舉重中重量級第叁名

郭慎出版專書

書名	出版單位	出版年
國術、武裝跑、武裝游泳訓練教材	國防部總政治作戰部印行	1965 年 10 月
刺槍術、手榴彈投擲、武裝超越障礙	國防部總政治作戰部印行	1965 年 10 月
舉重運動	政治作戰學校印行	1967 年 6 月
國軍體育訓練	國防部作戰次長室印行	1970 年 5 月
舉重與重量訓練	北體專體育學會印行	1974 年 8 月
擒拿術	政治作戰學校教育處印行	1975 年 7 月
戰鬥技能	政治作戰學校印行	1975 年 7 月
國防體育教材教法（陳海濤、郭慎合著）	政戰學校印行	1977 年 7 月
重量訓練在運動上的應用之研究	健行育樂叢書	1978 年 6 月
體育教材教法	政治作戰學校印行	1979 年 2 月
重量訓練	政治作戰學校教育處	1979 年 8 月
柔道教材	政治作戰學校教育處	1979 年 12 月
中國摔角教材	政治作戰學校教材審查委員會	1979 年 12 月
國防體育訓練教本（高中、高職適用）	華興書局印行	1980 年 1 月

書名	出版單位	出版年
國防體育教學法	覺園出版社印行	1980 年 11 月
體育大辭典「國防體育」撰述委員	臺灣商務印書館	1984 年 5 月
中華民族武藝——中國摔角術之研究	政戰學校年度論文	1984 年
高中體育一至三年級共十八冊	華興書局印行	1985 年～1987 年
運動裁判法	政戰學校印行	1989 年 5 月
體育行政	政戰學校印行	1992 年 9 月
國軍體育回顧與展望	政戰學校覺園出版社	1996 年 3 月
國防體能訓練教本（高中、高職適用）	華興書局印行	1980 年 1 月
太極拳防身術	大展出版社有限公司	2005 年 8 月
擒拿術	大展出版社有限公司	2005 年 10 月
中國式摔角（中國文化大學國術學系教材）	大展出版社有限公司	2006 年 6 月
武術諺語與武術要訣手冊	臺灣武林逸文出版公司印行	2010 年 8 月
中華民國建國百年國軍體育的發展與變遷	大展出版社有限公司	2011 年 10 月
郭慎宗師論國術（一）國術初論	大展出版社有限公司	2017 年 10 月

彩色圖解太極武術

太極功夫扇

武當太極劍49式

楊式太極劍56式

楊式太極刀

二十四式太極拳
附VCD

三十二式太極劍
附VCD

四十二式太極劍

四十二式太極拳
附VCD

附VCD

楊氏二十八式太極拳
附VCD

楊式太極拳
附VCD

陳式太極拳
附VCD

吳式太極拳
附VCD

陳式太極拳

吳式太極拳

《太極功夫扇》姊妹篇
夕陽美
功夫扇56式

綜合四十八式太極拳

三十二式太極拳

楊氏三十七式太極拳
附VCD

楊氏五十一式太極劍
附VCD

嫡傳楊家太極拳精練二十八式

嫡傳楊家太極劍五十一式

嫡傳楊家太極刀十三式

養生保健 古今養生保健法 强身健體增加身體免疫力

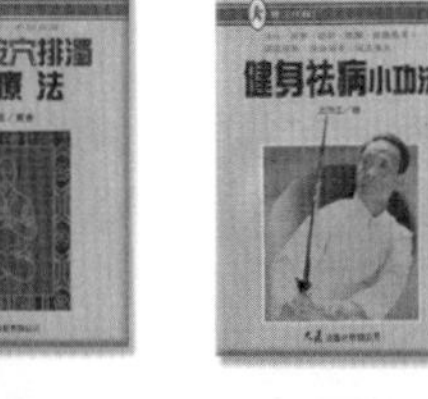

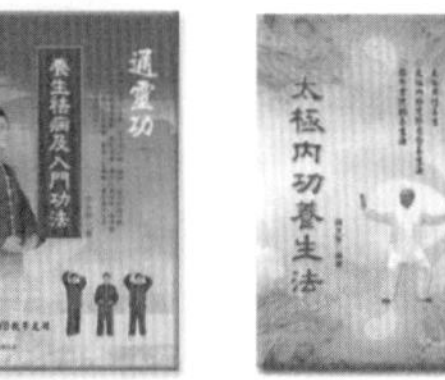

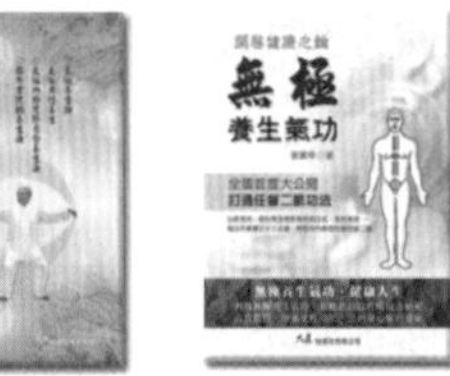

歡迎至本公司購買書籍

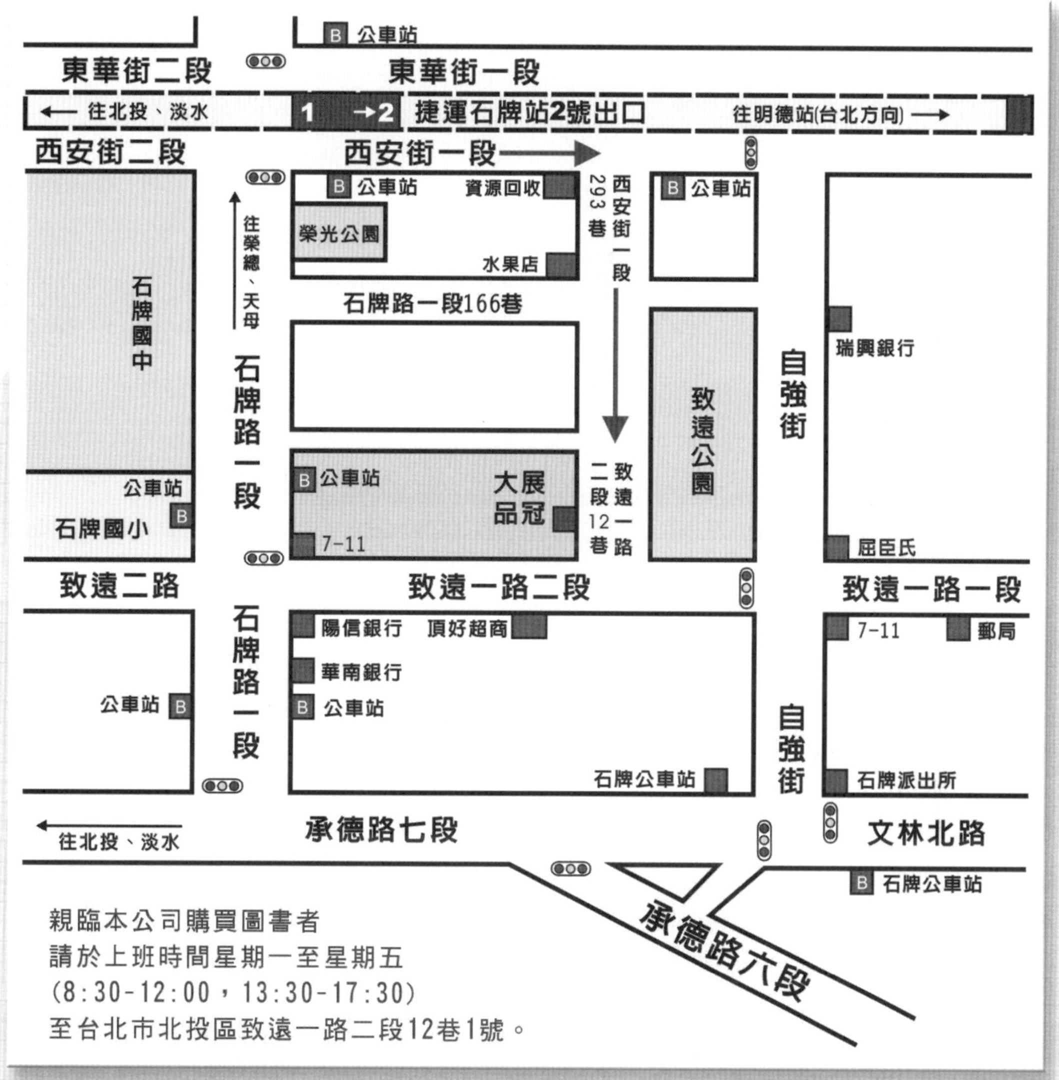

建議路線

1.搭乘捷運

淡水信義線石牌站下車，由月台上二號出口出站，二號出口出站後靠右邊，沿著捷運高架往台北方向走(往明德站方向)，其街名為西安街，約80公尺後至西安街一段293巷進入(巷口有一公車站牌，站名為自強街口，勿超過紅綠燈)，再步行約200公尺可達本公司，本公司面對致遠公園。

2.自行開車或騎車

由承德路接石牌路，看到陽信銀行右轉，此條即為致遠一路二段，在遇到自強街(紅綠燈)前的巷子左轉，即可看到本公司招牌。

國家圖書館出版品預行編目資料

郭慎宗師論國術(1) 國術初論 / 郭慎編著
——初版，——臺北市，大展，2017 [民 106.10.]
面；26公分—（郭慎宗師論國術；1）
ISBN 978-986-346-182-1（平裝）
1.國術

528.97 106013917

郭慎宗師論國術(1) 國術初論

編　　著／郭　　慎
責任編輯／孟　　甫
發 行 人／蔡 森 明
出 版 者／大展出版社有限公司
社　　址／臺北市北投區（石牌）致遠一路 2 段 12 巷 1 號
電　　話／（02）28236031，28236033，28233123
傳　　真／（02）28272069
郵政劃撥／01669551
網　　址／www.dah-jaan.com.tw
E-mail／service@dah-jaan.com.tw
登 記 證／局版臺業字第 2171 號
承 印 者／凌祥彩色印刷有限公司
裝　　訂／眾友企業公司
排 版 者／菩薩蠻數位文化有限公司
初版 1 刷／2017 年（民 106）10 月

定價／600元